Nicolas Diène

La dynamique du principe de l'imputabilité dans le droit pénal canonique

Nicolas Diène

La dynamique du principe de l'imputabilité dans le droit pénal canonique

Une étude du canon 1321 du code de droit canonique

Éditions Croix du Salut

Cover image: www.ingimage.com

Publisher:
Éditions Croix du Salut
is a trademark of
International Book Market Service Ltd., member of OmniScriptum Publishing Group
17 Meldrum Street, Beau Bassin 71504, Mauritius

Printed at: see last page
ISBN: 978-613-7-36454-3

LA DYNAMIQUE DU PRINCIPE DE L'IMPUTABILITÉ DANS LE DROIT PÉNAL CANONIQUE

Nicolas DIENE

A Notre-Dame

de Mont-Roland au Sénégal

TABLE DES MATIÈRES

SIGLES ET ABRÉVIATIONS

AAS	: Acta Apostolicae Sedis
ASS	: Acta Sanctae Sedis
A.S.V.	: Archivio Segreto Vaticano
art.	: Article
c.	: Coram (*à propos des Décisions Rotales*)
can. (cann.)	: Canon (Canons)
cap.	: Capitulus
CCEO	: Codex Canonum Ecclesiarum Orientalium
CDC	: Code de Droit Canonique
	Codice di Diritto canonico
cf.	: Confer
chap.	: Chapitre
CIC	: Codex Iuris Canonici
CICO	: Codex Iuris Canonici Orientalis
CLSA	: The Canon Law Society of America
col. (coll.)	: Colonne (Colonnes)
Comm.	: Communicationes
const. ap.	: Constitutio Apostolica
dec.	: Decisio
decr.	: Decretum
dir.	: Direction
disp.	: Disputatio
doc.	: Documentum
e.g.	: Exempli gratia
env.	: Environ
ep. ap.	: Epistula Apostolica
ep. can.	: Epistola Canonica
ep. encycl.	: Epistula Encyclica
hom.	: Homilia
ibid.	: Ibidem
id.	: Idem
i.e.	: Id est
L.E.V.	: Libreria Editrice Vaticana
lib.	: Liber
lit. ap.	: Litterae Apostolicae
lit. encycl.	: Litterae Encyclicae
loc. cit.	: Locus citatus
motu p.	: Motu proprio
n. (nn.)	: Numéro (Numéros)
op. cit.	: Opus citatum
p. (pp.)	: Page (Pages)
par.	: Paragraphe
PL	: Patrologia Graeca
PG	: Patrologia Latina
P.I.O.S.	: Pontificium Institutum Orientalium Studiorum
P.U.G.	: Pontificia Universitas Gregoriana

P.U.L.	:	**Pontificia Universitas Lateranense**
P.U.U.	:	**Pontificia Universitas Urbaniana**
Reg.	:	**Regula**
R.J.	:	**Regula(ae) Iuris**
sect.	:	**Sectio, Section**
S.R.Rota	:	**Sacra Romana Rota**
t.	:	**Tome**
tip.	:	**Tipografia**
tit.	:	**Titulus, Titre**
T.P.V.	:	**Typis Polyglottis Vaticanis**
tract.	:	**Tractatus**
trad.	:	**Traduction**
trad. lat.	:	**Traduction latine**
v.g.	:	**Verbi gratia**
vol. (voll.)	:	**Volume (Volumes)**

INTRODUCTION GÉNÉRALE

1. Motivations du Choix du Sujet:

En parcourant attentivement le Catalogue à Dictionnaire de la Bibliothèque de notre Université, l'on est frappé par la rareté des Thèses de Doctorat sur un sujet de Droit pénal canonique. Pourtant, le législateur a dédié à cette problématique un entier Livre du Code de Droit Canonique[1]. Chez nous, la sensation de cette carence a suscité une profonde motivation, dans le sens d'un engagement non pas seulement à relever un défi, mais plus positivement à apporter notre contribution scientifique en résolvant, à travers notre propre Thèse, une thématique contenue dans le Droit pénal canonique.

La seconde motivation de notre choix est relative à la pathétique constatation de l'ignorance quasi-générale du Droit pénal par la plupart des chrétiens, et parmi ceux-ci les Clercs et les Religieux. Des témoignages comme celui de l'Archevêque L. Zanini, déclarant dans son *Votum* pré-conciliaire que 75% des prêtres et des religieux manqueraient de notions suffisantes à propos du Droit pénal ecclésiastique[2], ne sont que trop fréquents dans les *Vota* des Evêques et des Ordinaires Religieux, lors de la phase Anté-Préparatoire du Concile Vatican II. Aujourd'hui encore, beaucoup ignorent les importants changements qui, à la suite du Concile, ont été apportés à la structure et à l'esprit du Droit canonique dans son ensemble, et du Droit pénal en particulier, notamment dans le sens d'une meilleure prise en compte de l'aspect pastoral de ce dernier, et de la concrète mise en oeuvre de cette pastoralité[3].

---

1 - CIC de 1917: *Liber V*: De Delictis et Poenis.
CIC de 1983: *liber VI*: De Sanctionibus in Ecclesia.
CCEO (1990): *Titulus XXVII*: De Sanctionibus Poenalibus in Ecclesia.

2 - Exc. L. Zanini (Archep. tit. Hadrianopolitani in Haenimonto, Nuntius Ap. in Republica Dominicana): "*Centesimae septuagenae quinae sacerdotum et religiosorum carent notionibus satis apertis et extentis circa ius poenale ecclesiasticum*". Il propose cette solution: "*Opportunum enim esset quod, non tantum alumni seminariorum eo magis imbuantur durante cursu theologico, sed etiam quod expositio doctrinae fiat modo accessibiliori omnibus intelligentiis*", (30 decembris 1959), in Concilium vaticanum II: Series Ante-praeparatoria, vol. II, pars II, p. 429.

3 - Pour cela, le Droit pénal mérite d'être connu et approfondi, non plus comme "*una*

La troisième motivation découle de notre souci personnel de démontrer l'excellence du Droit pénal canonique en comparaison avec les Droits pénaux des Etats en général, en tant que modèle de stabilité, de mesure[4], de célérité, de certitude, d'équité et de charité, autant sur le plan doctrinal que sur le plan pratique de la justice pénale. Ainsi, il devrait servir d'exemple, en vue d'une plus grande humanisation des systèmes pénaux étatiques, tout en s'inspirant des aspects positifs que contiennent ces derniers.

2. Explication du Titre et Délimitation de l'Argument:

Le Titre du travail tient en peu de mots: LA DYNAMIQUE DU PRINCIPE DE L'IMPUTABILITE DANS LE DROIT PENAL CANONIQUE. Il comprend les éléments de caractère théorique et pratique de l'Imputabilité, dont nous ferons une analyse prospective dans le développement de la Thèse.

L'Imputabilité, qui sera la plaque tournante de tout notre travail, est à distinguer d'un autre terme de la même racine, mais de contenu différent: l'Imputation. En effet, alors que le premier concerne un fait futur, abstrait, et prévu par la loi, le second, lui, concerne un fait passé, concret, qui a nécessité l'intervention du juge[5].

Le canon de base de notre Thèse est le can. 1321, du TITULUS III: De subiecto poenalibus sanctionibus obnoxio, de la PARS I: DE DELICTIS ET POENIS IN GENERE, du LIBER VI: DE SANCTIONIBUS IN ECCLESIA. C'est un canon général, qui expose en trois paragraphes les fondements et les conditions juridiques essentielles de l'Imputabilité: violation par dol ou par faute de la loi ou du précepte; critères de gravité et d'extériorité de la violation; punibilité; présomption d'Imputabilité. Cependant, une certaine évaluation critique de l'Imputabilité ne sera possible qu'à partir de la mise en rapport du can. 1321 avec d'autres canons du Livre VI, de sa comparaison avec le can.

---

materia pericolosa ed esplosiva" (F. Nigro, *Le Sanzioni nella Chiesa come Tutela della Comunione Ecclesiale*, in La Nuova Legislazione Canonica, (Corso sul Nuovo Codice di Diritto Canonico, 14-25 febbraio 1983), Studia Urbaniana 19, P.U.U., Roma 1983, p. 464), mais en tant que matière d'intérêt ecclésial et pastoral.

4 - Près d'un milliard de catholiques sont soumis aux lois pénales canoniques universelles du 6ème Livre du CIC de 1983, qui sont au nombre de 88. Naturellement, les lois particulières doivent également respecter, à l'instar des lois universelles, une certaine mesure quant à leur nombre.

5 - C'est du moins ainsi que E.F. Regatillo conçoit la problématique, qu'il illustre de cette façon: "*Per imputabilitatem dicit legislator: 'qui ponat talem actum, punietur tali poena'. Per imputationem ait iudex: 'Atqui Petrus posuit talem actum. Ergo petrum damno tali poena*", Institutiones Iuris Canonici, vol. 2, *De Rebus, De Processibus, De Delictis et Poenis*, 4. ed. adaucta, Sal Terrae, Santander 1951, n. 776. Nous pensons que l'imputation (ou incrimination) peut être assimilé à la responsabilité pénale, ou la culpabilité.

1414 du Code oriental, de sa concrétisation jurisprudentielle, et de ses analogies à l'intérieur du CIC. Tout ce mouvement justifie, en quelque sorte, l'emploi du terme 'dynamique'(du Principe de l'Imputabilité dans le Code Pénal Canonique).

Tout au long du travail, nous resterons étroitement collés au can. 1321. Si nous évoquons des problématiques extrinsèques, ce sera soit pour les référer à ce canon, soit pour illustrer et concrétiser les problématiques qu'il renferme et l'extension de celles-ci aux situations analogues.

3. Méthodologie et Contenu de la Thèse:

La livre est divisé en quatre Chapitres. Chaque Chapitre contient deux Sections, qui à leur tour se subdivisent en Articles. La plupart de ces Articles comprennent également une subdivision interne.

Nous avons opté pour une méthodologie de type investigatif dans le Premier Chapitre, exégétique dans le Deuxième, comparatif et jurisprudentiel dans le Troisième, et analogique dans le Quatrième.

Le 1er Chapitre, intitulé 'L'ETAT DE LA RECHERCHE, OU DIAGNOSTIC DE QUELQUES DISSERTATIONS *AD DOCTORATUM*', présentera, dans sa Section A, quatre Dissertations antérieures au CIC de 1983, et dans sa Section B, deux Dissertations postérieures au même Code[6]. A la suite de Chaque investigation, nous dressons un bilan synthétique qui reprend les points cruciaux qui seront utiles au développement ultérieur de notre Thèse.

Le 2ème chapitre, intitulé 'GENESE DU CANON 1321 ET ANALYSE DE SES ELEMENTS CONSTITUTIFS POUR L'IMPUTABILITE', parcourt avec soin, dans sa Section A, l'*iter* de formation des cann. 2199-2200 (qui sont des sources immédiates du can. 1321), et leur prolongement dans l'*iter* de formation du can. 1321. Il aborde ensuite, avec la Section B, l'analyse directe ou exégétique du même canon.

Le 3ème Chapitre s'intitule 'ESSAI D'ETUDE COMPARATIVE ET JURISPRUDENTIELLE'. La Section A de ce Chapitre consiste en la comparaison du can. 1321 avec son correspondant dans le *Codex Canonum Ecclesiarum Orientalium*: le can. 1414. Cette comparaison sera d'autant plus fructueuse que nous la ferons précéder par un exposé de quelques Sources importantes du Code pénal oriental. Dans le but d'appliquer le can. 1321 aux cas particuliers, nous exposons dans la Section B, une Sentence du Tribunal Apostolique de la Rote Romaine, à propos d'un délit coupable (dec. 27 maii 1913, c. Many); puis une autre Sentence du même Tribunal, à propos d'un délit dolosif

6 - N.B. la provenance diversifiée de ces Dissertations: Pontificia Universitas Urbaniana (2), Pontificia Universitas Gregoriana (2), Istituto Ecclesiastico 'Maria Immacolata' (1), Faculty of canon Law of The Catholic University of America (1).

(dec. 16 februarii 1925, c. Jullien); enfin, nous introduisons l'élément jurisprudentiel de la 'Common Law' (à travers une Sentence de la 'House of Lords'), de manière à déterminer le rapport entre la présomption d'Imputabilité du can. 1321 et la présomption d'Innocence de la 'Common Law'.

Le 4ème Chapitre s'intitule 'CONTEXTE PASTORAL ET LIEUX PARALLELES DANS LE CIC POUR L'INTELLIGENCE ET LA FONDATION JURIDIQUE DU CANON 1321'. Il comprend, dans sa Section A, cinq Articles par le moyen desquels nous tentons de convaincre de l'existence à tous les niveaux du Code pénal d'une volonté pastorale du législateur, qui s'est traduite par la réduction substantielle des peines *latae sententiae*, par l'importance donnée aux circonstances excusantes et atténuantes, par l'usage de la correction fraternelle et de la réprimande, par la primauté de la procédure judiciaire dans l'irrogation des peines, et par la discrétionnalité du juge dans l'application de celles-ci. La Section B met en analogie le can. 1321 avec la culpabilité dans trois lieux parallèles qui nous semblent les plus aptes à réaliser la fondation juridique de ce canon: il s'agit de l'analogie de la culpabilité dans les délits contre la pleine communion de l'Eglise catholique, de la culpabilité pour le renvoi d'un Religieux, et de la culpabilité dans la révocation des Curés.

Précisons enfin que chacun de ces quatre Chapitres sera précédé d'une Introduction et suivi d'une Conclusion; et que dans l'ensemble de la Thèse nous introduisons des transitions appropriées, permettant de rendre plus souple le passage d'une thématique à une autre.

4. Sources et Bibliographie:

Les Sources sont matérielles et formelles.

Les principales Sources matérielles (ou *Fontes essendi)* citées dans la Thèse sont:

. les Pontifes Romains: Pie IX, Pie X, Benoît XV, Pie XII, Paul VI, et Jean-Paul II;

. les Conciles: d'Ancyre, de Nicée, d'Antioche, d'Agde, Quinisexte ou *in Trullo*, de Trente, et Vatican II;

. les Pères de l'Eglise: Saints Grégoire le Thaumaturge, Jérôme, Ambroise, Augustin, Basile le Grand, et Grégoire de Nysse.

. la Commission Pontificale pour la Réforme du Droit Canonique (CIC de 1917), la Commission Pontificale pour la Révision du CIC (CIC de 1983), et la Commission Pontificale pour la Révision du CIC Oriental;

. le Tribunal Apostolique de la Rote Romaine.

Par souci scientifique, nous rapportons quasi généralement les Sources matérielles à partir des collections officielles dans lesquelles elles sont publiées, ou à défaut de celles-ci, à partir de collections privées plus accessibles: ce sont les Sources formelles (ou *Fontes cognoscendi*). C'est ainsi que:

. les Constitutions Apostoliques, Lettres Apostoliques, et Allocutions des Papes, sont publiées dans 'Acta Apostolicae Sedis', '*Insegnamenti di Paulo VI*', '*Insegnamenti di Giovanni Paolo II*', ou dans des collections privées (e.g.: '*Regesta Pontificum Romanorum*' de P. Jaffé, et de A. Potthast; et '*Codicis Iuris Canonici Fontes*' de P. Gasparri);

. les canons et décrets des Conciles, et les documents de la Patristique sont respectivement cités à partir de la collection privée de J.D. Mansi: '*Sacrorum Conciliorum nova et amplissima Collectio*', et de celle de J.P. Migne: '*Patrologia Latina*', '*Patrologia Graeca*';

. le CIC de 1917, le CIC de 1983, et le CCEO sont publiés dans '*Acta Apostolicae Sedis*'; tandis que les travaux des Commissions Pontificales respectives sont accessibles: pour le CIC de 1917, à l'*Archivio Segreto vaticano*; pour le CIC de 1983, dans '*Communicationes*'; et pour le CCEO, dans '*Nuntia*';

. enfin, les Sources jurisprudentielles se trouvent consignées dans la collection '*S.R.Rotae Decisiones seu Sententiae*'.

Ceci dit, afin de cerner au maximum le sujet de la thèse, et d'éviter toute extrapolation inutile, nous nous sommes constitués une Bibliographie spécifique, comprenant quelques monographies sur l'Imputabilité, des traités de quelques '*probati auctores*' du Droit classique, des commentaires du *ius vetus* (CIC de 1917) et de la période comprise entre le début du Concile Vatican II et la promulgation du CIC de 1983, et des commentaires du *ius vigens* (CIC de 1983, can. 1321). Le reste des oeuvres consultées entre dans la partie bibliographique générale.

L'ensemble de la Bibliographie est formée de Livres et d'Articles, et tient compte d'une certaine diversité des langues, dans les limites de nos connaissances et des possibilités qu'offrent ces dernières. Parmi ces langues, nous octroyons au Latin la place honorable qui lui est due, en sa qualité de langue par excellence du Droit.

5. Limites du Travail:

Bien qu'elle apporte une certaine contribution, dans les limites que nous lui avons assignées et qui exigent d'elle la non-ignorance, voire l'appui méthodologique sur un certain nombre d'analyses précédentes, cette thèse ne prétend

toutefois pas épuiser la question de la dynamique du principe de l'Imputabilité au can. 1321. Et puis le caractère même de la Thèse, qui est un travail de recherche soumis à des conditions et à des règles bien précises, en tempérant positivement notre excès d'ardeur nous stimule en vue d'un approfondissement ultérieur.

Par ailleurs, malgré les suggestions et corrections des Modérateurs, auxquelles nous avons porté le maximum d'attention dans l'élaboration progressive de cette Thèse et dans la publication intégrale de celle-ci à la demande des mêmes Modérateurs, il n'est pas exclu que quelque chose ait pu -non à dessein- échapper à notre attention. Cette Thèse aussi, comme toute oeuvre humaine, est limitée et perfectible.

CHAPITRE PREMIER:

L'ÉTAT DE LA RECHERCHE, OU DIAGNOSTIC DE QUELQUES DISSERTATIONS *AD DOCTORATUM*

INTRODUCTION AU CHAPITRE PREMIER

Tout au long de ce premier Chapitre de notre Thèse, nous nous proposons de mener une investigation sur un certain nombre de Dissertations *ad Doctoratum* qui ont été écrites sur le Droit Pénal, et dont nous sommes convaincus des rapports réels -directs ou indirects- avec notre sujet. Dans l'Introduction Générale, nous avions déjà fait observer l'importance d'une telle investigation. Toutefois, il n'est pas superflu de réaffirmer, malgré son caractère particulièrement contraignant, l'excellence de cette méthode, que du reste, la suite de la Thèse cherchera à confirmer.

Notre Chapitre comporte deux grandes Sections: la première regroupe quatre Thèses qui ont été défendues après la codification de 1917. Ce sont: 1) "Saggio di una Metafisica della Pena", de A. Colagiovanni; 2) "L'Elemento Soggettivo del Delitto in Diritto Canonico", de G. Calogero; 3) "Le Misure di Sicurezza nel Diritto Penale Canonico", de S. Di Giorgi; 4) "Force and Fear in Relation to Delictual Imputability and Penal Responsability", de A.E. Mc Coy. La seconde Section compte deux Thèses, défendues après la codification de 1983: 1) "'Nulla Poena sine Lege'. A Study of Canon 1399 in the Light of Canonical Equity", de F. Derek; 2) "La Signification du Pouvoir Coactif dans l'Eglise", de S. Molaku.

Nous avons sélectionné, à l'intérieur de chacune de ces Dissertations, les éléments que nous estimons présenter davantage d'intérêt scientifique pour notre travail. Nous essayerons d'insuffler à notre investigation une tonalité spécifique, marquée par une certaine personnalisation du style d'interprétation de la pensée de ces auteurs, et par la recherche assidue et la transcription fidèle des principales Sources signalées par eux.

Nous dégagerons également six Synthèses, correspondant respectivement à ces six Dissertations. Le but recherché à travers ces Synthèses sera la mise en évidence des points forts de chacune des investigations, et des convictions qui serviront de base pour le développement ultérieur du thème de notre Thèse doctorale.

SECTION A: APRÈS LE CODE DE DROIT CANONIQUE DE 1917

Cette première Section est composée de quatre Articles qui traitent de Dissertations *ad Doctoratum* de différentes Universités. Si nous les avons tirées des oubliettes, c'est bien parce que nous sommes convaincus de tout le bien que nous allons en tirer pour argumenter notre sujet.

ARTICLE I: "Saggio di una Metafisica della Pena", (A. COLAGIOVANNI)

Comme l'indique le titre de cette Thèse, son auteur s'intéresse à la Peine comme objet d'investigation[7]. Et il utilise la Métaphysique comme base scientifique d'investigation. L'auteur nous introduit ainsi dans un univers épistémologique de forte inspiration philosophique et théorétique, caractérisé par une profonde analyse de la notion de liberté. De cette analyse va heureusement surgir quelque élément de concrétisation, notamment en matière de Jurisprudence pénale. Nous avons limité notre choix à trois arguments spécifiques développés par l'auteur: ils concernent la relation dialectique entre la liberté et la conscience, la liberté et la volonté, et enfin quelques réflexions à titre indicatif sur la Jurisprudence en matière pénale.

A)- INVESTIGATIONS SUR CETTE DISSERTATION

I- Sur la Liberté et la Conscience[8]:

L'auteur affirme que la liberté a son fondement dans l'auto-conscience (*liberum arbitrium - liberum iudicium*). Donc, parler de la conscience en rapport à la liberté de l'homme, c'est se situer déjà dans le domaine de l'intellect. On imagine une sorte de

7 - Si l'objet premier de notre Thèse n'est pas la Peine en soi, mais l'Imputabilité de l'acte délictueux dont elle est la conséquence, la Thèse de A. Colagiovanni nous intéresse cependant dans sa première partie, parce qu'elle y retrace très pertinemment les présupposés philosophiques et moraux
essentiels à l'accomplissement d'un acte humain.

8 - Cet argument est développé aux pages 31 et ss. de la Thèse de A. Colagiovanni.

cogitation intérieure, une délibération de l'esprit, une mise en mouvement de la pensée. Cette délibération est nécessaire pour deux raisons fondamentales: d'abord, elle réduit -si elle n'élimine- tout risque d'erreur sur l'objet de la cogitation, ou d'ignorance de celui-ci; ensuite, elle permet, favorise et facilite la bonne orientation de la liberté de l'homme: une liberté tournée vers le bien et le juste. En outre, cette délibération n'est assujettie à aucune forme de contrainte ou de domination psychologique extérieure: elle se déroule dans une souveraine discrétionnalité intérieure. Voilà donc qui explique et justifie le sous-titre "Sur la Liberté et la Conscience"[9], et l'évocation par l'auteur des expressions "*liberum arbitrium*" et "*liberum iudicium*" qui, respectivement, indiquent le pouvoir et la capacité donnés à l'homme de maîtriser et de gouverner par lui-même ses propres facultés mentales, et ceux de délibérer sur le choix d'une chose ou l'accomplissement d'un acte, de même que les moyens d'y parvenir. Le second élément lié à la liberté, et sans lequel la simple délibération resterait sans effet, est la volonté.

II- Sur la Liberté et la Volonté[10]:

Si la conscience (psychologique) est le fondement de la liberté, la volonté en est le principe réalisateur ou dynamisant. Pour bien le faire comprendre, notre auteur fait intervenir trois éléments ou fonctions graduellement répartis -bien qu'en totale connexion- en vue de l'acte final libre: il s'agit du raisonnement pratique sur la *res*, du nécessaire choix, et de l'intervention de la volonté. Le raisonnement pratique sur la *res* consiste, de la part de la personne, à s'interroger sur ce qui est bien pour lui. La nécessité du choix, quant à elle, naît de la présence de biens particuliers. A travers l'acte de choisir entre plusieurs

9 - Ici nous ajouterions volontiers "...et conscience psychologique", dans le souci de la différencier de la conscience morale que le prochain argument de A. Colagiovanni s'attachera à spécifier.

10 - A. Colagiovanni, Saggio di una metafisica della pena, p. 64 ss.

biens particuliers, c'est la personne qui donne un poids, qui inculque une valeur à la *res*. D'où le rôle de la volonté, qui consiste à tendre vers le bien et vers la fin de l'homme[11].

Ainsi, d'une part, alors qu'il suffit qu'une chose soit présentée à l'intellect pour être connue comme telle, pour qu'une chose soit voulue, elle doit se présenter comme notre bien propre; d'autre part, la façon propre à l'homme de tendre vers sa fin est d'y tendre librement. Ainsi, la liberté et la volonté constituent le préalable immédiat de toute bonne décision. Si le contraire se vérifiait (liberté mal assumée, volonté tendue vers le mal), un délit pourrait surgir, et se poser le problème de l'Imputabilité du délinquant. On comprend alors l'importance et la légitimité d'une jurisprudence en matière pénale.

III- Sur la Jurisprudence en Matière Pénale[12]:

L'auteur fait d'emblée remarquer la rareté des décisions en matière pénale, en comparaison surtout avec le pléthore des causes matrimoniales. A cette limite apparente répondent trois raisons principales. La première raison est que le plus souvent, à la procédure judiciaire on préfère celle administrative, et que la quasi-totalité des décisions des organes administratifs en matière pénale sont inédites. La deuxième raison réside dans le fait que très souvent il n'y a pas la *ratio boni publici* qui oblige le promoteur de justice à proposer l'action; et donc, dans la majorité des cas, il agit *ad instantiam partis*. La troisième raison s'explique par le fait que beaucoup de causes criminelles sont de la compétence du Saint-Office (actuelle Congrégation pour la Doctrine de la Foi)[13]. Là aussi,

11 - Saint Thomas d'Aquin définit la volonté comme *intentio boni* et *intentio finis*. A. Colagiovanni qui le cite dans sa Thèse (p. 64) n'en reporte malheureusement pas la source de cognition.

12 - Cf. A. Colagiovanni, Saggio di una metafisica della pena, p. 143-153.

13 - Le canon 247 du CIC 1917 affirme, dans son premier paragraphe, la prérogative de défense de la doctrine de la foi et des coutumes, assignée à cette Congrégation, sous la présidence du Pontife Romain. Le second paragraphe, qui nous intéresse le plus, lui attribue le rôle d'un tribunal pénal suprême: "*(Congregatio S. Officii) iudicat de iis delictis quae sibimet secundum propriam eiusdem legem reservantur, cum potestate has criminales causas videndi non solum in gradu appellationis a tribunali Ordinarii loci, sed etiam in prima instantia, si directe ad ipsam delatae fuerint*".

le Sentences -au moins dans leur partie motivée- sont secrètes. En ce domaine, souligne notre auteur, la règle *salus animarum suprema lex esto* demeure plus que jamais le principe par excellence. Dans un de ses fameux discours au Tribunal Apostolique de la Rote, le Pape Pie XII aborde avec une sagesse hors du commun la grave question du secret, qui devrait entourer en tout ou en partie la procédure judiciaire et la sentence du Saint-Office[14].

Dans la jurisprudence rotale, il sera intéressant de noter la définition des éléments constitutifs du délit, de sa preuve, des décisions sur les peines, les pénitences, les remèdes pénaux en général et en particulier[15].

B)- PREMIÈRE SYNTHÈSE

. De l'investigation faite sur la Thèse de A. Colagiovanni se dégage un fait tangible: l'acte d'un homme est toujours un fruit de sa personnalité fondée principalement sur la conscience, la liberté et la volonté. Lorsque ces trois éléments président à un acte de l'homme, l'acte posé devient un acte personnel, propre, parce que connu et librement voulu, qu'il soit bon ou mauvais; et les conséquences bonnes ou mauvaises, heureuses ou malheureuses qu'il engendre doivent être attribuées à son auteur.

. Il en est ainsi de l'acte délictueux, qui est un acte externe de la personne, mais un acte moralement et juridiquement mauvais, en ce qu'il trouble l'ordre établi dans la

---

14 - "La severità della procedura è voluta dalla santità dei beni che esso ha la missione di difendere e dalla gravità dei delitti che è chiamato a giudicare. Non ci sarebbe motivo di farne particolare menzione, se il suo modo di procedere non venisse segnalato come in contrasto col principio, oggi generalmente ammesso, della pubblicità del giudizio, come una necessaria garanzia contro arbitri a danno della giustizia. L'attività di quel Tribunale anche nelle cause criminali si avolge in realtà con l'obbligo del segreto. Ma è innanzi tutto da ricordare che anche la procedura penale degli stati civili prevede in alcuni casi che il dibattito, in tutto o in parte, abbia luogo "a porte chiuse", quando cioè un tal procedimento è richiesto dal bene comune. Ora è appunto questo stesso principio che la Chiesa applica nei processi penali del S. Offizio", PIUS XII, alloc., Ecco Che Già, (*ad Praelatos Auditores ceterosque Officiales et Administros Tribunalis S. Romanae Rotae necnon eiusdem Tribunalis Advocatos et Procuratores*), 6 octobris 1946, AAS, 38 (1946) 397.

15 - A ce propos, nous consulterons plus loin un certain nombre de Décisions Rotales.

société, l'harmonie des relations sociales qu'une éventuelle peine infligée à l'auteur du délit aura comme première fonction de rétablir.

. Mais, si d'un point de vue purement métaphysique, les concepts de liberté, de conscience et de volonté par rapport à l'acte délictueux et à la peine qui lui est rattachée, semblent le plus souvent à la portée de notre entendement, il n'en est pas toujours de même dans le cas concret d'une personne précise commettant un délit précis. Car alors, en plus de ces facteurs à peine signalés, interviennent d'autres facteurs bien plus subtils de la personnalité humaine, sur lesquels doit se prononcer une instance autorisée.

. D'où l'intérêt de la Jurisprudence en matière pénale; Jurisprudence qui, en ce qui concerne le Droit Canonique, bien que très limitée, n'en cache pas moins un patrimoine d'expérience intrinsèque assez riche pour éclairer et orienter dans le bon sens toute action, délibération ou pratique visant à établir la responsabilité pénale d'un délit.

La Thèse suivante (de G. Calogero), sur laquelle nous allons nous attarder davantage, offre une perspective historique de l'élément subjectif du délit, qui, à n'en pas douter, comblera par son caractère concret les ombres de la vision plutôt théorique de la Thèse que nous venons d'analyser.

ARTICLE II: "L'Elemento Soggettivo del Delitto in Diritto Canonico", (G. CALOGERO)[16]

Cette Thèse est suggestive pour notre travail, attendu qu'elle retrace de façon pragmatique, et sur la base de sources autorisées, le profil historique antique de l'Imputabilité et de ses conséquences sur le plan pénal. L'auteur nous montre d'abord comment, à travers la législation des premiers Conciles, l'Eglise tenta de s'opposer au grand danger de l'Apostasie causée par les persécutions dont les chrétiens étaient les victimes les plus indiquées. Elle le fit avec une particulière sévérité, mais aussi avec le discernement qu'imposaient la différence de statut et de condition, et le degré de responsabilité, dans l'unique but de sauvegarder l'unité de la foi. L'auteur fait ensuite une brève incursion chez quelques Pères de l'Eglise, dont il recueille la substance de la doctrine sur le libre arbitre de la volonté humaine en cas de péché ou de délit. Enfin, il va

16 - Tesi di Laurea in Diritto Canonico, (Pontificia Universitas Gregoriana), Roma, 3 gennaio 1945, (non pubblicata).

s'intéresser à la terminologie des Livres Pénitentiels et à l'incidence de ces derniers sur une plus vaste conception de l'élément subjectif du délit par la science canonique.

A)- INVESTIGATIONS SUR CETTE DISSERTATION

I- L'Elément Subjectif du Délit dans la Doctrine des Premiers Conciles

Parmi les Conciles qu'a énumérés G. Calogero, nous avons limité notre choix à quatre: le Concile d'Ancyre, le Concile Général de Nicée, le Concile d'Antioche, et le Concile d'Agde. Certains canons promulgués par ces Conciles intéressent au plus haut point notre sujet.

1. le Concile d'Ancyre (314)[17]:

Ce Concile a promulgué vingt cinq canons, dont les neuf premiers intéressent plus directement notre argument. Ils ont trait à ceux qui, par faiblesse ou par présomption, avaient failli à leurs devoirs de chrétiens pendant la persécution. Mais les coupables, suivant qu'ils appartenaient au clergé ou à la foule des fidèles, avaient droit à un traitement différent[18]. Ces canons sont surtout importants par les renseignements très explicites qu'ils contiennent sur l'existence et la réglementation de la pénitence canonique à l'époque des persécutions[19]. Le Concile de Nicée se situe dans la même optique.

---

17 - Concilium Ancyranum (314), J.D. Mansi, Sacrorum Conciliorum nova et amplissima Collectio, curantibus L. Petit, H. Welter, Paris 1901-1927, vol. II, (rist. Graz 1960-1961), col. 513-539; d'après C.J. Hefele, Histoire des Conciles d'après les Documents Originaux, t. I,1, Letouzey et Ané éd., Paris 1907, 298-299, "(ce Concile) se tint pour guérir les blessures faites à l'Eglise par la dernière persécution, et en particulier pour déterminer la conduite à tenir à l'égard des *lapsi*".

18 - Les cann.1 et 2, (Mansi, vol. II, col. 514) citent très explicitement les Prêtres et les Diacres, tandis que les canons suivants englobent tous les autres fidèles.

19 - Les auteurs du délit que prend en considération le can. 6, par exemple, (Mansi, vol. II, col. 515), sont réconciliés après six ans de pénitence. Leur réintégration se fait par étapes

2. le Concile de Nicée (325)[20]:

Le canon 11 de ce premier Concile de Nicée, qui fait pendant au canon 6 du Concile d'Ancyre, propose aussi une réglementation de la réconciliation des *lapsi*, après la persécution de Licinius[21]. L'extrême rigueur de la pénitence (douze ans) est due à la gravité du délit. On doit cependant noter avec J. Hefele que "*parmi ces lapsi il y avait diverses catégories à faire: quelques-uns d'entre eux avaient succombé à la première menace; d'autres avaient subi de longues tortures avant de faiblir. Le Concile voulut tenir compte des circonstances atténuantes comme des circonstances aggravantes et proportionner le châtiment au degré de la faute. Le Concile ne dit pas comment il faut traiter les moins coupables, mais il décide que ceux qui le sont le plus devront passer trois ans dans le second degré de pénitence, sept ans dans le troisième et deux ans dans le quatrième ou dernier*"[22]. C'est là une claire actuation de l'idée de responsabilité pénale.

3. le Concile d'Antioche (341)[23]:

Le canon 4 de ce Concile est un excellent témoin de la situation de l'Eglise à cette époque de son histoire, caractérisée par les nombreuses dissensions théologiques et les

---

pénitentielles successives: pendant un an ils seront admis au degré des *audientes*, ensuite *substrati* pendant trois ans, puis admis au culte sans prendre part aux offrandes pendant deux ans, avant d'être enfin admis à la communion.

20 - Concilium Nicaenum Generale, J.D. Mansi, Sacrorum Conciliorum nova et amplissima Collectio, curantibus L. Petit, H. Welter, Paris 1901-1927, vol. II, (rist. Graz 1960-1961), col. 635-1082.

21 - Cf. P. Allard, Histoire des persécutions, t. 5, Paris 1890, 293-321.

22 - C.J. Hefele, Histoire des Conciles d'après les Documents Originaux, op. cit., t. I, 1, p. 590.

23 - Concilium Antiochenum, J.D. Mansi, Sacrorum Conciliorum nova et amplissima Collectio, curantibus L. Petit, H. Welter, Paris 1901-1927, vol. II, (rist. Graz 1960-1961), col. 1305-1350; le Concile a été occasionné par la consécration de l'Eglise d'Antioche, et c'est pourquoi il est appelé *in encaeniis* ou *in dedicatione*, cf. C.J. Hefele, Histoire des Conciles d'après les Documents Originaux, op. cit., t. I,2, 702-703.

entraves juridictionnelles. Il s'en prend à l'évêque qui aurait été déposé par un Concile, au prêtre ou au diacre par son évêque, et qui malgré cela s'obstine à exercer quelquesunes de ses fonctions. Aucun d'eux, en agissant de la sorte, ne peut en aucune manière espérer sa réintégration par un Concile, ni même la faculté de se défendre, non plus ceux qui resteront en communion avec eux. Ce canon a une valeur historique non négligeable: il a sa répétition dans le vingt neuvième Canon Apostolique; il sera repris dans le canon 83 du Concile Général de Chalcédoine; et le *Decretum* de Gratien y renverra[24].

4. le Concile d'Agde (506)[25]:

Ce Concile, bien que tenu dans les limites d'un territoire provincial de la Gaule, est néanmoins d'un grand intérêt pour l'historien et le canoniste[26]. Il s'était fixé comme but de délibérer sur le célibat ecclésiastique, sur les ordinations des clercs et des évêques, et sur ce qui pouvait être utile à l'Eglise[27]. Le canon 10, par exemple, interdit au clerc de garder auprès de lui une femme "étrangère", autre que sa mère, sa soeur, sa fille ou sa nièce[28]. Le deuxième Concile d'Arles avait, quelques dizaines d'années plus tôt, édicté une règle

---

24 - C. 11, q. 3, c. 6, Si quis Episcopus.

25 - Concilium Agathense, J.D. Mansi, Sacrorum Conciliorum nova et amplissima Collectio, curantibus L. Petit, H. Welter, Paris 1901-1927, vol. VIII, (rist. Graz 1960-1961), col. 319-339.

26 - On y compte, en effet, trente cinq évêques, avec à leur tête Césaire D'Arles. Et puis, on attribue à ce Concile soixante et onze canons, que Gratien a presque tous insérés dans son *Decretum*.

27 - Cf. C.J. Hefele, Histoire des Conciles d'après les Documents Originaux, op. cit., t. II,2, pp. 973, 980.

28 - Can. 10, Mansi, vol. VIII, col. 326. Si dans cette énumération il n'est pas fait mention de la femme, c'est que la chose allait de soi. Cependant, à Arles, on exigeait une promesse de continence, tant de la part du clerc que de sa femme, si légitimement il en possédait une. Cf. C.J. Hefele, Histoire des Conciles d'après les Documents Originaux, op. cit., p. 985, note 2.

semblable, dans son troisième canon[29], avec en plus la menace de l'excommunication en cas d'inobservance de cette règle. Plusieurs autres Conciles avaient également émis des dispositions du même ordre.

Nous allons voir à présent ce qu'il en est chez les Pères de l'Eglise.

II- L'Elément Subjectif du Délit chez quelques Pères de l'Eglise

Nous considérerons seulement quatre Pères de l'Eglise: Saint Jérôme, Saint Ambroise, Saint Augustin (Pères latins), et Saint Basile le Grand (Père grec).

1. Saint Jérôme (331-420)[30]:

Sa vingt huitième Homélie est un commentaire sur la description de la généalogie de Jésus dans les Evangiles des Saints Matthieu et Luc, avec une particulière insistance sur le premier: en effet, le premier Evangéliste est seul à souligner les unions illégitimes qui ont entaché d'irrégularités l'ascen
dance de notre Seigneur[31]. Il cite Thamar[32], "*quae cum socero fraude concubit*"; Raab, dont on ne saurait dire la provenance, et Ruth, qui n'est pas de la race d'Israël[33]; la femme d'Urie, "*quae violavit mariti torum*"[34]; Dieu, dit-il encore, a voulu naître des entrailles de

29 - Concilium Arelatense (443 ou 452), J.D. Mansi (463), Sacrorum Conciliorum nova et amplissima Collectio, curantibus L. Petit, H. Welter, Paris 1901-1927, vol. VII, (rist. Graz 1960-1961), col. 951-952.

30 - S. Hieronymus, Hom. XVIII, *De Genealogia Salvatoris, eo quod in Mattheo et in Luca diversi eius referantur auctores*, in Opera Omnia, t. VII, PL 26, J.P. Migne (accurante), Parisiis 1884, col. 302-304.

31 - Saint Jérôme justifie cela en affirmant que Notre Seigneur est venu pour prendre sur lui les péchés des hommes, et lui, Dieu, qui est sans péché, s'est fait péché pour nous.

32 - Mt. I, 3.

33 - Mt. I, 5.

34 - Mt. I, 6.

Salomon, "*cuius peccata conscripta*", et Roboam, "*cuius delicta feruntur*", comme des autres, "*quibus multi fecerunt malum in conspectu Dei*". Certaines expressions (que nous reprenons sous leur propre forme) méritent qu'on les mette bien en évidence: "fraude", "violavit", "peccata", "delicta", "malum".

Avec Saint Ambroise, nous aborderons un genre littéraire un peu différent.

2. Saint Ambroise (340-397)[35]:

Ambroise se demande pourquoi Moise appelait les Lévites *primigenitos et redemptores,* et désignait leurs villes *redemptrices.* Demande à laquelle il répond, disant que les villes des Lévites, dans l'Ancien Testament, servaient de refuge[36]. Si un homme était accusé d'homicide involontaire, et qu'il parvenait à trouver refuge dans les villes des Lévites, il n'était permis à personne de le tuer, vu qu'il résidait désormais dans ces villes.

Dans le même chapitre, il affirme la présence en Dieu de deux vertus principales: la miséricorde et la justice. L'exercice de cette miséricorde s'accomplit à travers la parole de Dieu et l'office du prêtre. La justice (entendue ici comme acte de condamnation), par contre, s'effectue à travers la fonction du juge[37].

Le terme *peccatum* qu'emploie Saint Jérôme englobe aussi le *delictum* (qu'il n'emploie pas), puisque ce premier se réfère à la violation externe d'une loi: un homicide qui suscite l'aversion des autres, et oblige le fautif à fuir dans une autre contrée. Mais il s'agit d'un délit résultant d'un acte involontaire ou imprudent, ce qui justifie la bienveillance à l'égard du délinquant. Par contre, la référence à la justice comme instance uniquement punitive est plutôt une manière insuffisante d'établir un équilibre entre miséricorde et justice.

---

35 - S. Ambrosius, *De Cain et Abel*, in Opera omnia, t. I, 1, PL 14, J.P. Migne (accurante), Parisiis 1882, col. 365-366.

36 - Nb. XXXV, 6.

37 - "*Remittuntur peccata per Dei verbum, remittuntur etiam per officium sacerdotis, sacrumque ministerium; puniatur quoque per homines, sicut per iudices, qui potestate ad tempus utuntur*". La première partie de cette assertion sera plus tard exploitée par Gratien dans son *Decretum*: c. 51, D. I, de poenit.

3. Saint Basile (330-379):

Considérons le canon 8 de la première Epître de Saint Basile (le Grand) à Amphilochius[38], qui démontre, partant de situations concrètes, l'importance de l'intention, dans la qualification du caractère volontaire ou involontaire d'un délit.
En effet, le canon affirme si bien que "*multae sunt in voluntariis et involuntariis differentiae*".

a. *Le délit volontaire*: . première situation: celui qui, dans la colère, utilise une hache contre sa femme, est un meurtrier[39]. Qui a utilisé le glaive, ou un instrument de ce genre, n'a aucune excuse.

. deuxième situation: des actes comme ceux des voleurs ou des envahisseurs armés sont entièrement volontaires. Car les premiers détruisent pour de l'argent, en en fuyant les charges; et les seconds, qui portent la guerre et les massacres, choisissent ouvertement de détruire leurs opposants, non de les terroriser ou les corriger.

. troisième situation: si quelqu'un fait un mélange de substances étranges, pour une raison quelconque, et qu'il emporte une vie, un tel acte sera considéré comme un meurtre volontaire. Les femmes le font fréquemment, pour tenter de se faire aimer par les hommes: elles leur donnent des drogues qui enfoncent leur esprit dans les ténèbres et le brouillard. Si de telles femmes causent la mort, poursuit Saint Basile, même si en désirant une chose elle ont fait une autre, en dépit de cela, à cause de la pratique étrange et interdite, elles seront rangées parmi les meurtriers volontaires.

b. *Le délit involontaire*: . première situation: atteindre une personne, alors qu'on jette une pierre à un chien ou un arbre,est entièrement involontaire et loin de l'intention de celui qui commença l'acte. En fait, explique Saint Basile, l'intention était de chasser la bête ou de cueillir un fruit, et le passant est tombé accidentellement sous le coup. Donc, un tel acte est certainement involontaire.

. deuxième situation: si quelqu'un veut corriger un autre, en le frappant avec une lanière ou avec une verge flexible, mais que ce dernier meurt sous les coups, c'est

---

38 - S. Basilius, Ad Amphilochium, epist. can. prima, can. 8, in Mansi, vol. III (Appendix X), col. 1190.

39 - Cf., note 58, *Saint Basil Letters*, in The Fathers of the Church. A new translation, A.C. Way (translater), The Catholic Univ. of America, New York 1955, dans laquelle R.J. Deferrari avance que dans l'explication du caractère volontaire et involontaire des actes, St. Basile semble appliquer les principes donnés par Aristote dans Ethique de Nicomaque, 3, 1, et 5, 8.

aussi involontaire. On considère, en effet, que l'intention était de corriger l'errant, et non de le détruire.

. troisième situation: lorsque quelqu'un, dans un combat, pour se défendre frappe implacablement sur les parties vitales de l'adversaire avec un bâton ou avec la main, de sorte à le neutraliser, mais sans le détruire. Cela est déjà assez proche du volontaire, affirme Saint Basile. Car celui qui a utilisé un tel instrument pour se défendre, ou qui n'a pas su appliquer le coup avec précaution, agit certainement sous l'effet de la passion.

Considérons à présent le canon 83 de la troisième épître de Saint Basile à Amphilochius[40], qui, à la suite d'une évaluation réaliste des circonstances, réglemente la peine à infliger à ceux qui commettraient le délit de parjure, ou qui renieraient leur foi: en effet, ceux qui, par force et par nécessité (*vi et necessitate*), transgressent un serment, sont soumis à des peines plus légères (*levioribus poenis subiiciunt*)[41]; tandis que ceux qui, sans contrainte, renient leur foi, en écopent de plus lourdes[42].

4. Saint Augustin (354-430):

Deux œuvres du grand savant nous sont signalées: le chapitre XXX de l'*Enchiridion ad Laurentium*[43], et le chapitre XXV du Livre I de *De Civitate Dei*[44]. Ainsi, est libre de commettre le péché qui est serviteur du péché. S'il n'est pas libre d'agir justement,

40 - S. Basilius, Ad Amphilochium, epist. can. tertia, can. 82, in Mansi, vol. III, (Appendix X), col. 1219.

41 - Six années d'exclusion de la communion ecclésiale. Cf. note 13 de notre Thèse.

42 - Onze années d'exclusion de la communion ecclésiale. Cf. ibid. note 13, dont cette

43 - S. Augustinus, *Enchiridion ad Laurentium, sive de Fide, Spe et Charitate*, in Opera Omnia, t. 6, Lib. I, cap. XXX, J.P. Migne (accurante), PL 40, Parissiis 1887, col. 246.

44 - id., *De Civitate Dei*, in Opera Omnia, t. 7, Lib. I, cap. XXV, J.P. Migne (accurante), PL 41, Parisiis 1841, col. 35.

bien moins le sera-t-il s'il est libéré du péché[45]. Opinion bien sévère de Saint Augustin, qui toutefois nous aide à concevoir un fort conditionnement, par des facteurs autant internes qu'externes, de la liberté de l'homme.

Dans la seconde œuvre citée, il répond (contre ceux qui soutiennent que pour éviter un grave péché, notamment de concupiscence, quelqu'un est justifié en exerçant sur lui-même la violence mortelle du suicide) que l'auto-destruction est un crime abominable et condamnable[46]. Si l'iniquité est forte au point de faire préférer le péché à la pureté, un adultère futur et incertain n'est-il pas préférable à un meurtre présent et certain, se demande Saint Augustin? N'est-il pas préférable d'accomplir un acte mauvais, qui peut être expié par la pénitence, plutôt qu'un acte pire, qui ne laisse aucune place au repentir? En conclusion, l'homicide (même dirigé contre soi) demeure un délit grave; et aucune intention, si louable qu'elle soit, ne pourrait justifier la commission d'un délit.

III- L'Elément Subjectif du Délit dans les Livres Pénitentiels

Les Livres Pénitentiels, d'origine irlandaise et britannique, ou les régions celtiques en général, représentent les plus éminentes Collections qui, depuis le VIe siècle jusqu'au *Decretum* de Gratien ont été en usage dans l'Eglise. Des lieux d'origine, ils avaient été transportés par des colonies de moines en Italie, en France et en Allemagne. Ils poursuivaient un double but: aider les confesseurs dans leur rôle de discernement face aux pénitents, et émettre des canons à caractère pénal. Notre étude se limite à quelques-uns des Pénitentiels auxquels s'est intéressé J. Calogero[47]. Pénitentiels qui, par le biais d'une scrupuleuse -et par moment fastidieuse- casuistique, offrent des indications non moins

45 - *"Qualis, quaeso, potest servi addicti esse libertas, nisi quando eum peccare delectat? Liberaliter enim servit, qui sui domini voluntatem libenter facit. Ac per hoc ad peccandum liber est, qui peccati servus est. Unde ad iuste faciendum liber non erit, nisi a peccato liberatus esse iustitiae coeperit servus"*.

46 - *"Quis ita desipiat, ut dicat, Jam nunc peccemus, ne postea forte peccemus; jam nunc perpetremus homicidium, ne forte postea incidamus in adulterium?"*, trad.: *"qui serait assez fou pour dire, Péchons à présent, ainsi nous ne pécherons peut-être pas plus tard; commettons le meurtre maintenant, et nous n'aurons peut-être pas à tomber dans l'adultère plus tard?"*.

47 - Cf. J. Calogero, L'elemento soggettivo del delitto, (Tesi), op. cit., p. 18-22.

précieuses sur la responsabilité des délits signalés, et sur leur degré de culpabilité. Parmi ces délits, nous retenons l'homicide et le faux serment, et reportons *in extenso* la terminologie à travers laquelle les

Pénitentiels indiquent les circonstances psychologiques et morales de leur réalisation.

1. Dans les Délits d'Homicide

a. *S. Cumeanus*[48] distingue:

"qui voluntarie homicidium fecerit;
qui non voluntarie, sed casu;
qui iussione domini sui occiderit;
qui occiderit hominem in publico bello;
qui ad homicidium consenserit;
qui voluerit et non potuerit".

b. *S. Egbertus*[49]:

"in ira et in secreto;
in pugna vel ex necessitate;
absque culpa;
ex timore;
ex rancore".

c. *Venerabilis Beda*[50]:

"odii meditatione;
possidendae hereditatis eius;
per iram subitam, et rixam;

---

48 - S. Cumeanus, *Liber de Mensura Penitentiarum*, in Opera Omnia Scriptorum Ecclesiasticorum qui in VII saeculi secunda parte floruerunt, t. unicus, J.P. Migne (accurante), Patrologiae Cursus Completus, PL 87, Parisiis 1863, col. 989.

49 - Sanctus Egbertus (Eboracencis), *Poenitentiale*, in Opera Omnia Ecclesiasticorum Scriptorum octavi saeculi, t. unicus, J.P. Migne (accurante), Patrologiae Cursus Completus, PL 89, Parisiis 1850, col. 407,415.

50 - Venerabilis Beda, *De Remediis Peccatorum*, in Opera Omnia, t. 5, J.P. Migne (accurante et denuo recognoscente), Patrologiae Cursus Completus, PL 94, Parisiis 1862, col. 570, 571.

casu;
iubente domino suo;
iubente maiore suo".

d. *Halitgarius*[51]:

"sponte;
non sponte;
furore zeli;
casu;
in expeditione publica;
sine causa;
se defendendo, aut parentes suos, aut familiam suam;
in pace;
inimicitiae causa;
ut res eius capiat".

2. Dans les Délits de Faux Serment:

a. *S. Cumeanus*[52]:

"qui per cupiditatem periurat;
qui autem non per cupiditatem sed mortis periculo;
qui ducit alium in periurio ignorantem;
qui ductus est in periurio ignorans et postea recognoscit;
qui suspicatur quod in periurio ducitur, tamen iurat per consensum".

b. *S. Columbanus*[53]: dit que le faux serment peut avoir lieu

"per cupiditatem;
mortis timore".

c. *Venerabilis Beda*[54]:

---

51 - Halitgarius (Cameracencis), *Liber Poenitentialis*, in Liber Diurnus Romanorum Pontificum, J.P. Migne (accurante), Patrologiae Cursus Completus, PL 105, Parisiis 1864, col. 681, 702.

52 - Cf. note 42, ibid., PL 87, col. 988.

53 - Sanctus Columbanus, *De Poenitentiarum Mensura Taxanda Liber*, in Opera Omnia Scriptorum Ecclesiasticorum qui in VII saeculi prima parte floruerunt, t. unicus, J.P. Migne (accurante), Patrologiae Cursus Completus, PL 80, Parisiis 1863, col. 228.

"qui seductus ignorat et postea cognoscit;
qui coactus pro qualibet causa necessitatis;
qui suspicatur priusquam ad iuramentum ducatur et tamen iurat per consensum".

d. *S. Gregorius II*[55]:

"qui coactus, id est violenter pro qualibet necessitate, aut nesciens periuraverit;
pro cupiditate;
qui alium duxit in periurium ignorantem".

B)- DEUXIEME SYNTHESE

. La Thèse de G. Calogero a mis en particulière évidence l'existence, dans les premiers siècles de l'Eglise, d'une certaine doctrine et surtout d'une pratique pénales. Celles-ci n'auraient sans doute pas une grande valeur pour le Droit Canonique, si elles n'étaient le fait des expériences pénales des différentes Eglises, des contributions théoriques et didactiques des Pères de l'Eglise (eux-mêmes Pasteurs de Communautés), et des prises de position des premiers Conciles.

. En ce qui concerne les Conciles, trois raisons d'extrême gravité peuvent être à l'origine de leur convocation: la *causa fidei*, la *causa unionis*, et la *causa reformationis*. En replaçant nos quatre Conciles précédents dans leur contexte respectif, on n'est pas surpris de constater qu'ils entrent tous dans au moins une de ces catégories. On comprend, dès lors, la finalité de leurs décisions: préserver l'Eglise des dangers de l'apostasie et de l'hérésie, du schisme, et du scandale. La confrontation de différentes décisions fait apparaître certains éléments -sûrement inorganiques et quelque peu rudimentaires-, desquels on peut retirer soit la nécessité de la liberté pour la constitution du délit, soit l'existence de quelques circonstances qui influent sur la détermination de l'Imputabilité.

. Le fait que la doctrine des Pères de l'Eglise s'inspire en grande partie des principes évangéliques, ne diminue en rien l'influence de cette doctrine sur l'ensemble des

54 - Cf. note , ibid., PL 94, col. 573.

55 - S. Gregorius II, *Canones Poenitentiales*, in Opera Omnia VIII saeculi Ecclesiastici Scriptores maxima ex parte recensentur, t. unicus, J.P. Migne (accurante), Patrologiae Cursus Completus, PL 89, Parisiis 1850, col. 531. C'est, semble-t-il, une oeuvre apocryphe qui a été attribuée au Pape Grégoire II, selon une antique coutume des premiers siècles et selon l'adage qui disait qu' "on ne prête qu'aux riches".

Sciences Ecclésiastiques, et sur la Science Canonique en particulier. Dans l'investigation que nous venons de mener sur la Thèse de G. Calogero à propos de "*l'élément subjectif du délit en droit canonique*", cette influence se vérifie notamment au niveau de l'appréciation même du délit (par exemple sur la question de l'usage du libre arbitre), et de la tentative de qualification du délit (délit volontaire - délit involontaire).

. L'importance de la législation canonique contenue dans les Livres Pénitentiels n'est plus à démontrer, vu qu'ils représentent une tentative de codification systématique du Droit pénal; ce qui leur a valu d'être considérés comme les premiers exemples des Codes Pénaux actuels. Les Pénitentiels révèlent cependant une carence notoire de principes généraux de Droit pénal sur l'Imputabilité; ce qui s'explique par leur fin éminemment pratique. Mais, il faut reconnaître leur perspicacité d'analyse des situations concrètes, et leur précision terminologique, desquelles émane, pour le juriste averti, des indices assez significatifs de la réalité de l'Imputabilité. Il n'y aurait même pas lieu de s'offusquer de ce que les Pénitentiels ne marquent pas toujours une nette distinction entre le Droit Canonique et la Théologie Morale, car -paradoxalement- cela avait incité à une analyse plus attentive et plus soignée de l'élément subjectif du délit, et partant, à une plus grande adéquation de la peine.

La prochaine investigation aura comme objet la Thèse de S. Di Giorgi sur les Mesures de Sécurité en Droit canonique. Nous en recueillerons surtout les situations préalables ou conditions principales pouvant justifier l'usage de ces Mesures, afin d'éviter les délits et leur Imputabilité.

ARTICLE III: "Le Misure di Sicurezza nel Diritto Penale Canonico", (S. Di Giorgi)[56]:

Sous son titre original, la Thèse de S. Di Giorgi présente davantage de similitude avec la nôtre, par le fait de l'usage dans le titre du vocable *Imputabilitas*[57]. Même l'élimination de ce vocable au moment de la Publication de la Thèse ne restreint pas son existence et son influence en tant que principe fondamental de qualification des délits, d'atténuation ou de majoration des peines conséquentes, et d'orientation en vue de

56 - Excerpta ex Dissertatione ad Doctoratum in Facultate Iuris Canonici Pontificiae Universitatis Gregorianae, Roma 1979. Cette Thèse avait été présentée en 1959, sous le titre "*Imputabilitas*", "*le Misure di Sicurezza*" in Teoria Generali et in Iure Canonico", (cf. in Excerpta, note a, p. 13).

57 - Cf. note précédente.

l'application et de l'exécution adéquates des mesures de sécurité. Pour comprendre le lien entre les mesures de sécurité et l'imputabilité elle-même, il faut se reporter aux canons 2222, par. 2[58], et 2306- 2313 du CIC de 1917. Selon S. Di Giorgi, il ne s'agit pas, dans le premier canon, d'"idonéité" en général, encore moins d'un simple *non constat* au regard de l'honnêteté de vie spécifique qui se contrappose au délit, ni d'une vraie suspicion qui crée seulement une appréhension. On se trouve devant une situation type de suspicion de délit et de scandale, contre laquelle la loi oblige à prendre des mesures qui, toutefois, *non habent rationem poenae*[59]. S. Di Giorgi énumère et analyse les différentes situations ou conditions pouvant justifier le déclenchement et l'application au sujet passif des mesures de sécurité. Ce sont: l'*occasion prochaine de délit*, la *suspicion d'insuffisance de preuves*, le *danger de scandale*, le *danger de perturbation grave de l'ordre*, et le *danger de rechute ou de récidive*[60]:

A)- INVESTIGATIONS SUR CETTE DISSERTATION

I- L'Occasion Prochaine de Délit (*occasio proxima delictum committendi*):

La *occasio* est définie comme un moment, une circonstance favorable à un événement; ou encore une conjoncture de temps, de lieu, de personne, capable de mettre en mouvement, de pousser à l'accomplissement d'une action -ici d'un délit.

Sur la base de cette définition, on pose la définition de la *occasio proxima delictum committendi* comme suit: une conjoncture présente, actuelle, laquelle, étant donnée la

58 - *"Pariter idem legitimus superior, licet probabile tantum sit delictum fuisse commissum aut delicti certe commissi poenalis actio paescripta sit, non solum ius, sed etiam officium habet non promovendi clericum de cuius idoneitate non constat, et ad scandalum evitandum, prohibendi clerico exercitium sacri ministerii aut etiam eundem ab officio, ad normam iuris, amovendi; quae omnia in casu non habent rationem poenae"*.

59 - Cf. S. Di Giorgi, Le Misure di Sicurezza nel Diritto Penale Canonico, op. cit., p. 31.

60 - Ibid. p. 13-30.

nature des choses, des circonstances et des conditions, fait naître chez une autre personne prudente et expérimentée la certitude morale que le délit va être accompli par un sujet déterminé.

Il faut faire enfin, par souci de précision, un distinction entre l'occasion *absolute proxima* et celle *relative proxima*: l'occasion *absolute proxima* est efficace sur chaque type d'homme et de chrétien normal, de sorte qu'on dira, par exemple, en parlant d'un délit constaté, que "n'importe qui, à la place du délinquant, aurait fait de même"; tandis que l'occasion *relative proxima* est efficace seulement sur des sujets particuliers, de sorte qu'on dira que "telle personne, devant telle situation, commettra sûrement un délit"[61].

Qualifier *de facto* une situation comme occasion prochaine de commettre un délit recquiert donc, en plus de la vertu de prudence et de juris-prudence, une capacité d'évaluation sereine de l'opportunité de mettre en acte les mesures de sécurité, sinon pour prévenir et empêcher le délit, du moins pour en atténuer les conséquences.

Une autre situation, très analogue à la *occasio proxima delictum committendi* mais plus délicate parce que plus incertaine, est la suspicion d'insuffisance de preuves.

II- La Suspicion d'Insuffisance de Preuves:

Notre auteur définit la suspicion comme le fait de relever dans le profil apparent de la personnalité d'autrui, des traits et des dimensions qui échappent à l'expérience directe; ou bien de mettre sur le compte des autres, tels qu'ils se présentent à notre expérience, quelque chose de plus, de différent, et en particulier quelque chose de répréhensible. Par rapport à ce dernier aspect, la suspicion est donc un doute, un manque de confiance, dans la limpidité ou l'irréprochabilité des sentiments ou de la conduite d'une autre personne. Ce doute naît et s'alimente d'éléments indicateurs qui permettent d'arriver à une certaine affirmation. C'est dans ce sens que l'on pourrait qualifier la suspicion de doute positif, c'est-à-dire proche de la certitude, probable[62], et -dans le meilleur des cas- plausible. Par

61 - P. Naphoc, De vera proximae occasionis peccati notione, in PMoLi, 1932, pp. 1-34, 129-157; M. Fabregas, De obligatione vitandi probabile periculum peccandi, in PMoLi, 1941, pp. 20-45.

62 - D'après Cicero, "*probabile est, quod fere fieri solet, aut quod in opinione positum est, aut quod habet in se ad haec quandam similitudinem, sive id falsum est, sive verum*", De Inventione, I, 29, 46.

exemple un instruction judiciaire qui a échoué ou qui a été interrompue peut laisser planer sur le prévenu une certaine suspicion que si tout s'était passé normalement il serait peut-être convaincu de délit.

Par "preuve", notre auteur entend un procédé permettant d'établir le bien-fondé d'une affirmation, sur une donnée de fait, dont on n'a pas une expérience directe, ou sur un principe; donc un procédé qui fournit la certitude du fait qui correspond à l'affirmation en cause -l'imputation- et la fonde, lorsqu'il manque la connaissance directe et immédiate du côté de celui à qui il appartient d'émettre un jugement de mérite. Par preuve, on entend aussi un élément ou un ensemble d'éléments desquels on extrait la certitude d'un fait, du présupposé sur lequel se base la prétention punitive.

On s'attendrait logiquement au *statu quo*, en cas de suspicion d'insuffisance de preuves, étant donnée l'existence du doute[63]. C'est pourtant le contraire qui se vérifie, paradoxalement, par le biais d'une *fictio iuris*, à la faveur de la qualification positive du doute; ceci pour un motif éminemment pastoral: protéger la société ecclésiale des risques de scandale et de perturbation de son ordre interne.

III- Le Danger de Scandale:

La crainte d'un scandale futur[64] est donc un motif assez sérieux pour justifier l'usage de mesures de sécurité. L'auteur invoque une quantité de considération scripturaires1 et patrologiques2 du scandale, pour nous en convaincre. Il reprend aussi tous les canons du CIC 1917 dans lesquels le phénomène du scandale est pris en considération3.

Ce panorama peut susciter une certaine perplexité, à cause du manque d'homogénéité dans la collocation du phénomène du scandale, et de sa signification globale trop peu précise[65]. L'essentiel est de se convaincre que le scandale n'est pas

63 - Marcellus est allé plus loin, qui déclara dans ses Regulae Iuris: "*In re dubia benigniorem interpretationem sequi non minus iustius est quam tutius*", l. 192, par. 1, D. de R. J. 50, 17.

64 - qui est un fait, une réalité beaucoup plus palpable que la suspicion d'insuffisance de preuves du paragraphe précédent.

65 - C'est seulement à l'épreuve des cas concrets que tombera toute équivoque. Là se situe la responsabilité de l'autorité qui aura à juger de ces cas.

identifiable au délit. Il est plutôt, soit un des résultats du délit, soit un comportement qui incite ou provoque un délit. D'où la différence du *danger de scandale* d'avec l'*occasion prochaine de délit* et la *suspicion d'insuffisance de preuves*, dans lesquelles on se réfère très explicitement au délit. Mais la conséquence sera la même, à savoir le déclenchement de mesures de sécurité capables de prévenir le scandale ou d'en limiter la portée.

Cela nous amène à considérer l'avant dernière situation qu'est le danger de perturbation grave de l'ordre public ecclesial.

IV- Le Danger de Perturbation Grave de l'Ordre (*gravis ordinis perturbatio*):

Notre auteur rappelle un passage de la Lettre de Saint Paul aux Romains, dans laquelle l'Apôtre recommande aux chrétiens d'avoir une conduite digne, disciplinée, qui évite de heurter, et donc qui crée l'ordre dans la communauté[66] .

Puis, il invoque l'autorité d'un Père Apostolique (Saint Ignace d'Antioche), et d'un Père de l'Eglise (Saint Basile), pour convaincre que l'ordre dans la communauté ecclésiale équivaut à l'orthodoxie de la foi, qui exclut les hérésies et les schismes, les dissensions et les divisions entre ceux qui partagent la même foi[67]. Cette foi est sous la protection du Droit.

Notre auteur peut dorénavant définir l'ordre public ecclésial comme un complexe d'exigences et de conditions, lesquelles dérivant des principes fondamentaux du Droit ecclésial, sont reconnues nécessaires à la sauvegarde de la foi, et à l'établissement d'une ambiance de paix et de concorde au sein de la communauté ecclésiale. Il suffit d'un rien, cependant, pour violer ce principe. Et telle violation acquerrait une relevance juridique, en raison de la tutelle qu'exerce le Droit sur le bon ordre de la communauté ecclésiale.

---

66 - Cf. Rm. 13, 13: "*Comme il sied en plein jour, conduisons-nous avec dignité: point de ripailles, ni d'orgies, pas de luxure ni de débauche, pas de querelles ni de jalousie*".

67 - Cf. S. Ignatius, *Epistula ad Ephesios*, VI, 2: "*... quia omnes secundum veritatem vivitis et quia nulla haeresis inter vos habitat. Sed nec oboeditis alicui, nisi soli Iesu Christo, vero pastori et doctori, et estis quemadmodum Paulus vobis scripsit, 'unum corpus et unus spiritus, quoniam in una spe fidei conclusi estis. Unus enim Dominus, una fides, unum baptisma, unus Deus et pater omnium, qui super omnes et per omnes in omnibus*' ", in Patres Apotolici, F. Diekamp (accurante), vol. 2, Libraria H. Laupp, Tubingae 1913, p. 241; S. Basile, dans sa Lettre à Athanase d'Alexandrie (371), rappelle le bon temps où la paix et l'ordre régnaient dans l'Eglise, avant la division de l'Arianisme, et invoque le concours de l'évêque d'Alexandrie, en vue de la restauration définitive de l'ordre, "*... so that you will settle the disorder of the people, make an end of the factional exercice of authority, subject all to one another in love, and give back to the Church her pristine strength*", trad. A. Way, in The Fathers of the Church, CUA Press, Washington 1965, 161-162.

Voilà qui justifie les mesures de sécurité. En effet, lorsque un ou des membres de l'Eglise se trouvent dans une situation telle qu'ils risquent de troubler l'ordre public ecclésial, l'intervention de l'autorité, par des mesures de sécurité -qui, rappelons-le, ne sont pas des peines- devient nécessaire, aux fins de protéger la communauté ecclésiale dans son unité et dans son intégrité[68].

Ce sera de même pour la dernière situation dont fit état notre auteur: le danger de récidive.

V- le Danger de Rechute ou de Récidive (*periculum relabendi*):

La situation de *periculum relabendi* est telle, qu'elle comporte des composantes qui favoriseraient le délit, et que le sujet ne réussira pas à affronter. C'est bien en cela qu'elle présente des points communs avec la *occasio proxima delictum committendi*. Mais, ce qui vraiment caractérise et distingue le danger de récidive ou de rechute dans le délit, c'est la présence et l'efficacité du délit déjà commis, et la conséquente faiblesse de volonté ou insuffisance psychique en général[69]. Lorsque donc le sujet se retrouve dans le même milieu et les mêmes conditions (lieux, instruments, personnes) qui ont été à la base du délit, il y a de fortes chances qu'un tel conditionnement favorise la récidive. En effet, c'est le subconscient qui, indépendamment du vouloir du sujet, développe une activité de rappel, de mise en présence, d'attirance, et de séduction du délit jadis commis.

L'autorité à laquelle il revient de prendre des mesures de sécurité à cet égard, doit subordonner celles-ci à un jugement de probabilité de récidive. Tel jugement tiendra

68 - Imaginons un groupe de baptisés, qui, sans l'avis des autorités ecclésiastiques, formeraient un mouvement d'inspiration spiritualiste ou caritative, et qui, au nom de ces mêmes autorités, mais sans leur approbation, déploieraient une très large activité au niveau diocésain ou paroissial. Nous aurions là un exemple type de danger de *gravis ordinis pertubatio*. L'Apôtre des Gentils met en garde: "*Ainsi donc, mes frères, aspirez au don de prophétie, et n'empêchez pas de parler en langues. Mais que tout se passe dignement et dans l'ordre*", 1Co. 14, 39-40. S. Di Giorgi renchérit: "*L'esistenza di iniziative, di consuetudini, di tendenze 'praeter legem' o non provenienti dalla gerarchia, ma da una immediata ispirazione, autorizzazione dello Spirito ai singoli direttamente, altera continuamente le condizioni e le forme di ordine nella Chiesa; alterazioni che fanno scoprire alla comunità aspetti nuovi dei principi generali del diritto i quali si impongono anche al rispetto della gerarchia e della Chiesa tutta*".

69 - Cf. B. Petrocelli, La pericolosità criminale e la sua posizione giuridica, Padova 1940.

compte du caractère du délinquant, des peines éventuelles déjà subies, de sa vie précédente, de son comportement au moment et après le délit, des conditions internes et externes dans lesquelles vit le délinquant.

B)- TROISIÈME SYNTHÈSE

. Parler de Mesures de Sécurité dans le Droit pénal revient à se situer en amont du délit et de son Imputabilité. Mettre en branle ces Mesures de Sécurité, c'est faire usage de moyens de dissuasion morale, propres à entraver toute possibilité d'accomplissement d'un délit par un sujet potentiel. En introduisant dans son système pénal -à l'instar du Droit Civil- une telle mesure de prévention des délits, le Droit Canonique entend protéger non seulement la communauté ecclésiale, mais aussi la personne elle-même soupçonnée, dans le but de lui éviter la contrainte d'une éventuelle mesure pénale, qui serait la conséquence de son Imputabilité par rapport à un délit virtuel.

. A ce propos, les cinq conditions proposées par S. Di Giorgi comme devant précéder l'usage des Mesures de Sécurité, devraient être considérées comme des canevas -et non des stéréotypes- à travers lesquels tous les cas particuliers pourraient trouver un début de règlement. En règle générale, les Mesures de Sécurité doivent faire l'objet d'un usage prudent, vu le degré d'incertitude qui préside à leur opportunité. Et qui dit incertitude dit aussi possibilité d'erreur sur l'objet comme sur le sujet du délit, et donc possibilité d'injustice vis-à-vis de l'auteur pressenti.

La prochaine Thèse, celle de A.E. Mc Coy, s'appliquera à analyser la *vis et metus* en relation avec l'Imputabilité du délit et la responsabilité pénale.

ARTICLE IV: "Force and Fear in Relation to Delictual Imputability and Penal Responsability", (A.E. Mc Coy)[70]

Comme on peut le constater à travers son titre, la Thèse de Mc Coy aborde directement le thème de la *vis et metus* (force and fear), en relation avec l'Imputabilité du délit et la responsabilité pénale[71]. C'est avec un réel plaisir que nous nous sommes mis à

70 - A Dissertation submitted to the Faculty of Canon Law of the Catholic University of America in Partial Fulfillment of the Requirements for the Degree of Doctor of Canon Law, Washington 1944.

71 - Notamment les pp. 3-30, pour la partie plus spécifiquement historique; et les pp. 74-

étudier cette Thèse, à cause surtout de son enracinement dans la littérature canonique classique, du XVIème Siècle au Code pio-bénédictin, et dans celle de l'après codification[72], dont la production représente une mine inépuisable pour la science du Droit canonique, et plus spécifiquement pénale. Nous avons choisi, dans la Thèse de A.E. Mc Coy, la partie qui, à notre sens pourrait être plus utile au développement ultérieur de notre thème: *The Effects of Force and Fear upon Delictual Imputability*[73]. Cette partie comporte trois grands points: l'Imputabilité des délits commis sous la Force; l'Imputabilité des délits commis sous la Crainte; l'Imputabilité des délits commis sous la Nécessité ou l'Incommodité grave.

A)- INVESTIGATIONS SUR CETTE DISSERTATION

I- L'Imputabilité des Délits commis sous la Force:

Notre auteur établit, dans les premières pages de sa Thèse, la typologie distinctive de la coaction, entre: *coactio violenta*, et *coactio modica*; et à l'intérieur même de la *coactio violenta*, il distingue la *coactio absoluta*, et la *coactio conditionalis*. Pour illustrer la *coactio violenta absoluta, il se réfère au canon 2205, par. 1, du CIC de 1917*, qui dit: "*Vis physica quae omnem adimit agendi facultatem, delictum prorsus excludit*". Donc, la *coactio violenta absoluta* correspond à la *vis physica*, qui prive la personne de sa liberté d'action. Une telle situation exclut totalement (*prorsus*) le délit[74]. Bien plus, les actes réalisés sous cette violence sont considérés comme inexistants[75]. Et cette excuse, qui se fonde sur le droit

98, pour la description de la "force and fear" (nature, typologie, effets dans la détermination de l'Imputabilité ou la non-Imputabilité du délit).

72 - On peut, entre autres, citer: A. Barbosa (1589-1649), B. Ojetti (1866-1933), G. Michiels, F. Roberti, etc. Ce sont des auteurs auxquels nous ne manquerons de nous référer assez souvent, tout au long de notre Thèse.

73 - Cf. note 68.

74 - "*It absolutely excuses from imputability*", A.E. Mc Coy, (Dissertation), p. 86.

75 - Can. 103, par. 1: "*Actus, quos persona sive physica sive moralis ponit ex vi extrinseca, cui resisti non possit, pro infectis habetur*".

naturel, ne recquiert aucune explication ni preuve, puisque ce n'est pas l'acte posé sous la violence physique absolue et contre la volonté de la personne, qui est considéré, mais bien l'acte de celui qui impose la force[76].

De toute façon, la violence physique doit être telle que la personne soit dans l'incapacité absolue de ne pas céder au vouloir de celui qui l'exerce. Autrement, on tomberait dans la *coactio conditionalis*, qui, de soi, n'enlève pas totalement l'Imputabilité, mais peut avoir divers niveaux correspondant aux grades de résistance à la coaction[77].

Dans la *vis modica*, ou violence modérée, pourrait être classé le cas de nécessité ou d'incommodité, qui atténue l'Imputabilité du délit, et sa responsabilité pénale. Nous étudierons plus loin[78] la situation de nécessité ou d'incommodité. En attendant, voyons comment notre auteur aborde le problème de la crainte.

II- L'Imputabilité des Délits commis sous la Crainte

Il faut faire ici une triple distinction entre: les actes délictueux dont la prohibition dériverait de normes purement ecclésiastiques, ceux dont la prohibition dériverait des normes divines, et les actes impliquant une dépréciation de la foi ou de l'autorité ecclésiastique.

---

76 - "... *magis pati quam agere convincatur*", c. 5, X, de his quae vi metusve causa fiunt, I, 40; T. Garcia Barberena va plus loin, qui insiste sur la résistance active de la personne sur laquelle s'exerce la *vis*: "*Para que conste externamente de la fuerza irresistible, la persona a quien se hace fuerza ha de resistir activamente, unico modo de demostrar que aquello ocurre contra su querer; no basta que se ponga en situacion neutral, ni colaborando ni resistiendo*", Comentarios al Codigo de Derecho Canonico, vol. 4, Biblioteca de Autores Cristianos, Madrid 1964, n. 259.

77 - "*If the force can be resisted, or if there is some freedom of action, or if the effects of the force could be impeded, then the force is called moderate or slight*", A.E. Mc Coy, (Dissertation), p. 87.

78 - Au n. III.

1. Dans les Lois Pénales dérivant uniquement de l'Autorité Ecclésiastique

La crainte grave -même relativement grave- enlève complètement le délit[79]. La raison en est que les lois purement ecclésiastiques, comme toutes les autres lois humaines, ne pourraient urger *sub gravi,* en cas de sérieux inconvénient, ou devant le danger d'un dommage grave. On considère que la crainte grave perturbe et offusque la raison, au point que l'acte posé ne peut être qualifié d'humain, et ne saurait donc être imputable.

Mais, de l'avis de notre auteur, une crainte légère n'excuse pas d'une obligation sérieuse. Toutefois, une telle crainte diminue l'Imputabilité, car elle réduit le *voluntarium* et, par le fait même, la gravité de la faute proportionnellement à son influence sur la volonté.

2. Dans les Lois Pénales dérivant de l'Autorité Divine

L'Imputabilité du délit commis sous la crainte -même grave- n'est jamais enlevée. Tout au plus elle est diminuée[80]. Selon notre auteur, les lois dérivant de l'autorité divine sont toujours motivées par un bien spirituel ayant un rapport avec Dieu lui-même, ou avec l'Eglise, ou touchant le bien des âmes. Un tel bien est, par essence, supérieur au bien privé et naturel de l'individu, et pour cette raison doit être recherché avant tout et à tout prix. Il y a lieu de faire encore une triple distinction entre: les actes intrinsèquement mauvais; les actes impliquant une dépréciation de la foi ou de l'autorité ecclésiastique; et les actes posés au détriment des âmes[81]:

a. *Actes intrinsèquement mauvais*:

le caractère moral de ces actes est si profondément ancré dans leur nature même, qu'ils ne peuvent à aucun moment être rendus objectivement bons, ni même servir

79 - Cf. can. 2205, par. 2.

80 - "... *licet metus attenuet culpam*", c. 5, X, de his quae vi metusve causa fiunt, I, 40.

81 - Il faut néanmoins se garder d'absolutiser cette distinction; car nous verrons sous peu qu'en fait certains éléments son bien à cheval entre la première et les deux autres catégories.

une bonne cause. En général, on peut qualifier d'intrinsèquement mauvais tout acte contraire aux préceptes fondamentaux de la loi naturelle. Sont inclus dans cette catégorie le blasphème, le parjure, l'idolâtrie, la superstition, le sacrilège, l'avortement, le meurtre, le vol, la fornication, le crime de faux, l'apostasie, l'hérésie, le schisme. Commettre de tels forfaits sous le coup de la crainte n'enlève pas leur Imputabilité. Mais, dans les cas concrets, il peut y avoir d'autres facteurs excusants (comme l'erreur, l'ignorance, ou la perturbation de l'esprit), en mesure d'enlever sinon de diminuer la culpabilité subjective[82].

b. *Actes impliquant une dépréciation de la foi ou de l'autorité ecclesiastique*:

Ces actes, de même que ceux posés au détriment des âmes, entrent dans la catégorie des actes intrinsèquement mauvais[83]. Leur différence réside dans les circonstances de leur accomplissement, dans leur finalité, et dans les peines qui leur sont déterminées par le Code de Droit Canonique[84]. En ce qui concerne les actes impliquant une dépréciation de l'autorité ecclésiastique, il est à préciser que tout manque de déférence, de révérence, ou d'obéissance ne doit pas nécessairement être considéré comme telle; autrement la crainte n'excuserait jamais aucun délit, vu que chaque violation d'une loi pénale ecclésiastique équivaut à une désobéissance vis-à-vis de l'autorité productrice de cette loi, et donc implique une certaine "dépréciation" de cette autorité. En clair, le concept de *dépréciation,* tel qu'entendu par notre auteur, doit être restreint aux délits qui impliquent la dépréciation de la foi ou de l'autorité ecclésiastique *de manière spéciale*[85]. C'est le cas de l'apostasie, de l'hérésie, du schisme, des sacrilèges touchant les espèces

82 - Cf. G. Michiels, De Delictis et Poenis. Commentarius Libri V Codicis Iuris Canonici, vol. 1, *De Delictis*, 2. ed., Desclée et Socii, Parisiis -Tornaci - Romae - Neo Eboraci 1961, 208-214; J. Sole, De Delictis et Poenis, Romae 1920, p. 28.

83 - Cf. note 78.

84 - Cf. F. Claeys-Bouuaert, De metus influxu quoad valorem actuum et quoad delicta et poenas secundum Codicem Iuris Canonici, Ius Pontificium, 6 (1926) p. 138.

85 - "*This will be the case either because they are of their very nature directly aimed against the truth of faith or against persons constituted in authority, or because they violate a precept in such a way that reason of circumstances such contempt necessarily and directly redounds to faith or to authority*", A.E. Mc Coy, (Dissertation), p. 93; F. Roberti, De Delictis et Poenis, op. cit., p. 152; F. Claeys-Bouuaert, art. cit., Ius Pontificium, 6 (1926) 138-139.

sacrées ou les reliques, de l'appel au Concile universel contre un décret du Pontife Romain, du recours au pouvoir civil contre un acte du Siège Apostolique ou d'un de ses Légats, de l'abus verbal ou injure contre le Pontife Romain, son Légat, ou contre son propre Ordinaire.

c. *Actes posés au détriment des âmes*:

D'après notre auteur,il s'agit d'actes qui mènent les gens hors de la foi ou de la pratique de la morale chrétienne, les exposant ainsi au danger de la damnation éternelle[86]. Ce sont, par exemple, la négligence du Pasteur dans le soin des âmes qui lui sont confiées, la violation par le Confesseur du sceau sacramentel, la sollicitation *ad turpia* de la part du Confesseur, l'administration ou la réception simoniaque des sacrements.

Après les cas de la violence physique et de la crainte, il nous reste à voir, à présent, la question de l'Imputabilité des délits commis par nécessité ou incommodité grave.

III- L'Imputabilité des Délits commis par Nécessité ou Incommodité grave:

Si jusque là, nous avons considéré le *metus* comme un phénomène originé de l'extérieur, donc *ab extrinseco*, la situation de nécessité ou d'incommodité grave représente, quant à elle, et pour ainsi dire, le *metus ab intrinseco*, dont le propre est de rendre licite ce qui ne l'est pas aux yeux de la loi[87]. En d'autres termes, le délit commis par nécessité ou par incommodité grave n'est pas imputable.

---

86 - "*Damnum animarum censetur adesse quandocumque fideles a fide et a moribus christianis avertuntur, atque exponuntur periculo aeternae damnationis*", F. Roberti, De Delictis et Poenis, op. cit., p. 153.

87 - Reg. 4, X, De Regulis Iuris, V, 41: "*Quod non est licitum lege, necessitas facit licitum. Nam et sabbatum custodiri praeceptum est; Maccabaei tamen sine culpa sua in sabbato pugnabant*". Un exemple d'incommodité grave est la maladie. A.E. Mc Coy, à la p. 101 de la Thèse, tente aussi d'illustrer par un exemple le concept de nécessité: il s'agit d'un supérieur ecclésiastique qui, possédant une vraie juridiction, et contrevenant à la loi, commande un acte. l'inférieur ne peut être imputé, s'il pense que l'action commandée est dans la sphère du pouvoir du supérieur, et si la malveillance du commandement n'est ni évidente ni certaine pour lui. Mais s'il est évident que le supérieur excède son autorité, l'Imputabilité de l'acte de l'inférieur demeure, car dans un tel cas il n'est pas tenu d'obéir.

B)- QUATRIÈME SYNTHÈSE

. Il est bon de mentionner avant tout, à la suite de A.E. Mc Coy, l'événement historique de l'influence exercée sur les canonistes de l'après Concile de Trente par les Scolastiques du XIIIème siècle. En effet, ces derniers avaient introduit dans la Théologie Morale les distinctions d'Aristote à propos du caractère volontaire ou involontaire des actes. Par la suite, telle doctrine a été substantiellement reçue dans le Code de Droit Canonique.

. Toute la problématique, à présent, consiste à savoir, dans le cas concret d'un acte délictueux, si cet acte a été vraiment libre et voulu. Si la liberté et la volonté ne sont pas entrées en ligne de compte, le délit ne saurait être, ni juridiquement, ni moralement, imputable à son auteur.

. Au demeurant, l'une des conditions qui, habituellement, enlève l'Imputabilité est bien la *vis et metus*. Sont pris en compte la *vis* dans sa manifestation physique, et le *metus* grave -exception faite de la violation des lois pénales dérivant de l'autorité divine-, qui de par leur nature même de phénomènes *ab extrinseco*, enlèvent la liberté et volonté de l'auteur du délit au moment de son accomplissement, et par le fait même enlèvent l'Imputabilité du délit et sa responsabilité pénale.

. Cette règle s'étend -sous certaines conditions- à d'autres situations analogues à la *vis et metus*. C'est le cas de la situation de nécessité ou d'incommodité grave, qui représente une sorte de *metus ab intrinseco.*

Après avoir analysé quelques Dissertations *ad Doctoratum* de l'époque du *Ius Vetus* (l'après CIC de 1917), nous allons à présent faire de même avec quelques Dissertations de la période du *Ius Vigens* (l'après CIC de 1983). Cela correspondra à la SECTION B de ce Premier Chapitre.

SECTION B: APRÈS LE CODE DE DROIT CANONIQUE DE 1983

Cette Section est composée de deux Articles. Chacun de ces Articles comporte l'examen d'une Dissertation *ad Doctoratum*. La première Dissertation, de F. Derek, est intitulée "*'Nulla Poena sine Lege'. A Study of Canon 1399 in the Light of Canonical Equity*". La seconde, de S. Molaku, est intitulée "*La Signification du Pouvoir Coercitif dans l'Eglise*". Nous traiterons plus longuement la première, qui dans son fond comme dans sa forme a suscité chez nous un intérêt sans égal. A signaler enfin que l'une et l'autre Dissertation sont à l'honneur de notre propre Faculté de Droit canonique.

ARTICLE I: "'Nulla Poena Sine Lege'. A Study of Canon 1399 in the Light of Canonical Equity", (F. DEREK)[88]

Avec la Thèse de F. Derek, nous entrons de plain-pied dans le Code de Droit Canonique de 1983. Cette Thèse constitue, à n'en pas douter, une riche contribution dans l'évolution et dans la compréhension du Droit Canonique aujourd'hui, en ce qu'elle retrace, de manière organique et critique, les fondements historiques, théologiques et juridiques du principe de *nulla poena sine lege*, en étroite relation avec le principe d'*aequitas canonica*, et dans le but de justifier -comme pour ainsi dire- la situation atypique créée par l'introduction dans le Code pénal canonique d'une exception à la *nulla poena sine lege*[89]. Au-delà de ces considérations, le principe de *nulla poena sine lege* est implicitement réclamé par le paragraphe 1 du canon 1321[90]. Le fait que ce dernier canon soit à la base de notre propre Thèse, explique pourquoi les analyses de F. Derek vont nous intéresser au plus haut point. Dans la Partie Historique de la Thèse de F. Derek, nous nous contenterons, par souci de brièveté, de ce que l'auteur appelle "canonical precedence[91] of *nulla poena sine lege*"; dans la Partie Théologique, nous nous pencherons sur les thèmes de Communion, Charité, et Sacramentalité de l'Eglise, sous l'angle de leurs rapports avec l'*aequitas canonica* et la *salus animarum*; dans la Partie Juridique, nous verrons comment l'auteur aborde le principe *nulla poena sine lege* dans le cadre du nouveau Code de Droit Canonique.

88 - Dissertation for the Degree of Doctor of Canon Law, (Pontificia Universitas Urbaniana), Roma 1990, (non publiée).

89 - Exception contenue dans le can. 1399: "*Praeter casus hac vel aliis legibus statutos, divinae vel canonicae legis externa violatio tunc tantum potest iusta quidem poena puniri, cum specialis violationis gravitas punitionem postulat, et necessitas urget scandala praeveniendi vel reparandi*". Ce canon est le seul inscrit au *Titulus VII (Pars II: De Poenis in Singula Delicta): Norma generalis*.

90 - Can. 1321, par. 1: "*Nemo punitur, nisi externa legis vel praecepti violatio, ab eo commissa, ...* ".

91 - Que je traduirais par: *priorité canonique*.

A)- INVESTIGATIONS SUR CETTE DISSERTATION

I- La Priorité Canonique du Principe *Nulla Poena Sine Lege*

1. L'Origine de l'Axiome *Nulla Poena Sine Lege*:

L'auteur rappelle l'origine assez récente de cette formule désormais familière au langage pénaliste des commentateurs. A introduire pour la première fois cette expression fut, semble-t-il, le philosophe allemand P.A. Feuerbach (1775-1883)[92]. Curieusement, bien que cette formule ait toujours existé dans l'esprit et la pratique du Droit pénal ecclésial, elle n'a cependant jamais été employée comme telle dans les textes législatifs canoniques. Les formulations canoniques, sans reprendre tel quel l'axiome *nulla poena sine lege*, en reproduisent néanmoins toute la substance[93]. Dans de nombreux

commentaires du Droit pénal ecclésial, cet axiome occupe une place de choix, à cause de son caractère fortement légaliste, propre à freiner toute tentative d'abus de la loi pénale aux dépens du délinquant[94].

---

92 - P.A. Feuerbach, Revision der Grundsatze und Grundbegriffe des Positiven Peinlichen Recht. Au long de cette oeuvre, le philosophe utilise plusieurs formules, comme *nullum crimen sine poena legali, nulla poena legalis sine crimine, nulla poena sine crimine, nulla poena sine lege*. Mais ce dernier axiome est le plus souvent usité, et semble prendre le pas sur tous les autres; cf. A. Cattaneo, Feuerbach Filosofo e Giurista Liberale, Milano 1970, 451-453. (Cf. note 184, p. 72, Thèse de F. Derek).

93 - C'est le cas du can. 2195, CIC 1917, et du can. 1321, CIC 1983; cf. aussi Bonifacius VIII, reg. 23, De Regulis Iuris, in VI, "*Sine culpa, nisi subsit causa, non est aliquis puniendus*". Cette *causa* pourrait être une allusion à la violation d'une loi ou d'un précepte; on ne comprendrait pas qu'il en soit autrement; ce qui confirmerait que, dans l'esprit et la pratique canonique était bien inscrite la *nulla poena sine lege*.

94 - J. D'Annibale, Summula Theologiae Moralis, t. I, trac. VI, *De Delictis, Poenis et Censuris*, Romae 1908, n. 296, et Tarquini, Iuris Ecclesiastici Institutiones, Romae 1875, p. 15, sont d'avis que seule une violation externe de la loi pénale constitue un délit; F. Wernz, Ius Decretalium, t.6, *Ius Poenale Ecclesiae Catholicae*, Prati 1913, va encore plus loin, en laissant entendre que le vrai délit serait dans la violation d'une loi ou d'un précepte contenant au moins une sanction indéterminée; par contre, d'autres canonistes, comme L. Lega, De Delictis et Poenis, Romae 1910, 23-14, et A. Reiffenstuel, Ius Canonicum Universum, Frisingae 1700-1714, (Parisiis 1864-1870), Lib. V, tit. 37, n. 5, retiennent le caractère non essentiel de l'élément légal, avec toutefois la restriction que le supérieur ne doit jamais imposer des peines sur la base de sentiments personnels. Il faut reconnaître que cette pratique a bien

2. *Nulla Poena Sine Lege* et Interprétation de la Loi Pénale:

Puisque la peine équivaut à une restriction des droits de la personne ou à l'imposition de contraintes spécifiques, elle devrait, d'une part reposer sur une norme expressément définie, afin de garantir la justice, et de l'autre faire l'objet d'une interprétation bienveillante, dans le but de respecter une certaine équité en faveur du délinquant. Or, le fait que la peine canonique puisse également priver de biens spirituels constituerait une sérieuse raison pour que sa procédure d'interprétation adopte la forme de ce second principe. Le Pape Boniface VIII ne l'avait-il pas si bien exprimé en ces termes: "*In poenis benignior est interpretatio facienda*"?[95] Notre auteur ne passe pas sous silence le principe de l'interprétation stricte, qui a généralement comme effet d'endiguer le danger de l'analogie dans l'interprétation des normes pénales. En effet, l'analogie reviendrait à étendre la loi pénale à d'autres cas non spécifiés par la loi. F. Derek ne s'empêche d'ailleurs pas de qualifier de "sauvage" et de "cruelle" cette manière d'appliquer la loi[96]. En faveur du respect de l'interprétation stricte de la loi pénale (qui, en prônant la fidélité aux paroles à travers lesquelles s'exprime cette loi, exclut par le fait même toute extrapolation analogiste), nos deux Codes se sont successivement mais unanimement prononcés[97].

Après cet essai de justification historique de l'axiome *nulla poena sine lege*, et le rappel de son influence sur le Droit Canonique, notre auteur a cru utile de le confronter à deux autres principes essentiels du même Droit: l'*aequitas canonica* et la *salus animarum*.

---

existé dans l'histoire de l'Eglise.

95 - VI, De Regulis Iuris, reg. 49; ce principe sera plus tard reçu (et dans les mêmes termes) par le CIC 1917, can. 2219, par. 1; le CIC 1983 ne réclamera pas le même principe, mais en traduira concrètement l'esprit: can. 1313; can. 1315, par. 2; can. 1318; can. 1399.

96 - "*... a broader and harsher application of law*", F. Derek, Thèse p. 76.

97 - CIC 1917, can. 19 - CIC 1983, can. 18: "*Leges quae poenam statuunt, aut liberum iurium exercitium coarctant, aut exceptionem a lege continent, strictae subsunt interpretationi*".

II- *L'Aequitas Canonica* et la *Salus Animarum* dans le Mystère de l'Eglise Communion de Charité et Sacrement

Pour appréhender dans leur juste mesure les principes d'*aequitas canonica* et de *salus animarum*, il faudrait les placer dans le contexte du Mystère de l'Eglise Communion de Charité et Sacrement. Dans ce sens, F. Derek propose une réflexion sur la fonction de la Charité dans le Droit Canonique, et sur sa relation spécifique avec le principe d'*aequitas canonica*. Suit une analyse de la Sacramentalité de l'Eglise comme fondement de la *salus animarum*.

1- La Charité comme Fondement de l'*Aequitas Canonica*

a. *Charité et Droit Canonique*:

Notre auteur affirme d'emblée que tout ce que l'Eglise peut et doit faire est basé sur ce qu'elle est: une *Eccesia Caritatis*; et qu'elle est telle par la volonté du Dieu Trine. Cela avait été largement relevé par les Documents du Concile Vatican II[98]. Le Pape Paul VI lui-même y avait engagé son Magistère propre, soit dans le cadre du Concile1, soit au moment de la préparation du nouveau Code de Droit Canonique2. Le même Pontife affirme avec autant de vigueur le caractère visible, temporel, et social de l'Eglise, qui justifie l'existence en son sein d'un Droit positif3. Par ailleurs, le principe de Charité est l'un des plus éminents critères de distinction entre le système juridique canonique et les autres systèmes juridiques, en particuler le système civil. Ce dernier, en effet, se propose d'établir une justice naturelle, et donc n'a de sens que dans l'ordre de la charité naturelle; tandis que le Droit Canonique promeut une charité surnaturelle4.

98 - Cf. par exemple, GAUDIUM ET SPES, 38: "Ipse (il s'agit du Verbe de Dieu) nobis revelat, *quoniam Deus caritas est* (1 Jn. 4,8), simulque nos docet legem fundamentalem perfectionis humanae, ac proinde transformationis mundi, novum dilectionis esse mandatum. Eos igitur, qui divine credunt caritati, certos facit, viam dilectionis omnibus hominibus aperiri et conamen fraternitatem universalem instaurandi non esse inane. Simul monet, hanc caritatem non in solis magnis rebus sectandam esse, sed et imprimis in ordinariis vitae adiunctis".

b. ***Charité et Equité Canonique*****:**

Nous venions de voir la position de la *Charité* dans le Droit Canonique. A présent, c'est la relation entre *Charité* et *Equité canonique* qui focalise notre attention. Selon F. Derek, *Charité* et *Equité canonique* sont deux principes différents, mais que l'on retrouve assez souvent ensemble. Et pourtant, il existe comme une sorte de dépendance du second par rapport au premier, ou plutôt de supériorité opérative du premier par rapport au second[99]. Hostiensis, en donnant la fameuse définition de l'*Aequitas canonica* -"*iustitia dulcore misericordiae temperata*"[100]-, éclaircit la nature de la relation entre celle-ci et la *charité*. En effet, la *Charité* est le principe informateur de la justice et des opérateurs de justice qui ont intérêt à s'en inspirer pour rendre la justice canonique plus équitable, c'est-à-dire plus consciente de la vérité de l'homme singulier et unique. Ainsi, l'Equité canonique concrétise et fait resplendir la Charité, conférant du même coup au Droit de l'Eglise sa physionomie ou caractère pastoral[101]. Dans le Magistère de Paul VI, les deux vocables vont souvent de pair, en indiquant la pratique de l'Equité canonique comme mode d'accomplissement de la Charité[102].

---

99 - "*While every action of equity is an action of charity, every action of charity need not be an action that emanates from the equitable disposition of the competent authority*", F. Derek, Thèse, p. 105.

100 - Hostiensis, Summa Aurea, Lib. V, *De Dispensationibus*, p. 12. Il poursuit: "*Hoc autem a Cypriano describitur: aequitas est iustitia, est motus rationabilis regens sententiam et rigorem. Haec est enim aequitas quam iudex, qui minister est, semper debet habere prae oculis, scilicet sciat bonos remunerare, malos punire. Via regia incedens et se rationabiliter regens, non declinans ad dexteram vel sinistram*".

101 - Cf. Paulus VI, alloc., Vivissima Gioia, 8 februarii 1973, AAS, 65 (1973), p. 98.

102 - "*Limitare il Diritto ecclesiale ad un ordine rigido di ingiunzioni sarebbe far violenza allo Spirito che ci guida verso la carità perfetta nell'unità della Chiesa*", Paulus VI, Vi Accogliamo, 17 septembris 1973, Comm. 5 (1973), p. 124; id., Vivissima Gioia, op. cit., p. 100: "*Il giudice terrà conto, grazie all'aequitas canonica, di tutto ciò che la carità suggerisce e consente per evitare il rigore del diritto, ...; eviterà che la lettera uccida per animare i suoi interventi con la carità che è dono dello Spirito che libera e vivifica*".

Toujours dans la partie théologique de sa Dissertation, notre auteur a analysé un autre principe fondamental du Droit eccclesial, qu'il tient de la nature même de l'Eglise en tant que Sacrement universel du Salut.

2- La *Salus Animarum*: Objet premier de la Sacramentalité de l'Eglise

a. *L'Eglise, Sacrement du Salut*:

Le premier numéro de la Constitution Dogmatique LUMEN GENTIUM développe l'Ecclesiologie de la Sacramentalité de la société ecclesiale. Nous y lisons, en effet: "*Ecclesia in Christo veluti sacramentum seu signum et instrumentum intimae cum Deo unionis totiusque generis humani unitatis*". Trois éléments importants apparaissent à la lecture de ce passage: 1) l'équivalence du vocable *sacramentum* avec *signum* et *instrumentum*, qui démontre que l'Eglise, loin d'être une fin en soi, manifeste plutôt une autre réalité (elle est *signum*), et surtout qu'elle est au service de... (elle est *instrumentum*); 2) l'Eglise est sacrement "*in Christo*", dans le Chirst[103]; 3) l'objet de la sacramentalité de l'Eglise: par l'Eglise s'accomplit l'intime union avec Dieu et l'unité de tout le genre humain: le Salut, en somme, dont l'Eglise est signe et instrument.

Lors de la discussion du Schéma sur la Constitution *De Ecclesiae*, des voix s'étaient élevées contre le vocable *sacramentum* en rapport avec l'Eglise, par crainte d'un risque de confusion avec *sacramentum* au sens habituel des sept Sacrements. Mais la raison avait heureusement fini par prévaloir[104].

b. *La 'salus animarum' dans l'ordre juridique de l'Eglise*:

---

103 - Cet aspect est développé au n. 9 de LUMEN GENTIUM, en ces termes: "*Ipse sanguine suo Eam, acquisivit, suo Spiritu replevit, aptisque mediis unionis visibilibus et socialibus intruxit*".

104 - Cf. Schema Constitutionis De Ecclesiae, Romae, Typis Polyglottis Vaticanis, 1964, p. 18, rapporté par F. Derek, Thèse, p. 109, note 56.

Le canon 1752 déclare que la *salus animarum* doit toujours être dans l'Eglise la loi suprême. Cette déclaration, qui s'inspire du Droit Romain[105], est d'autant plus importante que le canon en question est le dernier du CIC de 1983. Il couronne, pour ainsi dire, l'engagement constant du Législateur à rendre concrètement présent, tout le long du Code, l'idéal de la promotion du bien commun de tous les baptisés, dans le respect de la justice et de l'équité[106].

Dans le souci d'une plus grande précision, notre auteur fait intervenir, l'idée de fin ultime (Supreme End) et fin immédiate (Immediate End) de l'ordre juridique, qui sont les deux composantes de la *salus animarum*. Ainsi, la fin ultime a besoin d'être soutendue par la fin immédiate des normes positives ecclésiastiques. D'où la nécessité d'une coordination entre les deux principes[107].

L'analyse que nous venons de faire va être complétée par celle du prochain point, qui mettra en évidence la force et les limites du principe *nulla poena sine lege* dans son application au Code actuel.

III- Le Principe *Nulla Poena Sine Lege* dans le Code de Droit Canonique de 1983.

Pour bien nous faire comprendre comment le principe *nulla poena sine lege* a été inséré dans le nouveau Code, F. Derek nous propose un voyage à travers le Livre II (De Populo Dei), au paragraphe 3 du canon 221[108]. Il retrace l'histoire du canon, pour montrer que l'intention du groupe d'études de maintenir l'esprit du principe *nulla poena sine lege* a été la même du début à la fin de l'*iter* de formation du canon, bien que ce dernier ait subi une importante simplification. Sans entrer dans les détails, nous nous contenterons

105 - "*Salus populi suprema lex esto*", cf. Cicero, De Legibus, III, 3.

106 - Cf. Pius XII, alloc., Animus Noster, 17 Octobris 1953, AAS, 45 (1953), p. 688: "*Ius canonicum quoque omnino in animarum curationem contendere ... sive cum is ecclesiasticas res administrat, sive cum iudicia exercet, sive cum sacrorum administros aut Christifideles consilio iuvat, assidue cogitet a se de animarum salutem ... rationem esse reddendam*"; cf. F. Derek, Thèse, p. 115.

107 - Cf. F. Derek, Thèse, pp. 118-119.

108 - Can. 221, par. 3: "*Christifidelibus ius est, ne poenis canonicis nisi ad normam legis plectantur*".

seulement de tirer les grandes lignes de cet *iter*. Ensuite, nous verrons de plus près la question du canon 1399 par rapport au principe *nulla poena sine lege*.

1. L'*Iter* de Formation du Canon 221, par. 3:

Voici les principales étapes de la formation de ce paragraphe qui tire son origine du *Coetus Studiorum 'De Laicis'*:

<u>1ère Session</u> (23 novembris- 3 decembris 1966):

Parmi les 33 obligations et droits des fidèles proposés par le *Coetus Studiorum 'De Laicis'*, le numéro 22 était ainsi formulé:

"*Ius ut nulla poena puniantur, nisi praevie poena, determinata in norma promulgata statuta fuerit*".[109]

<u>2ème Session</u> (16-21 octobris 1967):

Le *Coetus Studiorum 'De Laicis'* avait définit, au cours de cette Session, un canon (non numéroté) de 7 paragraphes, et dont le 7ème disait: "*Nemo puniri potest, nisi praevie poena determinata propter delictum typificatum in norma promulgata statuta fuerit*"[110].

Après les remarques des consulteurs, le vote devait sanctionner l'approbation de la formulation suivante:

can. 20, par. 6: "*Nemo puniri potest nisi ob delicta iure definita, quae poena eodem iure determinata plectantur (cfr. quoad § 2: CIC, can. 1569 § 1)*"[111].

---

109 - Cf. Communicationes, 17 (1985), 188-191, pour le résumé de l'ensemble de la Session.

110 - Comm. 17 (1985), p. 222.

111 - Cf. Comm. 17 (1985), pp. 223-224, 239, pour les remarques des consulteurs et le texte du canon.

<u>3ème et 4ème Session</u> :

Le *Coetus Studiorum 'De Laicis'* consacra ces deux Sessions à l'examen des canons sur les Associations de Fidèles, et donc pour quelques années laissa en veilleuse le canon 20, par. 6.

<u>5ème Session</u> (28-31 ianuarii 1970):

Le *Coetus Studiorum 'De Laicis'* prit la dénomination de *Coetus Studii 'De Laicis deque Associationibus Fidelium'*. Après avoir battu en brèche la formulation précédente, elle approuva la suivante:

can. 22, par. 6: "*Nemo puniri potest nisi ob delicta, quae, iam tempore commissionis, poena determinata lege plectantur. (cfr. quoad § 2, CIC, can. 1569 § 1)*"[112].

<u>6ème Session</u> (7-11 aprilis 1975):

Le *Coetus Studii 'De Laicis deque Associationibus Fidelium'* changea encore une fois de dénomination, pour devenir *Coetus Studii 'De Chritifidelibus Iuribus et Associationibus deque Laicis'*. Il modifia la formulation précédente, qui devint:

can. 21, par. 6: "*Nemo poena plecti potest nisi ob delicta, quae iam tempore commissionis, eadem poena ipsa lege determinata statuuntur*"[113].

<u>Schema Canonum Libri II '*De Populo Dei*'</u> (1977):

Le Schéma de 1977 reprend la précédente formulation, en y introduisant toutefois une modification de taille:

can. 36, par. 5: "*Nemo poena plecti potest nisi ob delicta, quae iam tempore commissionis, eadem poena ipsa lege determinata puniuntur, salvo praescripto can. (De iure poenali can. 73)*"[114].

112 - Cf. Comm. 18 (1986), pp. 329-350, pour ce qui est de la discussion et du texte du canon.

113 - Cf. Comm. 18 (1986), pp. 375, 393, quant à la discussion des consulteurs et au texte du canon.

114 - Cf. Pontificia Commissio Codici Iuris Canonici Recognoscendo, <u>Schema Canonum Libri II, De populo Dei</u>, (Reservatum), Romae, Typis Polyglottis Vaticanis, 1977; cf. de même Comm.

La 'Lex Ecclesiae Fundamentalis':

Le *Coetus Studiorum 'De populo Dei'*, dans sa 1ère Session (20 octobris 1979), avait supprimé le canon 36, par. 5, qui de fait fut absent du Schéma de 1980. Cependant -et heureusement- la *Lex Ecclesiae Fundamentalis* possédait un canon du même genre, qui, à la suite de l'amendement du Schéma, devint:

can. 21: "*Christifidelibus ius est ut poenis canonicis non plectantur, nisi ad normam legis*"[115].

Schema Canonum Libri II 'De Populo Dei' (1982):

Après la décision du Souverain Pontife de ne pas promulguer la *Lex Fundamentalis Ecclesiae*, le canon 21 fut réceptionné par le Schéma définitif de 1982:

can. 221, par. 3: "*Chritifidelibus ius est, ne poenis canonicis nisi ad normam legis plectantur*"[116].

Ce canon n'a subi aucun changement à la suite de son intégration dans le nouveau Code de Droit Canonique promulgué le 25 janvier 1983.

Plus d'un consulteur avaient, au moment des discussions, plaidé en faveur d'un transfert de compétence de la problématique de la *nulla poena sine lege*, du Groupe d'Etude *De Populo Dei* au Groupe d'Etude *De Delictis et Poenis*. Cette opinion n'a finalement pas prévalu; la visée du Groupe d'Etudes *De Populo Dei* n'ayant pas été de faire une critique systématique sur une question de Droit pénal, telle la *nulla poena sine lege*, mais d'énumérer les obligations et les prérogatives de tous les fidèles (*Titulus I*), en général, et parmi ceux-ci le droit des fidèles de n'être frappés de peines canoniques que conformément à la loi.

---

12 (1980), p. 89, pour les discussions et le texte du canon. Le can. 73 *De iure poenali* auquel on nous renvoie est la norme générale que nous avons aujourd'hui au can. 1399 du CIC 1983. F. Derek fait remarquer à ce propos: "*It is important to note here that the commission itself held this general norm to be exception to the principle 'nulla poena sine lege'*", Thèse, note 99 (p. 181).

115 - Coetus Specialis 'De Lege Ecclesiae Fundamentali', Postrema Recognitio Schematis, in Comm. 12 (1980) 25-47.

116 - Cf. Pontificia Commissio Codici Iuris Canonici Recognoscendo, Codex Iuris Canonici, Schema novissimum iuxta placita Patruum Commissionis emendatum atque Summo Pontifici praesentatum, Romae, Typis polyglottis Vaticanis, 1982.

2. Le Principe *Nulla Poena Sine Lege* et le Canon 1399

Voici le texte du can. 1399:

"*Praeter casus hac vel aliis legibus statutos, divinae vel canonicae legis externa violatio tunc tantum potest iusta quidem poena puniri, cum specialis violationis gravitas punitionem postulat, et necessitas urget scandala praeveniendi vel reparandi*".

De ce canon, F. Derek distingue deux parties. la première constitue une exception au principe *nulla poena sine lege*; la seconde, bien que n'étant pas considérée comme un exception à ce principe, y est incluse:

a. *Le canon 1399: une exception au principe 'nulla poena sine lege*:

Notre auteur rappelle les discussions du Groupe d'Etude *De Laicis deque Associationibus Fidelium*, après lesquelles avait été publié le canon 36 §5 qui renvoyait lui-même au Droit pénal, notamment à ce qui devait plus tard devenir l'actuel can. 1399 (... *salvo praescripto can. (De iure poenali can. 73)*)[117]. Sur cette base, et en référence à quelques juristes autorisés[118], il essaie de justifier l'exception, par volonté expresse du législateur, de dérogation au principe *nulla poena sine lege*, dans certains cas particuliers non prévus par la loi, et seulement lorsque la gravité spéciale de la violation réclame une punition, et qu'il faille nécessairement prévenir ou réparer des scandales. Il faut se rappeler la finalité de l'ordre juridique ecclesial: la *Salus animarum* en tant que bien public ultime de la communauté des fidèles, qui devrait légitimement coincider avec le bien spécifique de chacun d'eux. C'est donc bien en fonction de cette finalité, et par le moyen de l'équité canonique -comme précédemment analysées- qu'il sied de comprendre

117 - Cf. note 101 de la Thèse.

118 - T. Green, The Future of the Penal Law in the Church, The Jurist, 35 (1975) 228-229; id. Penal Law Revisited: the Revision of Penal Law Schema, Studia Canonica, 15 (1981), pp. 138-139, 191-192; F. Nigro, *De Sanctionibus in Ecclesia*, in P.V. Pinto (a cura di), Commento al Codice di Diritto Canonico, P.U.U., Studia Urbaniana 21, Roma 1985, 823-824; E. Garcia, The Sanctions in The Church, Manilla, 1985, pp. 115ss; V. De Paolis, *Aspetti Teologici e Giuridici nel sistema penale canonico*, in Teologia e Diritto canonico, Roma, Vaticana ed., 1987, p. 180.

la décision du législateur d'atténuer la rigidité du principe *nulla poena sine lege* dans son application à l'intérieur du système pénal canonique[119].

b. ***le canon 1399 vu à travers le principe 'nulla poena sine lege'*:**

Ce titre invite simplement à considérer le canon sous l'angle de son applicabilité. Celle-ci se limite à deux cas: la *specialis violatio gravitas*, et la *necessitas scandala praeveniendi vel reparandi*.

D'une part, il est clair que le can. 1399 -qui déjà en soi-même existe comme exception au principe *nulla poena sine lege*-, dans son utilisation concrète, doit obéir à la règle de l'équité canonique. D'autre part, notre auteur s'interroge sur le rôle de l'autorité, à laquelle il revient d'interpréter ce canon dans les cas concrets, en indiquant la manière d'agir contre le délinquant, et en déterminant la peine à imposer ou la mesure de sécurité à exiger[120]. Mais, la présomption implicite d'une discrétionnalité quasi-absolue de l'autorité quant à l'application du canon en question, devrait, selon notre auteur, favoriser une sérieuse prise en compte des vertus de modération, de tolérance, de prudence et de circonspection dans l'exercice de cette discrétionnalité[121].

B)- CINQUIÈME SYNTHÈSE

. Parmi les droits des fidèles baptisés, énumérés dans le Livre II du CIC de 1983, il y a le droit d'être jugé selon la loi, et celui d'encourir et de subir une peine canonique seulement en accord avec les provisions de la loi canonique. Voilà pourquoi l'axiome *nulla poena sine lege* est devenue -par le fait d'une Histoire assez récente, du reste- un principe

---

119 - "*(The Church) would not hesitate to sacrifice any principle of the juridical order, as well as any right derived from the positive law in order to achieve this supernatural end. Therefore, the principle* nulla poena sine lege *cannot be strictly applied in the ecclesiastical legal system*", F. Derek, Thèse, p. 186. le soulignage est de nous.

120 - F. Derek aborde la question avec beaucoup d'appréhension et de perplexité, lorsqu'il affirme: "*It is true that the canon is a dangerous tool since any decision taken in the ambit of this canon depends heavily on the discretion of the authority. Here, we would like to point out, however, that every prescription of the penal law rests heavily on the discretion of the authority*".

121 - Cf. F. Derek, *General Conclusions (n.1)* , Thèse, p. 261; cela représente, en outre, un test indéniable de la capacité de l'autorité à assumer les grandes responsabilités qui sont les siennes: "*The virtue of the autority is really tested here*", F. Derek, Thèse, p. 190.

sacré du système juridique ecclésiastique, bien qu'il n'ait jamais été cité tel quel, mais par le biais d'une phraséologie diverse, qui commande toutefois une compréhension identique.

. Mais -et c'est l'équation que notre auteur s'est évertué à résoudre- il existe un autre principe de droit ecclésial, qui dans certains cas pourrait s'opposer à l'application stricte de la *nulla poena sine lege*: il s'agit de l'*aequitas canonica*, qui joue le rôle de *mitigatio iuris*, c'est-à-dire d'atténuation de la *rigor iuris*, guidée en cela par l'idéal de *Charité*, et visant l'unique et ultime finalité qu'est la *Salus animarum*. Ces considérations enlèvent au principe de *nulla poena sine lege* le caractère absolu dont il jouit dans le système juridique civil.

. Concrètement, le can. 1399 du CIC de 1983 constitue une exception au principe de *nulla poena sine lege*. Mais, cette exception peut être qualifiée de relative, car elle ne prend effet que lorsque se vérifient les deux conditions suivantes: 1) la spéciale gravité de la violation; 2) la pressante nécessité de prévenir ou de réparer des scandales.

Bien que notre principe ne soit pas absolu, donc, il demeure néanmoins difficilement contournable, à l'exception des motifs très particuliers que nous avons signalés plus haut. Et pour boucler cette série d'investigationsn nous allons examiner (Article II) le concept du pouvoir coercitif dans l'Eglise.

ARTICLE II: "La Signification du Pouvoir Coercitif dans l'Eglise", (S. MOLAKU)

Notre canon 1321 est un excellent témoin d'une continuité entre la Dissertation précédemment étudiée, et la présente Dissertation, de S. Molaku, sur *la signification du pouvoir coercitif dans l'Eglise*. En effet, les deux premiers paragraphes du canon mentionnent explicitement la violation de la *loi* ou du *précepte* comme préalable au déclenchement éventuel du mécanisme pénal. La *loi* et le *précepte* sont deux spécifications de la norme pénale, ayant comme propriété commune le fait d'exprimer un commandement, un ordre; et de ce fait, ils supposent un pouvoir. On remarque, d'autre part, l'identité de leur finalité: protéger et sauvegarder le bien commun (qui est également le bien des particuliers), dont la violation fait encourir une sanction canonique. L'étude qui va suivre nécessite une connaissance des principes scripturaires, ecclésiologiques et juridiques relatifs au pouvoir de gouvernement dans l'Eglise[122]. Notre investigation se limitera au

122 - Notamment en ce qui concerne l'autorité suprême du Souverain Pontife (Mt.16, 18-

rapport des points essentiels suggérés par S. Molaku: à savoir la liste des détenteurs du pouvoir législatif et du pouvoir administratif dans l'Eglise; ceux-là mêmes qui sont habilités, respectivement à faire les lois et à donner des préceptes. Ensuite, nous verrons quelles compétences sont assignées à la loi pénale et au précepte pénal.

A)- INVESTIGATIONS SUR CETTE DISSERTATION

I- La Loi Pénale

1- L'Autorité Législative Suprême dans l'Eglise:

a. *Le Pontife Romain*: le canon 331[123] détermine les prérogatives juridictionnelles essentielles dévolues par le Christ lui-même à Pierre et à ses successeurs. Ainsi, le Primat du Pontife Romain n'est pas seulement un primat d'honneur, mais au sens propre de juridiction et de gouvernement sur toute l'Eglise[124]. La loi pénale canonique contenue dans le Code de Droit Canonique ou dans d'autres dispositions à caractère universel sont une manifestation du plein exercice par le Pontife Romain de son pouvoir législatif.

b. *Le Collège des Evêques*: il est également sujet de pouvoir suprême et plénier sur l'Eglise universelle, en union avec son chef (le Souverain Pontife s'entend), et

---

19), et du Collège Episcopal en communion avec lui et sous son autorité.

123 - "*Ecclesiae Romanae Episcopus, in quo permanet munus a Domino singulariter Petro, primo Apostolorum, concessum et successoribus eius transmittendum, Collegii Episcoporum est caput, Vicarius Christi atque universae Ecclesiae his in terris Pastor; qui ideo vi muneris sui suprema, plena, immediata et universali in Ecclesia gaudet ordinaria potestate, quam semper libere exercere valet.*

124 - Le Concile Vatican I (const. dogmatica, Pastor Aeternus, *de Ecclesia Christi*, Enchiridion Symbolorum Declarationum et Definitionum de Rebus Fidei et Morum, H. Denzinger - A. Schonmetzer, curantibus, Romae 1967, n.3055) avait déclaré anathème la proposition selon laquelle le Pontife Romain n'aurait pas la totale plénitude du pouvoir de juridiction suprême, ordinaire et immédiate sur l'Eglise universelle comme sur chacun des Pasteurs.

jamais sans lui[125]. Ce pouvoir, le Collège des Evêques l'exerce sur l'Eglise tout entière de manière solennelle dans le Concile Oecuménique[126]. les Décrets des Conciles Oecuméniques condamnant les Hérétiques et les Schismatiques sont de véritables lois pénales, en raison de leur généralité et de leur extension (à l'Eglise universelle)[127]. Mais, leur approbation est du seul ressort du Pontife Romain.

Si le Souverain Pontife et le Collège Episcopal sont l'autorité législative suprême de l'Eglise, à un niveau inférieur se trouvent aussi les autorités particulières ayant un vrai pouvoir législatif, avec des compétences

limitées.

2- Les Législateurs *infra Auctoritatem Supremam*[128]:

a. *Les Evêques diocésains et Prélats équiparés*[129]: ils exercent eux-mêmes le pouvoir législatif[130].

b. *Les Conférences Episcopales*: elles peuvent, selon les limites prescrites par le Droit[131], porter des Décrets Généraux ayant force de loi, mais ne pouvant entrer en vigueur qu'après la *recognitio* ou autorisation du Siège Apostolique.

---

125 - Cf. can. 336.

126 - Cf. can. 337, par. 1.

127 - Des canons étaient émis à la fin de chaque Concile Oecuménique, parmi lesquels des canons pénaux. Le Concile Vatican I n'a pas émis de canons, parce qu'il avait été intempestivement interrompu; mais, il a trouvé lieu de joindre l'une ou l'autre disposition pénale, en conclusion des documents conciliaires. Le Concile Vatican II a été le seul à n'émettre aucune disposition pénale.

128 - Le can. 135, par. 2 les appelle ainsi.

129 - Sont équiparés à l'Evêque Diocésain: le Vicaire Apostolique, le Préfet Apostolique, l'Administrateur Apostolique, le Prélat Territorial, et l'Abbé Territorial, cf. can. 368; can. 381, par. 2.

130 - Cf. can. 135, par. 2.

131 - Au can. 455, par. 1, 2, 3 et 4.

c. *Les Conciles particuliers (plénier et provincial)*: "*il(s) possède(nt) le pouvoir de gouvernement, surtout législatif, en sorte que, restant toujours sauf le droit universel de l'Eglise, il(s) puisse(nt) décider ce qu'il paraît opportun de réaliser pour le développement de la foi, pour conduire l'action pastorale commune, pour régler les moeurs, pour faire observer la discipline ecclésiastique commune, la promouvoir ou la défendre*"[132].

d. *Les Supérieurs majeurs et Chapitres généraux des Ins tituts religieux et des Sociétés de vie apostolique cléricaux de droit pontifical*: Ces Supérieurs et ces Chapitres, en plus du pouvoir défini par le droit universel et par les constitutions, possèdent le pouvoir ecclésiastique de gouvernement tant au for externe qu'au for interne[133].

3- Les Compétences de la Loi Pénale

La détermination des compétences de la loi pénale est à l'instar de l'étendue du pouvoir de juridiction qui peut être universel ou particulier, territorial ou personnel.

a. *la loi pénale universelle*:

elle est valable *ubique terrarum*, et pour tous. Ainsi elle peut:

- établir une loi pénale dans son ensemble; c'est-à-dire nommer de délit un comportement, et en même temps lui annexer une peine;
- munir d'une peine une loi divine;
- munir d'une peine une loi ecclésiastique qui, initialement, était établie sans peine[134].

b. *La loi pénale particulière*:

132 - Can. 445.

133 - Cf. can. 596, par. 1 et 2; can. 732; can. 968, par. 2.

134 - Cf. can. 1315; S. Molaku, Thèse, p. 71-72.

elle ne s'étend pas à toute l'Eglise, mais seulement dans les limites territoriales ou personnelles du législateur. Pour cela, en plus des trois fonctions qu'elle partage avec la loi universelle, elle peut:

- ajouter d'autres peines à celles qui ont été établies par la loi pénale universelle en cas de très grave nécessité;
- transformer une peine indéterminée ou facultative, établie par la loi universelle, en une peine déterminée ou obligatoire;
- prévoir des circonstances atténuantes, excusantes et aggravantes, autres que celles qui sont établies par la loi universelle[135].

La prévision de la sanction pénale peut se faire aussi par l'imposition d'un précepte pénal. C'est l'objet du point suivant.

II- Le Précepte Pénal

1- Notion de Précepte Pénal

De même que pour comprendre la notion de loi pénale il faut avant tout comprendre la notion de loi, de même faut-il, pour comprendre la notion de précepte, se reporter au canon 49 (*De Normis Generalibus*) sur le précepte particulier[136]. Par sa nature donc, le précepte est un décret particulier, un ordre qui a force obligatoire, et non une prière ou une exhortation. Il est l'acte administratif par excellence, donné par le supérieur *ex officio*, et supposant une loi préalable[137].

Ce qui fait l'originalité du précepte pénal -qui nous intéresse de plus près- par rapport au simple précepte, c'est l'annexion à ce dernier d'une sanction pénale, comme l'indique le premier paragraphe du canon 1319[138]. Autrement dit, le précepte pénal est un

---

135 - Cf. cann. 1315, 1326, 1327, 1336, 1366; S. Molaku, Thèse, p. 72.

136 - "*Praeceptum singulare est decretum quo personae aut personis determinatis aliquid faciendum aut omittendum directe et legitime imponitur, praesertim ad legis observantiam urgendam*".

137 - Cf. G. Benetruy, Le Précepte en Droit Canonique. Précepte pénal. Procédure pénale par matière de Précepte, L'Année canonique, 5 (1957), p. 44: "*Le pouvoir d'imposer des préceptes se réfère au pouvoir de faire des lois. Le précepte, en effet, est une manière de loi personnelle. Il est contenu dans le pouvoir de faire des lois*". Cela ne signifie pas que le précepte est de l'unique ressort de celui qui a le pouvoir législatif, mais simplement qu'il est *ad instar legis*; Cf. S. Molaku, Thèse, p. 74.

138 - "*Quatenus quis potest vi potestatis regiminis in foro externo praecepta imponere,*

acte par lequel le supérieur compétent impose à une personne déterminée un commandement ou un empêchement et en sanctionne la violation par une peine.

Voyons à présent quels personnages regroupe l'expression *supérieur compétent*, pour ce qui regarde l'imposition des préceptes pénaux.

2- Les Auteurs du Précepte Pénal

La liste ici est nécessairement plus longue que celle des auteurs de la loi pénale; car le précepte pénal, en tant qu'acte administratif singulier, est avant tout un acte du pouvoir exécutif[139]. Le canon 1319 donne à celui qui, en vertu de son pouvoir de gouvernement, impose des préceptes au for externe, le droit d'imposer également des préceptes pénaux[140]. peuvent donc imposer des préceptes pénaux:

- Pour l'Eglise universelle: le Pontife Romain, et les Dicastères de la Curie Romaine.

- Localement: dans les limites de leur compétence propre, l'Evêque diocésain et équiparés, les Evêques coadjuteur et auxiliaire[141], les Vicaires général et épiscopal[142], la Conférence Episcopale.

- pour les Instituts religieux cléricaux et les Sociétés cléricales de vie apostolique de droit pontifical: le Chapitre général, le Supérieur majeur et son Vicaire[143].

3- Les Compétences et Limites du Précepte Pénal

Si d'un côté, le droit permet au supérieur muni de pouvoir exécutif de joindre au précepte particulier une peine comminatoire (i.e. destinée à intimider ou à

eatenus potest etiam poenas determinatas, exceptis expiatoriis perpetuis, per praeceptum cominari".

139 - Cf. can. 35

140 - Can. 1319, par. 1.

141 - Cf. can. 405, par. 2.

142 - Cf. can. 475, par. 1; can. 476; can. 479, par. 1 et 2.

143 - Cf. can. 134, par. 1; can. 620; can. 631, par. 1; logiquement, le supérieur local ne pourrait imposer des préceptes pénaux, parce que, comme le curé, il n'est pas Ordinaire, au sens du can. 134, par. 1; cf., à ce propos, S. Molaku, Thèse, p. 76, note 18; cf. aussi p.75-76, pour le point que nous venons de traiter.

menacer), déclaratoire ou condamnatoire, de l'autre, par contre, il définit un système de contrôle interne de la liberté du même supérieur dans l'application du précepte pénal[144]. Voici donc énumérées en substance les principales compétences et limites du précepte pénal:

- D'abord, en tant qu'acte administratif singulier, le précepte pénal vaut seulement pour ce dont il décide et pour les personnes auxquelles il est donné[145]; en cas de doute, le précepte pénal doit être soumis à une interprétation stricte[146]; contre le précepte pénal, on peut recourir à l'autorité compétente, selon les canons 1734-1739;

- Le précepte pénal peut établir des circonstances qui excusent de la peine qu'il prévoit, ou bien l'atténuent ou l'aggravent[147];

- Sont exclus de la compétence du précepte pénal: les peines indéterminées[148]; les peines expiatoires non prévues par la loi[149]; les peines expiatoires perpétuelles[150]; la suspense *latae sententiae*[151]; et le renvoi de l'état clérical[152];

- L'imposition d'un précepte pénal doit toujours être précédée d'une sérieuse évaluation, et de l'observation des canons 1317-1318[153].

---

144 - Cf. G. Benetruy, Le Précepte en Droit Canonique. Précepte pénal. Procédure pénale par matière de Précepte, op. cit., p. 43: "*Il s'agit de l'application d'une peine sans que l'autorité judiciaire soit intervenue pour élaborer et prononcer la sanction qui clôt un procès criminel en forme*". C'est pourquoi le précepte pénal peut se révéler comme un outil dangereux entre les mains du supérieur; ce qui explique les nombreuses limitations dont l'entoure la loi.

145 - Can. 36, par. 2; can. 52.

146 - Can. 36, par. 1.

147 - Can. 1327.

148 - Lors de la codification, certains voulaient l'abolition des peines indéterminées; cette proposition ne fut pas retenue, mais la commission retint que ces peines fussent établies uniquement par la loi pénale. Cf. Comm. 8 (1976), p. 171, lettre a.

149 - Cann. 1312, 1336.

150 - Can. 1319, par. 1.

151 - Can. 1334, par. 2.

152 - Can. 1317.

153 - Pour le n. 3 que nous venons d'étudier, cf. S. Molaku, Thèse, p. 76-79.

B)- SIXIÈME SYNTHÈSE

. La loi pénale et le précepte pénal sont les deux sources normatives de la peine canonique, tels qu'ils ressortent des canons 1313-1320 (Titulus II: *De lege poenali ac de praecepto poenali*). Toutefois, pour avoir une vision beaucoup plus complète de leurs auteurs, leur extension, leur applicabilité et leurs limites, il importe de retourner au Livre I (*De Normis Generalibus*), en particulier les canons 7-22 (Titulus I: *De legibus ecclesiasticis*), les canons 29-33 (Titulus III: *De decretis generalibus*), et les canons 35-58 (Titulus IV: *De actibus administrativis singularibus*). De ce fait aussi, la différence entre loi et loi pénale, précepte et précepte pénal, acquiert une clarté majeure. En effet, en passant du Livre I au Livre VI du Code de Droit Canonique, on constate une majoration de la compétence du législateur (universel et particulier) comme du supérieur administratif qui, respectivement à l'émission de la loi et du précepte, ont également la faculté de leur adjoindre une peine canonique, pour condamner et sanctionner toute violation.

. Le canon 1321 de notre propre Thèse mentionne explicitement (par. 1 et 2) et implicitement (par. 3) la violation de la loi pénale et du précepte pénal. Sur ces notions de loi et de précepte pénaux reposera, de fait, tout notre travail; car de leur violation naît la discussion sur l'Imputabilité, et le mode de violation détermine l'effectivité ou non de l'Imputabilité.

Cette Sixième Synthèse met fin au premier Chapitre de notre Thèse que nous clôturons avec la Conclusion de la page suivante.

CONCLUSION DU PREMIER CHAPITRE

Ce premier Chapitre de notre Thèse a eu pour principal objectif l'investigation de quelques Dissertations *ad Doctoratum* sur un sujet de Droit canonique pénal, aux fins d'en extraire le maximum d'éléments qui nous aideront à apporter des solutions à la question posée dans le sujet de la Thèse, à savoir celle de la dynamique de l'Imputabilité dans le Code pénal canonique (canon 1321). Ces Dissertations témoignent une richesse certaine, caractérisée par la diversité de leur provenance, de leur époque, et des langues dans lesquelles elles ont été écrites, malgré une première impression de dispersion. On se rend vite compte, cependant, du caractère non exhaustif de ces Dissertations, en ce qu'elles ne résolvent pas entièrement les problèmes posés par notre sujet, bien qu'elles en explicitent plusieurs aspects intéressants. De plus, nous avons été contraints d'adopter un certain éclectisme dans la manière d'aborder les multiples problématiques contenues dans ces Dissertations, et cela pour des raisons de clarté, de mesure et de concision. Il ne faut pas oublier que nous avons eu affaire à des Dissertations en vue du Doctorat, donc à un stade assez limité de la science canonique. Toutefois, nous ferons plus clairement apparaître le mérite de cette longue investigation dans la suite de notre travail, notamment en confrontant les différentes synthèses que nous en avons dégagées avec la science canonique classique et moderne, en vue de l'argumentation et du renforcement de notre contribution propre à la question de la dynamique de l'Imputabilité dans le Droit pénal canonique, telle que posée par le canon 1321.

D'ores et déjà, nous allons entamer le second Chapitre de notre Thèse, qui se propose de faire une étude directe du canon 1321, à travers l'analyse de ses éléments constitutifs.

CHAPITRE DEUXIÈME:

GENÈSE DU CANON 1321 ET ANALYSE DE SES ÉLÉMENTS CONSTITUTIFS POUR L'IMPUTABILITÉ

INTRODUCTION AU CHAPITRE DEUXIÈME

Après la longue investigation du Chapitre précédent, qui nous a introduits dans l'atmosphère subtile de la discipline pénaliste, et fait entrevoir quelques facettes de la réalité non moins complexe de l'Imputabilité, nous entrons maintenant, avec le deuxième Chapitre, dans l'analyse directe du canon 1321 du CIC de 1983. Ce dernier, comme canon de base de cette Thèse, mérite de notre part une attention qui poursuive jusqu'aux moindres détails de ses Sources, de sa formation, et de sa structure. Voilà donc qui justifie le titre du Chapitre: *GENESE DU CANON 1321 ET ANALYSE DE SES ELEMENTS CONSTITUTIFS POUR L'IMPUTABILITE*. En d'autres termes, c'est sur la description de la nature même de l'Imputabilité, telle que perçue et exprimée par ce canon et par la science canonique antérieure et postérieure que résidera l'intérêt de notre analyse.

Nous avons divisé le Chapitre en deux Sections. La première -intitulée *PREALABLE DE LA SOURCE PIO-BENEDICTINE ET FORMATION DU CANON 1321*- parcourt en deux Articles l'itinéraire ayant conduit au canon 1321: itinéraire qui passe par la Source que constitue le CIC de 1917, notamment en ses cann. 2199 et 2200, dont nous étudierons l'iter de formation; et qui se prolonge sur une longue période d'incertitude, avant d'aboutir à la phase constitutive (processus de formation) du canon 1321 du CIC de 1983. La deuxième Section s'intitule *SOMMAIRE EXEGETIQUE DU CANON 1321*. Elle contient quatre Articles, à travers lesquels s'effectue l'herméneutique des différentes strates du canon 1321.

Avec l'aide de la science canonique classique et moderne, et par le biais des précieuses synthèses de nos investigations du Chapitre précédent, nous nous constituerons un cadre général de convictions, qu'il faudra toutefois attendre les Chapitres suivants pour parfaire et compléter.

SECTION A: PREALABLE DE LA SOURCE PIO-BENEDICTINE ET FORMATION DU CANON 1321

Les deux Articles de cette Section portent respectivement les titres suivants: "*La Formation des Cann. 2199-2200 du Code Pio-Bénédictin*" , et "*Le*

***Processus De La Formation Du Canon 1321 du CIC de 1983*".**

ARTICLE I: LA FORMATION DES CANONS 2199-2200 DU CODE PIO-BENEDICTIN

Les canons 2199 et 2200 occupent une place importante dans le Code pénal de 1917, en tant qu'ils y établissent les principes fondamentaux de l'interprétation de la loi pénale, en vue de son application aux situations concrètes de vérification ou d'évaluation de l'Imputabilité des délits. Nos recherches à l'*Archivio Segreto Vaticano*[154] nous ont permis d'aborder les documents du Secrétariat d'Etat contenant l'ensemble de la mémoire écrite sur la Réforme du CIC de 1917 (activités de la Commission, procès verbaux, Schémas, Remarques des Evêques, et autres), et pour ce qui nous concerne plus directement notre Thèse, de recueillir tous les détails concernant la formation des canons 2199 et 2200[155]. Ces

154 - Les Archives secrètes du Vatican ont été ouvertes au public par le Pape Léon XIII, le 20 juin 1879. Selon l'art. 10 du Regolamento per gli Studiosi, les documents peuvent y être consultés jusqu'à l'entier pontificat de Benoît XV (+ 22-1-1922). Pie XII loua le rôle sublime de ces Archives, lorsqu'il exhorta les historiens à y "*contempler comme dans un miroir la conscience que l'Eglise a d'elle-même. Vous savez qu'un seul document peut induire en erreur; mais non toute une collection d'archives, si, comme celle du Vatican, avec son matériel considérable, qui couvre des Pontificats entiers, des dizaines d'années et des siècles; elle met en évidence, à travers les changements innombrables des événements, des hommes et des situations, une façon de penser et d'agir bien caractérisée, des convictions et des principes déterminés. Ainsi les Archives Vaticanes sont-elles un témoins digne de confiance de la conscience de l'Eglise catholique*", alloc. Vous Avez Voulu, (*iis qui interfuerunt Conventui decimo internationali de Scientiis Historicis, Romae habito*), 7 septembris 1955, AAS, 47 (1955) 681-682.

155 - L'usager se rend très vite compte, cependant, des nombreuses lacunes que comporte inévitablement l'Archive de la Codification de 1917, dues autant à la complexité des problèmes nouveaux, qu'à l'urgence de sortir le Code entre des limites de temps assez raisonnable, et peut-être aussi au défaut des moyens techniques de conservation et de manutention d'alors. Dans l'*Indice Archivio Codificazione Diritto Canonico* (Indice n. 1164), G. De Marchi avertit: "*Nel ordinamento di questo Archivio si sono notate numerose gravi lacune (mancanza di schemi, di verbali, ecc.)*", 24 settembre 1955. Pour les recherches que nous y avons menées, nous avons surtout remarqué l'insuffisance des procès verbaux, et la description incomplète de certains documents importants.

canons ont, par ailleurs, beaucoup influencé, le canon 1321 du CIC de 1983, bien que ce dernier manifeste des différences sur lesquelles nous poserons un regard plus critique dans nos analyses du second Article. Nous présenterons en trois phases le processus de formation des canons 2199 et 2200: 1) les Projets Préparatoires, 2) le Schéma *De Delictis et Poenis* de 1913, et 3) le Schéma de 1916.

A)- LES PROJETS PREPARATOIRES A LA CODIFICATION DU DROIT PENAL PIO-BENEDICTIN

Sous la direction du Cardinal P. Gasparri[156], les Consulteurs ont eu pour première tâche d'exprimer leurs *Vota*, en vue de l'élaboration du prochain Code de Droit Canonique. Nous en parcourrons quatre, qui ont présenté un intérêt spécifique pour la démarche de Codification, et sur la base desquels va s'initier l'*iter* de formation des futurs canons 2199 et 2200. Il s'agit, des *Vota* de E. Philippe, P. Hollweck, M. Lega, et I. Gagliardi[157].

I- Le 'Votum' de E. PHILIPPE[158]:

*** à propos de la *culpa*:**

De ce *Votum* nous recueillons d'abord une définition, inspirée des auteurs classiques, que donne E. Philippe de la *culpa*:

par. 3: "*Culpa est omissio diligentiae in pendentis effectibus qui ex facto sequuturi sunt quique praevideri queunt et debent*"[159].

156 - Secrétaire d'Etat du Pape Benoît XV, le Cardinal Pietro Gasparri avait été nommé à la tête de la Commission des Cardinaux chargés de diriger les travaux des Consulteurs, pour la Codification de 1917, cf. Benedictus XV, const. ap., Providentissima Mater Ecclesia (*de promulgatione Codicis Iuris canonici*), 27 maii 1917, AAS, 9 (1917-II) XLI.

157 - Ce classement obéit au numéro d'ordre des *Vota*.

158 - E. Philippe (Lingonensis), Liber Quartus: De Delictis et Poenis, Typograph. LEVE, Parisiis 1908, in Documenti del Segretariato di Stato per la Codificazione del Diritto canonico, Archivio Segreto vaticano (A.S.V.), Scatola n. 75/112. Pour les prochaines citations, nous procéderons ainsi: Archivio Segreto Vaticano, ou A.S.V., CIC: Scatola n. ...

159 - Prima Pars: 'De Delictis in Genere', Tit. I: De Delicto et Lege Poenali', par. 1-4: 'De Delicto'. En note l'auteur renvoie à F. Carrara, par. 8, p. 114, et par. 91, p. 123; ainsi qu'à F.

* à propos de l'*imputabilitas*:

L'auteur souhaite, ensuite, que le prochain Code de Droit canonique établisse une nette distinction entre l''imputabilité', qu'il considère comme une mesure du législateur visant à qualifier un acte externe troublant l'ordre, et l''imputation', qui relève plutôt d'une initiative du juge tendant à imposer à un individu la responsabilité du même acte auquel il doit répondre:

par. 13: "*Imputabilitas erit quum legis auctor actionem aliquam externam praevisa eius possibilitate, decreverit esse vertendam crimini ratione politiae seu ordinis laesi. Imputatio autem erit quum iudex, rite interpretando legem, huius legis responsorem et debitorem aliquem esse pronuntiaverit ex ratione iuris. Illa a legislatore, haec a iudice*".

L'auteur conclut en invoquant les deux qualités requises pour qu'un acte externe soit imputée à un sujet: la connaissance et la volonté. Le manque ou l'insuffisance de l'un des deux enlève ou diminue la responsabilité de l'acte:

par. 14: "*Ut actio externa imputari possit duo omnino sint necesse est: intellectus et voluntas. Oportet ut ab operante intelligatur quod agitur, ut deinde libere eligatur et fiat quod intelligitur. Ubi ergo plene et absolute aut plus minusve deest unum ex his vel alterum, ibi tollitur aut minuitur imputatio ad crimen*"[160].

II- Le 'Votum' de P. HOLLWECK[161]:

* à propos de l'*imputabilitas*:

L'opinion de l'auteur sur l'Imputabilité est identifiable à celle de l'auteur précédent. Mais il exprime cela sous une forme plus expressive, en particulier avec l'introduction, dans le canon 14 du *Votum*, de l'expression '*actus vere humanus*', qui non

schmalzgrueber, ad. c. uni. III, 13.

160 - Ibid., Tit. III: De Imputabilitate et de Diversis Causis quae Imputabilitatem aut excludunt aut minuunt, par. 13 et 14: 'De Imputabilitate'. A la fin du par. 13, l'auteur renvoie encore à F. Carrara, par. 1-20, p. 47 sq.; et à Garraud, I, n. 195, p. 1321.

161 - P. Hollweck, Codex Iuris Canonici. Liber Quartus: De Delictis et Poenis. Pars I: De Delictis in Genere. Pars II: De Poenis. Tit. I-X., Romae, Typis Vaticanis, 1908, in Archivio Segreto Vaticano. Scatola n. 76/115.

seulement inclut la connaissance et la volonté, mais aussi permet de les interpréter qualitativement, c'est-à-dire dans le sens d'une vision globale du sujet responsable:

can. 14: "Imputabilitas, quae ratione subiectivam delicti constituit, praesupponit:

1. Subiectum pro actibus suis vere responsabile;
2. Actum vere humanum subiecto imputabilem. Imputabilitas vero actus criminosi essentialiter dependet ab intellectu ad actum advertente et a voluntate in obiectum criminosum vere et libere consentiente, ideoque in excessibus singulorum non solumqualitas et quantitas delicti sed imprimis aetas, sexus, conditio, scientia delinquentis sunt attendenda"[162].

*** à propos du *dolus*:**

L'auteur exprime, au can. 17 de sa contribution, l'importance du *dolus* en tant que volonté délibérée, ou au moins conscience, de commettre un délit. Le mode de manifestation du *dolus* est généralement requis et mentionné dans la norme. Mais en cas de violation, le juge ne peut imposer une peine avant d'avoir démontré que le *dolus* existe vraiment chez le sujet de la violation. Là où l'attitude impliquant le *dolus* n'est pas expressément mentionné, ce dernier est simplement présumé lorsqu'advient la violation au for externe:

can. 17: "*In subiecto delicti requiritur dolus, quae est deliberata voluntas vel saltem conscientia delinquendi*[163].

Dolus interdum expresse in textu legis requirit (v.g.) per substantiva: ausus, temeritas, consilium, industria; vel per verba: audere, praesumere; vel per adverbia: scienter, temerarie, consulto, sponte et similia), interdum saltem pro foro externo praesumitur, ubi nempe de violatione legis naturalis aut positivae divinae, quam homo aliquatenus instructus omnino ignorare vix potest, agatur, vel etiam, de lege ecclesiastica,

162 - L'auteur reprend en note une lettre du Pape Alexandre III (Alexander III. Exoniensi Epicopo; in X. 5. 12. c.6), selon laquelle, il convient de tenir compte, pour que le délit soit imputé, non seulement de la quantité et de la qualité du délit; de l'âge, du sexe, de la condition, et de la science du délinquant; mais encore du lieu et du temps où le délit a été commis.

163 - De doctrina, cf. P. Hollweck, Strafgeretze, par. 13.

quam clericum ignorare nefas est. In foro interno dolus nunquam praesumitur sed per interrogatoria cum poenitente probandus est.

***Ubi dolus expresse requiritur pro foro externo per iudicem, antequam poenam irroget, vel incursiam denuntiet, demonstrandum est, in delinquente vere adfuisse dolum*"[164].**

III- Le 'Votum' de M. LEGA[165]:

Ce *Votum*, en ce qui concerne l'*imputabilitas*, est contenu dans deux canons qui affirment -assez brièvement, du reste- des principes plus amplement développés dans les deux précédents *Vota*, à savoir: la présence de l'élément dolosif (*propositum transgrediendi*), d'une part; et de l'autre, les causes qui augmentent, diminuent ou excluent l'*imputabilitas*:

can. 1: "*Delicta imputantur auctore suo qui habuit propositum delinquendi seu transgrediendi legem*";

can. 2: "*In delictis imputandis attenduntur eae omnes causae quae natae sunt imputabilitatem aut augere aut minuere aut excludere*"[166].

Lors de la Réunion de Consultation du 9 mai 1909, les Consulteurs demandèrent la suppression du canon 1. Par contre, ils approuvèrent le canon 2[167].

IV_ Le 'Votum' de I. GAGLIARDI[168]:

Ce dernier auteur, contrairement aux trois autres précédents, n'adopte pas, pour la forme de son *Votum*, la division en paragraphes ou en canons. A ce défaut de traitement des différentes problématiques par monographies successives s'ajoute la complexité interne

164 - Les cann. 14 et 17 appartiennent au Tit. III: De Imputabilitate et de Diversis Causis quae Imputabilitatem aut excludunt aut minuunt, de son *Votum*.

165 - M. Lega, Codex Iuris Canonici. Liber Quartus: De Delictis et Poenis. Pars Prima: De Delictis in Genere, Romae, Typis Vaticanis, 1908, in Archivio Segreto Vaticano, Scatola n. 76/116.

166 - Les cann. 1 et 2 appartiennent au Tit. II: De Imputabilitate et de Causis eam augentibus aut minuentibus aut excludentibus, du *Votum* de M. Lega,. (pp. 8, 9).

167 - Consulta del 9 maggio 1909 (Presidente: P. Gasparri): manuscrit signé par F. Marnappi (Assistente), in A.S.V., Verbali delle Consulte per il Libro V: De Delictis et Poenis, Scatola n. 80.

168 - I. Gagliardi, Codex Iuris Canonici. Liber Quartus: De Delictis et Poenis. Pars I: De Delictis in Genere (a Tit. I ad Tit. IV), Romae, Typis Vaticanis, 1908, in Archivio Segreto Vaticano. Scatola n. 76/117.

de l'argumentation de l'auteur. Malgré ces difficultés, nous avons pu distinguer deux parties que nous présentons successivement:

*** la première partie considère l'*actus humanus* dans sa double dimension d'*actus externus* et d'*actus internus.* I. Gagliardi insiste sur cette dernière dimension, qui constitue l'élément moral du délit, ou encore l'élément de présupposition du *dolus malus*. A travers elle se vérifie chez le sujet l'intention et la volonté de transgresser la loi:**

***"(...) Certum est violationem legis poenalis sine actu interno et externo non intelligi, nam sine illo actus humanus, sine hoc violatio legis humanae, quae internum non attingit, ne intellegi quidem potest. Caeterum actus internus, quo morale delicti elementum constat, ex concursu intellectus ac voluntatis conflatur, unde prodit intentio, quae respectu legis violationum delinquendi voluntas seu propositum in iure appelletur et brevius dolus vel dolus malus, de quo Ius Canonicum supra alia iuris systemata et legum codices tam proprie et accurate disserere scimus"*[169].**

*** En second lieu, l'auteur souhaite que soit spécifié dans le prochain Code de Droit Canonique le triple fondement de l'*imputabilitas,* à savoir: le *dolus* (ou violation directe de la loi), la *culpa* (ou violation indirecte positive de la loi), et le *casus* (ou violation indirecte négative de la loi):**

"Quidquid vero sit de triplici scholastica intentionis partitione, directae nempe cum agens reum effectum praevidit et voluit; indirectae positivae cum agens effectus possibilitatem praevidens et quamvis ad ipsum directe non intenderit, voluit tamen media ad ipsum gignendum idonea; et indirectae negativae cum agens non solum noluit sed etiam non praevidit effectum illum cum ipse sit suorum actuum sequela; unde oritur notio casus.

Imputabilitas ex triplici modo quo lex potest violari, vel dolo, vel culpa, vel casu potest in Codice specificari paucis:

1. Cum subiectum activum delicti sit homo doli capax, nemini delictum imputari potest, nisi in delinquendo talis sit;

2. Qui culpa, aliquatenus reus habetur, si culpa fuerit lata, sive quia in doli suspicionem incidit, seu potius quia 'mali exempli' reus est;

***3. Cum qui casu deliquit neque finem, neque circumstantias suae actionis potuerit praevidere, innoxius est"*[170].**

---

169 - In Tit. III: De Imputabilitate et de Diversis Causis quae Imputabilitatem aut excludunt, aut diminuunt.

170 - Ibid.

Les *Vota* préparatoires à la Réforme du Droit canonique peuvent être considérés comme la 'matière première' de la Codification, ou la base à partir de laquelle la Commission établit les principes de la Révision, indique le mode de collaboration entre les différents Groupes de Travail, et procède à l'élaboration des Schémas. Pour le *Liber Quartus: De Delictis et Poenis*, nous avons pu recenser les quatre *Vota* que nous avons trouvés dans les boîtes des 'Archives Secrètes Vaticanes' contenant les Sources de la Codification de 1917, et en particulier les souhaits concernant la prochaine configuration matérielle et formelle de la thématique de l'Imputabilité. Nous nous rendrons mieux compte de la progression vers les canons 2199 et 2200, en parcourant les différents Schémas de ces canons.

B)- LE SCHEMA GENERAL *DE DELICTIS ET POENIS* DE 1913

I- Premier Schéma Préparatoire *De Delictis*:

can. 5. par. 1: "*Imputabilitas delicti pendet a dolo delinquentis et ideo omnes causae quae augent, minuunt, tollunt dolum, eo ipso augent, minuunt, tollunt delicti imputabilitatem*";

par. 2: "*Dolus est deliberata voluntas violandi legem, cui ex parte intellectus opponitur ignorantia legis aut error et ex parte voluntatis defectus libertatis*";

par. 3: "*Principia quae sub hoc titulo traduntur pro determinata delictorum imputabilitate, analogice applicantur quoque violationibus externis et dolosis aliarum legum non poenalium sive divinarum sive eccesiaticarum*".

Can. 6: "*Dolus in foro externo praesumitur, doneccontrarium probetur; quod si lex habeat verba 'scienter', 'studiose', 'consulto', 'temerarie' vel alia similia, plenus dolus requiritur et dolus in foro externo non praesumitur sed probandus est*".

Un anonyme a trouvé utile de mentionner à l'encre, en haut de la couverture du document, que ce Schéma a été composé d'après le projet de P. Hollweck. C'est vrai, pensons-nous, dans ce sens que pour P. Hollweck, seul le *dolus* (ou *deliberata voluntas vel saltem conscientia delinquendi*) du sujet peut motiver son Imputabilité. Par contre, la proposition de I. Gagliardi de considérer également la *culpa* et le *casus* comme fondements de l'Imputabilité n'a pas été retenue. Le can. 6 reprend également la terminologie utilisée

dans le *Votum* de P. Hollweck pour indiquer les délits les plus graves : '*scienter*', '*temerarie*', '*consulto*', de même que l'idée de la preuve du *dolus* dans un cas de violation externe de la loi[171].

II- Deuxième Schéma Préparatoire *De Delictis*:

can. 5. par. 1: "*Imputabilitas delicti pendet a dolo delinquentis et ideo omnes causae quae augent, minuunt, tollunt dolum, eo ipso augent, minuunt, tollunt delicti imputabilitatem*";

par. 2: "*Dolus est deliberata voluntas violandi legem, cui ex parte intellectus opponitur ignorantia aut error et ex parte voluntatis defectum libertatis*";

par. 3: "*Principia quae sub hoc titulo traduntur pro determinanda delictorum imputabilitate, analogice applicantur quoque violationibus externis et dolosis aliarum legum non poenalium sive divinarum sive ecclesiasticarum*".

can. 6: "*Dolus in foro externo praesumitur, donec contrarium probetur*".

On remarque deux changements par rapport au Schéma précédent:

- au can. 5, par. 1: nous n'avons plus que '*ignorantia*', à la place de '*ignorantia legis*', sans doute pour éviter la répétition;

- trop controversée, la seconde partie du can. 6, a été finalement supprimée[172].

Les paragraphes 2 et 3 du can. 5 n'ont subi aucun changement.

---

171 - Cf. can. 17, *Votum* P. Hollweck. Néanmoins, le can. 6 (qui s'inspire largement de la pensée de P. Hollweck) a dû susciter une certaine tension parmi les Consulteurs, au point de valoir cette note de mise au point, au bas de la p. 4: "*Ecco il caso. La legge dice: 'Si quis scienter id fecerit, talem poenam incurrat'. Perchè si verifichi il diritto previsto dalla legge e si infligga o si dichiari incorsa la pena, è necessario provare che Tizio 'id fecit' e 'scienter fecit'. Altri negano ciò, ritenendo quelle parole enfatiche senza portata giuridica; sono state adoperate dal legislatore nel descrivere i delitti più gravi e gli interpreti le hanno fatte servire alla diminuzione della pena. Quindi direbbero: 'Dolus... probetur, etiamsi lex habeat... similia'. Questa questione ha riflesso anche sopra altri canoni seguenti*".

172 - Cf. Consulta del 24 aprile 1910 (Presidente: P. Gasparri), au cours de laquelle un Consulteur demanda l'abolition de la clause "'*scienter*', '*studiose*', '*consulto*', '*temerarie*'", in Verbali delle Consulte per il Lib. V: De Delictis et Poenis, A.S.V., CIC: Scatola n. 80 (double feuille manuscrite).

III- Troisième Schéma Préparatoire *De Delictis*:

can. 5. par. 1: "*Imputabilitas delicti pendet a dolo delinquentis hinc omnes causae quae augent, minuunt, tollunt dolum, eo ipso augent, minuunt, tollunt delicti imputabilitatem*";

par. 2: "*Dolus est deliberata voluntas violandi legem, cui ex parte intellectus opponitur ignorantia legis aut error et ex parte voluntatis defectus libertatis*";

par. 3: "*Principia quae hic traduntur pro determinanda delictorum imputabilitate, analogice applicantur quoque violationibus externis et dolosis aliarum legum sive divinarum sive ecclesiasticarum*";

can. 6: "*Dolus in foro externo praesumitur, donec contrarium probetur ; quod si in lege specialiter requiratur per verba 'scienter', 'dolose', 'consulto', 'temerarie' vel alia similia, dolus in foro externo non praesumitur, sed probandus est*".

On remarque encore quelques changements par rapport au Schéma précédent:

- au can. 5, par. 1: la locution '*et ideo*' est remplacée par l'adverbe '*hinc*';
- au can. 5, par. 3: le groupe de mots '*sub hoc titulo*' est remplacé par l'adverbe '*hic*'; on constate le retrait de l'expression '*non poenalium*', avec laquelle étaient qualifiées les autres lois;
- la deuxième partie du can. 6, qui avait été retirée du précédent Schéma, reprend ici sa place, mais avec une important variante: la clause '*scienter*', '*consulto*', '*temerarie*', '*dolose*' (à la place de '*studiose*') est requise de manière spéciale ('*specialiter requiratur*') par la loi[173].

Le paragraphe 2 du can. 5 n'a subi aucune modification.

IV- Quatrième Schéma Préparatoire *De Delictis*:

can. 5. par. 1: "*Imputabilitas delicti pendet a dolo delinquentis et ideo omnes causae quae augent, minuunt, tollunt dolum, eo ipso augent, minuunt, tollunt delicti imputabilitatem*";

par. 2: "*Dolus est deliberata voluntas violandi legem, cui ex parte intellectus opponitur defectus cognitionis aut error et ex parte voluntatis defectus libertatis*".

can. 6: "*Posita externa legis violatione, dolus in foro externo praesumitur, donec contrarium probetur*".

---

173 - En note de bas de page (concernant la problématique liée à cette partie du can. 6), il est dit que certains Consulteurs ne considéraient pas comme indispensable la preuve contre le *dolus*; c'est du moins ainsi que nous comprenons l'affirmation: "*... probatio contra dolum admittitur*". "*Ma*, continue la note, *eccetuato il caso di una 'praesumptio doli iuris et de iure', la prova 'contra dolum' in diritto canonico è sempre ammessa*".

Voici les modifications constatées dans ce Schéma:

- au can. 5, par. 1: la locution conjonctive '*et ideo*', qui avait été remplacée par '*hinc*', reprend sa place;

- au can. 5, par. 2: l'expression '*defectus cognitionis*' vient se substituer à '*ignorantia legis*';

- le paragraphe 3 du can. 5 est supprimé, à la demande de la majorité des Consulteurs, qui l'avaient trouvé utile seulement pour le for interne;

- le can. 6 est délesté de sa partie controversée, pour reprendre la configuration du Deuxième Schéma.

V- Premier Schéma Général *De Delictis et Poenis*:

can. 5: "*Imputabilitas delicti pendet a dolo delinquentis vel ab eiusdem culpa in ignorantia legis violatae aut in omissione debitae diligentiae; et ideo omnes causae quae augent, minuunt, tollunt dolum aut culpam, eo ipso augent, minuunt, tollunt delicti imputabilitatem*".

can. 6. par. 1: "*Dolus est deliberata voluntas violandi legem, cui opponitur ex parte intellectus defectus cognitionis et ex parte voluntatis defectus libertatis*";

par. 2: "*Posita externa legis violatione, dolus in foro externo praesumitur, donec contrarium probetur, salvo praescripto can. 20, par. 2, Norm. Gener.*".

Avec ce Schéma, un tournant vient d'être pris par rapport à la tendance qui s'était dessinée jusqu'ici. Ainsi:

- à côté du *dolus*, le canon 5 ajoute la *culpa in ignorantia legis violatae aut in omissione debitae diligentiae*, comme source de l'Imputabilité;

- le paragraphe 2 du can. 5 devient le paragraphe 1 du can. 6; disparaît cependant la mention de l'*error* comme obstacle (du point de vue de l'intellect) à la réalisation du *dolus*;

- au can. 6, par. 2: la présomption du *dolus* se heurte à une exception de taille: le can. 20, par. 2 *De Normis Generalibus*[174].

174 - Il s'agit, bien sûr, du canon 20 des Schémas préparatoires *De Normis Generalibus*, qui récitait (par. 2): "*Ignorantia vel error circa legem aut poenam aut circa factum proprium aut circa factum alienum notorium generatim non praesumitur; circa factum alienum non notorium praesumitur, donec contrarium probetur*". Dans le CIC promulgué en 1917, le can. 20 est devenu le can. 16.

VI- Schéma Général de 1913: *De Delictis et Poenis*:

can. 5: "*Imputabilitas delicti pendet ex dolo delinquentis vel ex eiusdem culpa in ignorantia legis violatae aut in omissione debitae diligentiae; quare omnes causae quae augent, minuunt, tollunt dolum aut culpam, eo ipso augent, minuunt, tollunt delicti imputabilitatem*"[175].

can. 6. par. 1: "*Dolus est deliberata voluntas violandi legem, eique opponitur ex parte intellectus defectus cognitionis et ex parte voluntatis defectus libertatis*"[176];

par. 2: "*Posita externa legis violatione, dolus in foro externo praesumitur, donec contrarium probetur, salvo praescripto can. 20, par. 2, Norm. Gener.*"[177].

Les modifications opérées par le Schéma de 1913 sur le précédent Schéma sont de caractère simplement lexical:

- **au can. 5: la préposition '*ab*' est remplacée par '*ex*'; tandis que la locution '*et ideo*' disparaît de nouveau, pour être substituée par à l'adverbe '*quare*';**
- **au can. 6: le pronom démonstratif '*ei*que' (= et *ei*) est mis à la place du pronom relatif '*cui*'.**

Le plus grand intérêt de ce Schéma réside dans le fait de reporter systématiquement au bas de chaque page les Sources des canons, et de contenir pour la première fois une Table des Matières en fin de document. Et nous le devons à la diligence du Cardinal P. Gasparri.

Le 1er avril 1912, P. Gasparri envoya à tous les Evêques un exemplaire de chaque Livre du Code, et une lettre les exhortant à faire parvenir leurs remarques à la *Commissio Pontificale*[178]. Sur le Schéma *De Delictis et Poenis*, beaucoup d'Evêques ne

---

175 - A ce canon, P. Gasparri ajoute (note 1) les Sources du *Corpus Iuris Canonici*: c. 1, 3, D. VI; c. 38-44, 46-51, D. L; c. 12, C. I, q. 4; c. 1, 2, 5-7, 9, 11-13, C. XV, q. 1; c. 6, C. XXXIV, q. 1-2; c. 3, X, *de his qui filios occiderunt*, V, 10; c. 1, 2, 7-9, 12-16, 19, 22, 23, 25, X, *de homicidio*, V, 12; Reg. 23, R.J., in VI°.

176 - Sources du *Corpus Iuris canonici* ajoutées par id. (note 2) à ce canon: c. 38, 40, 47, D. L; c. 1, 2, C. I, q. 4; c. 1, C. XV, q. 1; c. 41, C. XXIV, q. 1; c. 2, *de constitutionibus*, I, 2, in VI°.

177 - Id. ajoute (note 3) les Sources du *Corpus Iuris Canonici* suivantes: c. 46, 47, D. L; c. 12, C. I, q. 4.

178 - Pontificia Commissio Legibus canonicis in Unum Redigendis, Normae de mandato Summi Pontificis ob oculos habendae ab Episcopis Suffraganeis quorum examini subiiciuntur canones Codicis Canonici. Romae 1913. (Petrus Card. Gasparri). La lettre contenait aussi ces

trouvèrent rien à redire[179]. La plupart des autres ont concentré leurs remarques sur la *Pars II: De Poenis*. L'unique objection ayant pu intéresser le *Tit. II: De Imputabilitate Delicti, de causis illam aggravantibus, vel minuentibus et de iuridicis delicti effectibus* fut celle des Evêques de la Province Ecclésiastique de Zagabria[180], qui, à propos du can. 6, par. 2, proposèrent: "*Deleatur sententia finalis 'salvo praescripto can. 20, par. 2 Norm. Gen.'*".

Cette proposition fut favorablement accueillie par la Commission Pontificale. En effet, quelques temps après avoir recueilli et mis en ordre les *animadversiones*, la même Commission confectionna un Schéma Général amélioré *De Delictis et Poenis*[181], où l'on pouvait constater la suppression effective de la clause '*salvo praescripto can. 20, par. 2 Norm. Gen.*'. Ainsi, le can. 6, par. 2 reprenait son ancienne configuration du Quatrième Schéma préparatoire (can. 6), à savoir:

"*Posita externa legis violatione, dolus in foro externo praesumitur, donec contrarium probetur*".

---

importantes normes: I- *Antistes suas animadversiones in canones libere patefaciant*; II- *Animadversiones paucis concinnentur verbis*; III- *Lingua latina exarentur*; IV- *Antistes permittitur adhibere in hoc examine unum duosve ad summum peritos iuris canonici viros, e clero sive saeculari, sive regulari, sibi benevisos*; V- *maxime optandum est ut Antistes, postquam canones hos examinaverint suasque animadversiones paraverint, in unum conveniant apud proprium Metropolitam, ibique, de proposita re, consilia inter se conferant: subinde vero Metropolita ad Sanctam Sedem omnium animadversiones 'per modum unius' mittat, curans ne eadem animadversio pluries repetita appareat*; VI- *Si quis neque se ipsum ad Metropolitam conferre neque quemquam, qui sua vice fungatur, apud eumdem delegare facile possit, ad eum animadversiones mittat per litteras; si id quoque difficultatem prae se ferat, illas directo ad Sanctam Sedem mittat*; VII- *Antistes quisque exemplaria quae accipiet, diligenter apud se custodiat*; VIII- *Omnes prohibentur ne praescripta canonum in hoc volumine contentorum aliis quoque modo communicet, sive scripta sive viva voce, praeter viros iuris canonici peritos de quibus supra*; IX- *Animadversiones debent ad Sanctam Sedem mitti intra spatium octo mensium ex quo exemplaria recepta sint*".

179 - E.g. Archiepiscopus Bucarestiensis: "*In Librum Quartum 'De Delictis et Poenis' nihil habeo quod animadverbam*", Bucarest, die 18 novembris 1913, in A.S.V., CIC: Scatola n. 84, XV-3 CDC; de même, Animadversiones in Canones iuris canonici a Metropolitano et Episcopis Suffraganeis Provinciae Marianopolitanae: "*Nulla habentur animadversiones faciendae in canones huius libri quarti*", Marianopoli, die 22 ianuarii 1914, in A.S.V., CIC: Scatola n. 84, XVI-4 CDC.

180 - N° de Protocole de leur contribution: Nr. 157 (Pr.). Subsignatio: Archiepiscopus Coadiutor Zagabriensis, die 24 novembris 1913, in A.S.V., CIC: Scatola n. 85, XVI-5 CDC.

181 - Liber Quintus: De Delictis et Poenis (227 canones), Tit. II: *De Imputabilitate Delicti, de causis illam aggravantibus vel minuentibus et de iuridicis delicti effectibus*. Il est précisé -curieusement- au début du volume: "*Sedes Apostolica sibi vindicat Codicis proprietatem; et Petrus Card. Gasparri proprietatem notarum et, si quae dederit, commentariorum*". Cette précision ne s'explique pas par le seul fait que le Card. P. Gasparri ait effectué un travail personnel immense. Une raison bien plus importante (qui n'a pas été dite) a pu être à la base d'une revendication aussi explicite, par le Saint-Siège, de la propriété du doc., et par le Card. P. Gasparri, de la propriété des notes et s'il y a lieu, des commentaires; autrement, on ne comprendrait pas le silence qui est fait sur le travail collégial de la Commission Pontificale.

C)- LE SCHEMA COMPLET DU *CODEX IURIS CANONICI* (1916):

can. 2219: "*Imputabilitas delicti pendet ex dolo delinquentis vel ex eiusdem culpa in ignorantia legis violatae aut in omissione debitae diligentiae; quare omnes causae quae augent, minuunt, tollunt dolum aut culpam, eo ipso augent, minuunt, tollunt delicti imputabilitatem*".

can. 2220, par. 1: "*Dolus heic est deliberata voluntas violandi legem eique opponitur ex parte intellectus defectus cognitionis et ex parte voluntatis defectus libertatis*";

par. 2: "*Posita externa legis violatione, dolus in foro externo praesumitur, donec contrarium probetur*".

En passant au Schéma complet de 1916, où ils devinrent respectivement les cann. 2219 et 2220, les cann. 5 et 6 du Schéma de 1913 n'ont subi d'altération qu'au paragraphe 1 du can. 2219, avec l'ajout de l'adverbe '*heic*' (= *hic*)[182].

Les notes indiquant les Sources de chaque canon sont également reportées dans leur intégrité.

Dans la même année, le Schéma sera repris, et allégé de 23 canons et des *notae* de P. Gasparri. Les cann. 2219 et 2220 y deviennent respectivement les cann. 2199 et 2200, tout en gardant leur identité[183]. La partie finale du document présente 8 Constitutions de Papes, qui devaient demeurer en vigueur en même temps que le Code de Droit Canonique[184].

Ce Schéma -qu'on pourrait qualifier de *Novissimum*- sera allégé encore une fois d'1 canon. Ainsi, le Schéma définitif comportant 2414 canons sera approuvé par le Pape Benoît XV, et promulgué le 27 mai 1917, avec la Constitution Apostolique

182 - "*Idest, in criminalibus ut distinguatur a dolo in civilibus de quo alibi sermo occurit, cfr. cann. 103, 542, 1684-1689; M. Lega, 35; D'Annibale, I, 247, nota 5*", M.A. Coronata, Institutiones Iuris canonici, t. 4, *De Delictis et Poenis*, 5 ed., Marietti, Taurini-Romae, 1960, n. 1652, nota 6.

183 - Liber Quintus: De Delictis et Poenis, (2415 canones), in A.S.V., CIC: Scatola n. 79, (aucune date). Pars I, Tit. II: De Imputabilitate delicti, de causis illam aggravantibus vel minuentibus et de iuridicis delicti effectibus, cann. 2199, 2200, p. 440

184 - 1) Pius X, const., Vacante Sede Apostolica, 25 decembris 1904, 489-517; 2) id., const., Commissum Nobis, 20 ianuarii 1904, 517-518; 3) Leo XIII, const., Praedecessores Nostri, 24 maii 1882, 519-530; 4) Benedictus XIV, const., Sacramentum Poenitentiae, ... 1741, 530-534; 5) Gregorius XV, const., Universi Dominici, 30 augusti 1622, 534-536; 6) Paulus III, const., Altitudo, 1 iunii 1537, p. 536; 7) Pius V, const., Romani Pontificis, 2 augusti 1571, 536-537; 8) Gregorius XIII, const., Populi, 25 ianuarii 1585, 537-538.

'*Providentissima Mater Ecclesia*'[185]. Il sera pourtant amputé des *Fontium adnotationes* du Card. P. Gasparri. Il entrera en vigueur le 19 mai 1918.

En Conclusion, l'*iter* de la formation des cann. 2199 et 2200 n'est pas dissociable du grand mouvement de Révision du Droit canonique, décidé par le Pape Pie X au lendemain de son élection au Pontificat[186], et mené avec ardeur, en collaboration avec la Commission Cardinalice, le Collège des Consulteurs, et l'ensemble de l'Episcopat, sous la direction du Card. P. Gasparri. Il fallait répondre à l'attente de l'ensemble des Pasteurs et des Canonistes obligés de faire face à un pléthore de lois souvent tombées en désuétude, et dont l'interprétation donnait presque toujours lieu à une périlleuse casuistique. Désormais, les lois de l'Eglise Catholique Latine étaient contenues dans un seul volume; chaque norme était formulée de manière brève et précise, afin d'en garantir la certitude, et d'en faciliter la compréhension et l'interprétation[187]. En ce qui concerne l'étude que nous venons de faire, la carence auprès de l'*Archivio Segreto Vaticano* de la plupart des procès verbaux des réunions de la Commission Pontificale en général, et du Groupe de Travail *De Delictis et Poenis* en particulier, a rendu impossible la connaissance des vraie motivations des changements intervenus au cours de la progression des deux canons étudiés vers leur configuration actuelle: cann. 2199 et 2200 du CIC de 1917.

Et puisque ces deux canons constituent la Source la plus immédiate du canon 1321 du CIC de 1983, il est donc tout à fait logique que le prochain Article soit consacré à l'étude du

---

185 - Codex Iuris Canonici Pii X Pontificis Maximi iussu digestus Benedicti Papae auctoritate promulgatus, AAS, 9 (1917-II) 5-521.

186 - Cf. Pius X, const. ap., Arduum Sane, (*de Ecclesiae legibus in unum redigendis*), 19 mars 1904, AAS, 36 (1904), 549-551.

187 - Cf. R. Metz, Il Diritto Penale nel Codice di Diritto Canonico del 1917, Concilium, 7 (1975) 54-58: "*Sopratutto il diritto penale non ha nulla da invidiare, quanto alla precisione e alla minuzia del particolare, ai codici delle società politiche... Le principali caratteristiche del diritto penale del 1917 sono il tecnicismo giuridico di alta qualità scientifica e la cura minuziosa apportata alla regolamentazione particolareggiata dei problemi posti dalla repressione degli atti delittuosi*"; G. Del Vecchio avait fait un raisonnement analogue: "*Non vi è dubbio che, in questa materia e in non poche altre, le legislazioni statuali potrebbero avvantaggiarsi da un costante raffronto e da un meditato avvicinamento alla legislazione canonica; tanto più avendo essa raggiunto, colla elaborazione del nuovo Codice (del 1917), un perfezionamento considerevole*", Sul Fondamento della Giustizia Penale, in Archivio Penale, I, 1945, fascicolo III-IV, p. 11.

Processus de la formation de celui-ci, afin de se rendre compte du nouveau tournant adopté dans l'impostation du principe de l'Imputabilité.

ARTICLE II: LE PROCESSUS DE LA FORMATION DU CANON 1321 DU CIC DE 1983

Le 25 janvier 1959, dans un discours à la Basilique Patriarcale de Saint Paul Hors-les Murs, en la Fête de la Conversion de l'Apôtre, le Pape Jean XXIII annonce trois événements capitaux pour l'avenir de l'Eglise Universelle: la convocation d'un Concile Oecuménique, le Synode de l'Eglise de Rome, et la Révision du Code de Droit Canonique[188]. Quatre ans plus tard, le 28 mars 1963, il institue la Commission Pontificale pour la Révision du CIC[189] -avec à sa tête le Cardinal Pietro Ciriaci- à laquelle il assigne, d'une part la fonction de préparer, à la lumière des Décrets du Concile Vatican II, la réforme du CIC de 1917, et de l'autre une fonction consultative consistant à fournir aux Dicastères de la Curie Romaine des informations et avis techniques de caractère provisoire sur les éventuelles requêtes concrètes de caractère juridique qui lui seront soumises par les mêmes Dicastères[190]. A sa toute première Session, cependant, la Commission décida de ne

---

188 - Ioannes XXIII, alloc., Questa Festiva Ricorrenza, (*ad Em.mos Patres Cardinales in Urbe praesentes habita, in coenobio Monachorum Benedictinorum ad S. Pauli extra Moenia, post Missarum sollemnia, quibus beatissimus Pater in Patriarcha Basilica Ostiensi interfuerat*), 25 ianuarii 1959, Acta et Documenta Concilio Oecumenico Vaticano II apparando. Series I (Antepraeparatoria) Volumen I. Acta Summi Pontificis Ioannis XXIII, Città del Vaticano 1960, p. 5; AAS, 51 (1959), p.68. Il fallait d'abord que le Concile et le Synode aient lieu, qui conduiraient ensuite "*all'auspicato e atteso aggiornamento del Codice di Diritto Canonico, che dovrebbe accompagnare e coronare questi due saggi di pratica applicazione dei provvedimenti di ecclesiastica disciplina, che lo Spirito del Signore ci verra suggerendo lungo la via*"; F. Nigro le rappelle dans sa contribution *Le Sanzioni nella Chiesa come tutela della Comunione Ecclesiale*,in La Nuova Legislazione canonica, P.U.U, Studia Urbaniana 19, Roma 1983, p. 439; cf. aussi Ioannes-Paulus II, const. ap., Sacrae Disciplinae Leges, (*de promulgatione Codicis Iuris Canonici*), 25 ianuarii 1983, AAS, 75 (1983-II), p. VII: le choix de la date du 25 janvier n'est pas sans signification. Jean-Paul II a voulu ainsi rejoindre en pensée cette même date de l'an 1959, où son Prédécesseur, Jean XXIII, annonça pour la première fois publiquement la révision du *Corpus* des lois canoniques en vigueur qui avait été promulgué en la solennité de la Pentecôte de l'an 1917.

189 - Pontificia Commissio Codici Iuris Canonici Recognoscendo.

190 - Cf. Comm. 1 (1969), p. 5.

commencer les travaux de révision du CIC qu'après la clôture du Concile[191]. Quant à nous, nous porterons notre attention sur les activités du *Coetus De Iure Poenali*, avec une attention particulière à l'évolution en son sein de l'impostation du principe de l'Imputabilité, dans le cadre de la formation du canon 1321. Ainsi, nous verrons tour à tour, le *Schema Generale De Delictis et Poenis* de 1970, le *Schema* de 1973 (canon 10), et le *Schema* de 1980 (canon 1272).

A) LE *SCHEMA GENERALE DE DELICTIS ET POENIS* (12 janvier 1970)

Nous allons suivre, à présent, le déroulement des quatre années d'activité du *Coetus De Delictis et Poenis*[192], qui ont conduit à la composition du premier *Schema Generale De Delictis et Poenis* du 12 janvier 1970.

I- L'Année 1966:

Au mois de Mai 1966, c'est le Rapporteur du *Coetus De Delictis et Poenis*, P. Ciprotti, qui propose quelques *Quaestiones Praeviae De Iure Poenali Canonico*. Après avoir recueilli l'avis des Consulteurs sur ces questions, il présente, le 30 Septembre 1966, une *Relatio Praevia de Recognoscendis Normis De Delictis et Poenis in Genere* (cann. 2195-2240), qui est discutée dans la session des Consulteurs du 28-30 novembre de la même

---

191 - Le Cardinal P. Felici (qui venait de remplacer P. Ciriaci décédé) affirmait au cours d'une Conférence de Presse, que la simultanéité de l'annonce faite dans la Basilique St. Paul des deux grandes entreprises, et la constitution d'une Commission, après la première période conciliaire, (l'unique célébrée sous le Pontificat de Jean XXIII), avaient la signification de tenir vif l'esprit du concile. Selon lui, en effet, le fait que la Commission n'ait pu accomplir son travail qu'après la clôture du Concile, c'est-à-dire lorsque certains Décrets exécutoires étaient déjà promulgués, démontre encore plus l'interdépendance des deux travaux. Cf. OR., 29 Ottobre 1967, cité par G. Caprile, Il Sinodo dei Vescovi. Prima Assemblea Generale (29 Settembre-29 Ottobre 1967), ed. La Civiltà Cattolica, Roma 1968, p. 87.

192 - Cf. Comm. 2 (1970) De Iure Poenali Recognoscendo, p. 99-100, *Praecipua Operae Stadia*; cf. aussi P. Ciprotti, Qualche punto caratteristico della riforma del Diritto Penale Canonico, EIC, 46 (1990) 112-113. Il est bon de rappeler que P. Ciprotti était lui-même le Rapporteur du *Coetus De Delictis et Poenis*.

année. Sur la base des discussions de cette session, le rapporteur présente, le 27 décembre 1966, un *Praevium Canonum Schema De Delictis et Poenis in Genere*, contenant 51 canons[193].

II- L'Année 1967:

A leur réunion du 9-14 janvier 1967, les Consulteurs discutent le précédent Schéma; et à partir de leurs amendements naît le *Praevium Canonum schema De Delictis et Poenis Emendatum*. Le 1er Mai 1967, le Rapporteur propose quelques *Quaestiones Praevias de Poenis in Specie*, et peu de temps après (20 Mai) il présente la *Relatio ad Schema Canonum De Delictis et Poenis in Genere*, qui est discutée du 29 Mai au 1er Juin 1967. Le 11 juillet 1967, il présente un *Praevium Canonum Schema De Poenis in Specie*, de 21 canons, auquel se joint un appendice (17 cann.) de changements à apporter au Schéma précédent (*De Delictis et Poenis in Genere*), dans un souci de coordination. Après avoir recueilli l'avis de quelques Consulteurs, c'est l'élaboration du *Primum Schema Generale De Delictis et Poenis (excepto De Poenis in Singula Delicta)*, qui est présenté le 23 novembre 1967, et compte 77 canons. la première phase de discussion de ce projet a lieu du 4 au 7 décembre 1967.

III- L'Année 1968:

Du 4 au 8 Mars 1968 a lieu la seconde discussion du projet ci-haut mentionné, à l'issue de laquelle est composé un *Alterum Schema Generale de Delictis et Poenis (exceptis*

193 - A cette période, un Schéma, qui présentait une grande similitude avec les Schémas d'avant la Réforme du CIC de 1917, avait été proposé par O. Cassola. Dans la rubrique *De Imputabilitate Delicti*, il présentait comme suit la réforme à apporter aux cann. 2199 et 2200 du CIC de 1917:

can. 4: "*Imputabilitas delicti, cuius quis est causa, iure ecclesiastico, pendet ex dolo vel culpa iuridica delinquenti, et grave peccatum supponit*".

can. 5: "*Delinquit ex dolo qui deliberate violat legem; ex culpa autem qui voluntarie omittit diligentiam debitam ad dignoscendam legem violatam aut ad effectus antiiuridicos suae actionis praevidendos vel impediendos*".

can. 6. §1: "*Posita externa violatione legis a subiecto capaci, dolus praesumitur, nisi contrarium probetur*";

§2: "*Omne delictum ex culpa oriri potest, nisi rei natura aut expresse exigatur dolus*";

§3: "*Dolus si postuletur specificus, non sufficit genericus ut delictum exsurgat; si vero postuletur perfectus ut reus poenis subiciatur, delictum exstat ob dolum non perfectum*";

§4: "*Dolus indeterminatus determinatur eventu*". (O. Cassola, Specimen Partis Primae Libri V Codicis Iuris Canonici Reformatae proponitur (de delictis in genere), Apollinaris, 50 (1967) 464-465). Mais cette proposition de Schéma n'a pas eu d'influence sur le déroulement des travaux. comme nous aurons à le constater par la suite.

***canonibus De Poenis in Singula Delicta)*, composé de 70 canons, et qui est présenté le 22 Mai 1968. Le 4 Juin de la même année, est proposé un *Praevium Canonum Schema De Singulis Delictis*, de 30 canons, dont une partie est soumise à l'examen des Consulteurs en session du 2 au 7 Décembre 1968. Sur la base des examens de ces Consulteurs, le Rapporteur compose les *Emendationes et Complementa ad Praevium Canonum Schema De Singulis Delictis* (29 Décembre 1968).**

IV- Les Années 1969-1970:

Le reste du projet que nous venons de mentionner est examiné lors de la session du 10-13 Mars 1969. Toujours à partir des examens des Consulteurs, le Rapporteur établit un *Alterum Canonum Schema de Singulis Delictis*, de 29 canons, qui est examiné et amendé les 24-28 Novembre 1969.

Enfin, le 12 Janvier 1970, le Rapporteur présente le *Schema Generale De Delictis et Poenis*, formé de 90 canons[194].

Le *Coetus Studiorum De Delictis et Poenis* ne manquera pas, par la suite, de donner quelques brèves justifications des différents changements opérés par le *Schema Generale*, et notamment sur la nouvelle imposition de la problématique de l'Imputabilité. Le canon 13 du *Schema Generale* deviendra le canon 10 dans le *Schema* de 1973, à la suite des modifications opérées par la Commission, à la suite des Consultations sur les canons du *Schema Generale*. Le *Coetus Studiorum De Iure Poenali* consacrera justement au canon 10 sa troisième et sa quatrième *Adunatio*.

194 - Le *Schema generale de delictis et poenis* eut par la suite une *editio emendata et coordinata*, de 92 canons, d'après l'indication de P. Ciprotti, Qualche punto caratteristico della riforma del Diritto Penale Canonico, op. cit., p. 113. La phase rédactionnelle, initiée en 1966, se conclura en décembre 1973, avec d'ultérieures modifications et réductions de canons, lesquels passeront de 92 à 73. Le titre aussi changera, pour devenir: Schema documenti quo disciplina sanctionum seu poenarum in Ecclesia Latina denuo ordinatur. Cf. F. Nigro, La Nuova legislazione Canonica, P.U.U., Studia Canonica 19, p. 441.

B)- LA PRÉSENTATION ET LA DISCUSSION DU CANON 10 DANS LE *SCHÉMA* DE 1973[195]

I- *Adunatio* III

1. Présentation du Canon 10:

Voici donc la première formulation du canon 10 par la Commission Pontificale, à la suite du sondage des Organes de Consultations et de la réception de leurs *Animadversiones*:

par. 1. "*Nemo punitur, nisi legis vel praecepti violatio, ab eo commissa, sit graviter imputabilis ex dolo vel ex culpa*";

par. 2. "*Nisi lex vel praeceptum aliter caveat, sanctionibus poenalibus is tantum subiicitur, qui delictum dolo patravit, id est qui legem vel praeceptum violare deliberate voluit*";

par. 3. "*Posita externa legis violatione imputabilitas praesumitur, nisi aliud appareat*".

2. Discussion du Canon 10[196]

---

195 - Pour ce qui est du projet de 1973, cf. Pontificia Commissio CIC Recognoscendo, Schema Documenti quo Disciplina Sanctionum seu Poenarum in Ecclesia Latina denuo Ordinatur, Romae, Typis Polyglottis Vaticanis, 1973. Ce *Schema* est composé de 73 canons, soit presque une vingtaine de moins que le précédent. Il avait été précédé des remarques générales faites par les Conférences Episcopales, les Dicastères du Saint Siège, l'Union des Supérieurs Majeurs, et les Universités Ecclésiastiques sur le *Schema Generale De Delictis et Poenis*, (cf. Comm. 7 (1975) 93-97; 8 (1976) 166-183; 9 (1977) 147-174, 304-322). Le *Coetus Studiorum De Iure Poenali* s'est fait le devoir d'examiner, avec toute l'attention due, les remarques et réponses de ces Organes de Consultation, de sorte à introduire opportunément dans le *Schema*, les changements, les ajouts ou les précisions souhaités. Sur cette période consultative, cf. F. Nigro, La Nuova Legislazione canonica, op. cit., 441-442, qui relève l'insignifiance des réponses qui furent envoyées par les Organes de Consultations (seulement 134), et à laquelle il donne cette explication: "*...gli organi di consultazione non sempre sono dotati di personale idoneo, e ciò vale sopratutto nell'ambito della disciplina penale, che spesso viene anche trascurata nelle stesse Università ecclesiastiche, sia perché poco amata, sia perché presenta delle reali difficoltà per la sua applicazione*".

196 - Ibid. Parmi les commentateurs du *Schema* de 1973, nous pouvons signaler: P. Ciprotti, Animadversiones ad Schema de Iure Poenali Canonico, Prawo Kanoniczne, 19 (1976) 5-11; F. Coccopalmerio, Sacramentum poenitentiae et Ius Poenale in Structura Ecclesiae, Periodica, 64 (1975) 393-405; T. Green, Report of the Special Commitee of the Task Force of CLSA on the Proposed Schema '*De delictis et poenis*', in Proceedings of the Thirty-Sixth Annual Convention of the CLSA, 1974, pp. 130-140; V. De Paolis, De Recognoscendo Iure Poenali Canonico. Periodica. 63 (1974) 37-67: id.. Animadversiones ad schema documenti quo

La discussion qui a suivi la présentation du canon 10 a tourné autour de trois points: la gravité de l'Imputabilité, le caractère externe de la violation de la loi ou du précepte, et la définition de la faute (*culpa*). En voici le résumé:

a. *la gravité de l'Imputabilité*:

Certains membres du Groupe demandent le rejet de la locution *graviter imputabilis*, soit parce qu'ils estiment suffisant que la violation soit simplement imputable, soit parce qu'ils craignent que l'invocation de la "gravité" de l'Imputabilité empêche la punition de violations des lois purement pénales, surtout quand est requis ou le dol ou la faute. Ceux-là proposent donc le retour à la locution *moraliter imputabilis* du canon 2195, par. 1, du CIC de 1917[197].

A cette proposition le Rapporteur répond que l'Imputabilité grave est déjà requis par le Droit en vigueur, au canon 2218, par. 2, du CIC de 1917[198]. Cependant, l'Imputabilité morale est sans nul doute supposée, lorsqu'il est exigé afin que ou le dol ou la faute soit présent dans la violation[199].

b. *le caractère externe de la violation*:

Contre les membres du Groupe qui soutiennent que rien ne doit être dit de l'extériorité de la violation, le Rapporteur rappelle que les Consulteurs concordent pour que dans le présent canon on dise: "*Nemo punitur, nisi legis vel praecepti externa violatio* etc..."

---

disciplina sanctionum seu poenarum in Ecclesia denuo ordinatur, ibid, pp. 489-507; J. Provost, Revision of Book V of the Code of canon Law, Studia Canonica, 9 (1975) 135-152; A. Scheuermann, Das Schema 1973 fur das kommende kirchliche Strafrecht, Archiv fur Katholisches Kirchenrecht, 143 (1974) 3-63; H. Zapp, Zur kanonischen Strafrechtsreform nach dem Entwurf der Kodex Komission, Oesterreichisches Archiv fur Kirchenrecht, 27 (1976) 36-59.

197 - "*... intelligitur externa et moraliter imputabilis legis violatio ...*"

198 - "*Non solum quae ab omni imputabilitate excusant, sed etiam quae a gravi, excusant pariter...*"

199 - Comm. 8 (1976), p. 175, a): "*Relator respondet 'gravem' imputabilitatem iam vigenti iure postulari; moralem autem imputabilitatem certe supponi si exigitur ut vel dolus vel culpa (iuridica sane, sed qualis habetur in doctrina canonica) in violatione adsit*".

En outre, la question reste ouverte, de savoir si la définition du délit doit être portée dans le *Schema*, de manière à rendre plus évidente l'extériorité du délit[200].

c. *la définition de la 'culpa'*:

Beaucoup ont souhaité une définition exacte de la *culpa*. Le Rapporteur signale, à cet effet, qu'un Consulteur avait parlé de l'opportunité de communiquer une telle définition, parce qu'en effet, dans le Droit en vigueur la notion de faute au sens pénal n'est ni claire ni suffisante. Autrement, on devrait soit éliminer la punition du délit commis par faute, soit retirer le terme *culpa* des canons généraux du *Schema*, même si le concept de faute s'y trouve implicitement conservé[201].

Pour mettre définitivement fin à ce dilemme, il a fallu que le *Coetus Studiorum De Delictis et Poenis* convoque une rencontre ultérieure: *Adunatio IV*.

II- *Adunatio* IV[202]:

Le but de cette rencontre du Groupe d'Etudes était de savoir s'il fallait porter dans le *Schema* la notion de faute juridique. Les travaux se sont déroulés autour de deux questions principales; à savoir:

. si le Groupe désirait définir la faute comme *omissio debitae diligentiae*;

. si le délit doit être dit dolosif (*dolosum*) quand existent des circonstances d'erreur ou d'ignorance, ou plutôt coupable (*colposum*).

Après une brève synthèse des remarques des Consulteurs sur ces questions, le Rapporteur expose les trois cas en présence desquels ces mêmes Consulteurs estiment unanimement qu'il y a délit coupable, et non dolosif;

. l'omission de la diligence requise;

---

200 - Ibid., b): "*Aperta manet quaestio an tradi debeat in schemate definitio delicti, quod si fiet in luce certo ponetur exterioritas delicti*".

201 - Ibid., c): "*Secus vel eliminari debet punitio delicti colposi, vel expungi debet ex canonibus generalibus nostri schematis vox 'culpa' etiamsi conceptus culpae in ipsis implicite reservetur*".

202 - Cf. Comm. 8 (1976), p. 176: discussions à propos de la *culpa*.

. le fait de croire faussement qu'il y a une circonstance excusante;

. l'ignorance coupable de violer la loi ou le précepte[203].

A la fin, le Rapporteur propose la formulation suivante du canon 10, qui sera acceptée par tous:

par. 1. "*Nemo punitur, nisi externa legis vel praecepti violatio, ab eo commissa, sit graviter imputabilis ex dolo vel ex culpa*";

par. 2. "*Poena lege vel praecepto statuta is tenetur, qui legem vel praeceptum deliberate violavit; qui vero id egit ex omissione debitae diligentiae, non punitur, nisi lex vel praeceptum aliter caveat*";

par. 3. "*Posita externa violatione imputabilitas praesumitur, nisi aliud appareat*".

Cette dernière formulation sera retenue telle quelle dans le *Schema* de 1980.

C)- LE CANON 1272 DANS LE *SCHEMA* DE 1980:

I- Les Réponses données par le Secrétariat et les Consulteurs aux Remarques des Pères de la Commission à propos du Canon 1272[204]:

. Un Père a fait les deux remarques (ou plutôt requêtes) suivantes:

1) Ajouter, dans la configuration du délit coupable, "*ex ignorantia vel errore culpabili legis vel poenae*";

2) Affirmer comme principe la "*punitio*" du délit coupable, à moins d'une autre disposition, et non l'inverse.

A la première requête, la réponse est négative, parce que l'ensemble "*ex ignorantia vel errore culpabili legis vel poenae*" est inclus dans le concept "*omissio debitae diligentiae*".

---

203 - Ibid., "*- quis omittit debitam diligentiam;*
- quis falso putat adesse circumstantiam eximentem (e.g. quis putat adesse circumstantias legitimae tutelae);
- quis culpabiliter ignorat se legem vel praeceptum violare".

204 - Cf. Pontificia Commissio CIC Recognoscendo, Relatio complectens synthesim Animadversionum ab Em.mis Patribus Commissionis ad novissimum Schema CIC exhibitarum, cum Responsionibus a Secretaria et Consultoribus datis, *Liber VI: De Sanctionibus in Ecclesia*, Comm. 16 (1984) 39-40.

Dans la doctrine juridique pénale, la faute est réduite à la négligence, c'est-à-dire à l'omission de la diligence requise.
C'est la même chose dans le cas de l'ignorance"[205].

A la seconde requête, il est répondu que cela ne concorderait pas avec l'esprit et les principes de la révision du Code[206].

. Un autre Père s'est inquiété du manque de clarté de la notion d'Imputabilité. Selon lui, il y a une certaine confusion de l'un et de l'autre for en référence à la *culpa*. Il propose donc que "*nemo punitur nisi externa legis vel praecepti violatio, ab eo commissa, sit graviter imputabilis*".

La réponse insiste sur le fait que la *culpa* est prise au sens technique dans le droit pénal usuel (cf. can. 2199 du CIC de 1917). On ne voit pas alors comment ce langage peut créer une confusion entre for externe et for interne[207].

Le canon 1272 du *Schema* de 1980, ayant tenu compte de tout le travail qui a été accompli, a introduit des changements très positifs et substantiels aux paragraphes 1 et 2 du canon 10 du *Schema* de 1973.

---

205 - "*Tota enim*, (poursuit la réponse), *ratio eius culpabilitatis petitur ex omissione debitae diligentiae in comparando necessaria cognitione legis poenalis, unde fit ut laborans tali ignorantia non valeat perpendere conditionem iuridicam suae actionis aut omissionis*", Comm. 16 (1984) 39-40; ibid., cette citation de Wernz,F.X.,-Vidal,P., pour renforcer l'argumentation: "*Qui agit irretitus ignorantia praevidit quidem omnes effectus suae actionis, sed omisit investigare vel legis praescriptum vel facti ad quod tendit relationem cum lege; quae omissio est plerumque effectus negligentiae*", Ius Canonicum, t. 7, *Ius Poenale Ecclesiasticum*, ed. altera, Romae 1951, p. 71; ibid., encore, G. Sole, De Delictis et Poenis, Romae 1920, p. 14; ibid., enfin, A.B. Schwarz, Figura hominis diligentis in re culpae iuridicae, Romae 1952. Sub adspectu practico de ignorantia sufficienter agitur in cann. 1274, n. 2 et 1275, nn. 8, 9.

206 - "*Non concordaret spiritui et principiis revisionis Codicis. De cetero sufficienter providetur per can. 1274 et ss*", Comm. 16 (1984), p. 40.

207 - "*Minime. Verbum 'culpa' sumitur sensu tecnico in iure poenali usitato. Non videtur quomodo hic sermo esse possit de confusione inter forum internum et externum*", Comm. 16 (1984), p. 40. La réponse ne s'est pas étendue à la formulation proposée par le Père, car c'était chose acquise.

II- Les Changements par rapport au *Schema* Précédent:

. Au par. 1 du canon 1272, la violation est considérée comme un fait externe (*externa legis vel praecepti violatio*)[208]. Nous en avons une mention explicite, contrairement au correspondant paragraphe du canon 10 du *Schema* de 1973.

. Par. 2: le principe énoncé au can. 10, par. 2 du *Schema* de 1973, et que les *Praenotanda* indiquent comme "le changement le plus important", trouve une nouvelle expression dans le *Schema* de 1980. Au besoin de clarification qui s'était exprimé lors des consultations à propos du *Schema* de 1973, le par. 2 du canon 1272 répond en explicitant ce que sous-entendait le même *Schema*: à savoir que la culpabilité n'est pas constituée par la négligence, à moins que la loi ou le précepte pénal n'ait stipulé ainsi.

. Quant au par. 3 du can. 1272 du *Schema* de 1980, il ne présente aucun changement par rapport au par. 3 du can. 10 du *Schema* précédent.

III- L'ultime Retouche avant la Promulgation:

Après la dernière révision du *Schema* de 1982 du Code de Droit Canonique par le Souverain Pontife en personne, entouré d'un nombre restreint de Consulteurs, ce fut la promulgation du même Code, le 25 janvier 1983, avec la Constitution Apostolique *Sacrae Disciplinae Leges*[209], et son entrée en vigueur le 27 Novembre de la même année.

Le canon 1272 du *Schema* de 1980 est devenu le canon 1321 dans le Code de Droit canonique de 1983. Entre ces deux canons, il n'y a aucune différence substantielle, malgré les années qui les séparent. Seule une virgule (,) a été ajoutée au paragraphe 3:

"*Posita externa violatione, imputabilitas praesumitur, nisi aliud appareat*"[210].

---

208 - M. Hugues remarque: "*In the 1917 Code this requirement had been made clear in the explicit definition of a delict in its can. 2195. The elimination of such definition in the new text (1973) is made good by this oblique reference to the requirement of externality for the constitution of a crime*". Mais, le canon 1272 a bien fait de revenir à l'ancienne formule qui mentionnait explicitement le caractère externe de la violation. Cf., à ce propos, l'*Adunatio III*: 2) La Discussion du canon 10.

209 - AAS, 75 (1983-II) VII-XIV.

210 - Il s'agit là, bien sûr, d'un changement mineur, à caractère plutôt syntaxique.

La prochaine Section de ce Chapitre sera de nature à apporter une contribution herméneutique à l'étude du canon 1321, à travers un regard analytique de la terminologie de base de ce canon.

SECTION B: SOMMAIRE EXEGETIQUE DU CANON 1321

Si la Section précédente s'était évertuée à considérer le canon 1321 -à l'instar du Code pénal ecclésiastique- sous l'angle de sa relation 'causale' avec la Source que constitue le Code pio-bénédictin, et sous le profil de son évolution constitutive au lendemain du Concile -c'est-à-dire comme témoin et observateur de sa lente structuration fondée sur la dialectique de la concertation-, la présente étude, pour sa part, tente, au-delà de l'étude précédente, d'analyser les différents éléments terminologiques constitutifs du même canon, et de dresser la typologie des deux principaux éléments que sont le *dolus* et la *culpa*, afin d'en déchiffrer le véritable contenu. Dans cette prospective analytique, nous ferons abondamment usage de certains auteurs renommés de la science canonique classique et moderne.

Notre Section B comprend 4 Articles: I) le manque de définitions dans le Code pénal, et dans le can. 1321; II) la violation grave et externe de la loi ou du précepte; III) la violation *ex dolo* et *ex culpa*; IV) la présomption d'Imputabilité.

ARTICLE I: LE MANQUE DE DEFINITIONS DANS LE CODE PENAL, ET DANS LE CANON 1321

Une sentence du Droit Romain qualifiait de dangereuse toute définition (ou règle) en Droit civil; et ceci parce que, dans la plupart des cas il est facile de renverser tout simplement la définition, à cause de la difficulté de l'établir et de l'appliquer[211].

211 - Cf. Iavolenus, Lib. 202, de R. J.: "*Omnis definitio in iure civili periculosa est: parum est enim ut non subverti possit*".

Les Pères de la Commission Pontificale pour la Révision du CIC ne s'y sont pas trompés, qui, en réponse à la requête du Groupe d'Etude *De Delictis et Poenis* d'inclure au moins quelques définitions (les plus importantes) dans le Projet de 1973[212], opposèrent un refus catégorique, attribuant les définitions à la compétence des Docteurs plus que du Législateur: "*(...) maxima habita est cura ut praetermitterentur definitiones aliaque, quae ad doctorum magis quam ad legislatoris pertinent officium, et ut verba et locutiones constanter uniformi adhiberentur significatione*"[213].

Le même scénario se reproduira avec le Projet de 1983, à propos duquel le Groupe d'Etude sembla remettre sur le tapis la même question des définitions, que la Commission avait pourtant close avec le Projet de 1973. Cette fois, l'idée d'une définition concernait seulement le délit, et aurait comme avantage de mettre en lumière l'extériorité de celui-ci[214]. Mais, le refus de la Commission fut plus catégorique et péremptoire que lors du précédent Projet, avec une réclamation explicite de la sentence de Droit Romain à laquelle nous nous sommes référés tout au début:

> **"*Consulto omissae sunt definitiones, quippe quod Codex non est manuale scholasticum et in iure definitiones ipsae periculosae sunt; principia tamen clare erui possunt ex canonibus (...)*"[215].**

Un peu plus loin, la Commission persiste:

---

212 - "*Nonnulli vero carpunt quod omnis definitio in novo schemata praetermissa sit et favent ut saltem principaliores definitiones repristinentur eo vel magis quia in novo schemate systema poenarum mutatum sit*", Comm. 7 (1975), p. 97.

213 - Pontificia Commissio CIC Recognoscendo, Schema documenti quo disciplina sanctionum seu poenarum in Ecclesia Latina denuo ordinatur, op. cit., *Praenotanda*, pp. 5-6; cf. A. Borras, Appartenance à l'Eglise, communion ecclésiale et excommunication, NRT, 110 (1988) 817-818, qui souligne, par exemple, l'inexistence dans le nouveau Code, de la définition de l'excommunication, et ajoute que "*cette omission obéit à une consigne générale qui a dominé les travaux de révision du livre V du Code de 1917*".

214 - "*Praeterea aperta manet quaestio an tradi debeat in schemate definitio delicti, quod si fiet in luce certo ponetur exterioritas delicti*", Comm. 8 (1976), p. 175.

215 - Pontificia Commissio CIC Recognoscendo, Relatio complectens synthesim animadversionum..., *Liber VI: De Sanctionibus in Ecclesia*, Comm. 19 (1984), p. 38. Mais, même si cette option de la Commission fut en général assez bien appliquée par le *Liber VI*, par ailleurs on est de fait frappé par les nombreuses définitions concernant d'autres matières du CIC. En général, le CCEO a mieux respecté le principe, comme l'indique O. Bucci, commentant les travaux de la Commission de Révision de la CICO: "*Bene ha fatto la Commissione per la Revisione del CICO ad evitare qui, come in altri casi, l'uso di definizioni, che nuoccino ad una codificazione di diritto canonico perché fissano nel tempo posizioni dottrinarie spesso sorte fuori dalla tradizione della Chiesa*", O, Bucci, Il Codice di Diritto Canonico Orientale nella Storia della Chiesa, Apollinaris, 55 (1982), p. 435.

"Non est legis dare definitiones. Sufficit ut perspicue indicentur effectus, quibus indicatis, facile est doctoribus definitionem conficere"[216].

Mais, il existe d'autres fameuses sentences du Droit Romain, qui font plutôt ressortir les fonctions positives de la définition, exaltant de la sorte le bien fondé de celle-ci[217]. La définition joue son vrai rôle lorsqu'elle demeure dans les limites des prérogatives qui lui sont propres: capacité d'exposition brève de la *res* ("*breviter enarrat*", "*brevis narratio*")[218].

La définition, lorsqu'elle n'emprunte pas des allures de commentaire, et surtout lorsqu'elle est brève et concise, ne peut qu'apporter un supplément de considération à un texte législatif. Nous sommes convaincus que ce fut là l'un des mérites du CIC de 1917 qui, plus que jamais demeure le premier document de référence des pénalistes, devant le caractère un peu trop abrégé de certains canons du Code pénal de 1983. Loin de nous, cependant, la prétention de minimiser les arguments fournis par la Commission, et qui ont leur importance si on prend la peine de les replacer dans le véritable contexte psychologique créé par le Concile Vatican II, se traduisant par une certaine 'hantise' de la réduction quantitative du Livre *De Delictis et Poenis*[219]. Cela s'est légitimement traduit par

216 - Ibid, p. 42.

217 - "*Regula (definitio) est, quae rem, quae est, breviter enarrat: non ut ex regula ius sumatur, sed ex iure quod est, regula fiat*", Paulus, Lib. 16, ad Plaut."; "*Per regulam (definitio), igitur, brevis rerum narratio traditur*", id., Lib 1, *de R. J.*". Noter que dans ces sentences de Paulus comme dans celle de Iavolenus, les termes *definitio* et *regula* sont assimilés.

218 - Comme au can. 2200, par. 1, CIC 1917: "*Dolus heic est deliberata voluntas violandi legem,...* "; et -même si c'est moins net- au can. 2199: "*... culpa in ignorantia legis violatae aut* E. Mc Donough déplore ainsi le manque notable de définitions dans le Code pénal: "*For the most part the intent of the study group was brought to fruition, and there is a notable lack of definitions found in cann. 1311-1399 when compared to parallel former legislation. However, can. 1321 of the revised Code does contain at liest an indirect definition of a delict, as well as carefully worded descriptions of 'dolus' and of 'culpa', while not actually defining any of the three terms*", A Gloss of Canon 1321, op. cit., p. 382.

219 - Les exemples ne manquent pas dans la phase anté-préparatoire du Concile. Nous signalons quelques-uns des souhaits des Evêques à ce propos, en 1959: Acta et Documenta Concilio Oecumenico Vaticano II apparando. Series I (Ante-praeparatoria), vol.II, pars I, p. 34: "*Ius Poenale: quia in praxi iam fere totum ius poenale desuetudine quasi deperiit, funditus simplificetur ac ipsa simplicitate roboretur*" (Exc.mi G.I. GRAY, Archiepisc. St.Andrea et Edimburgensis); p. 62: "*Quoad disciplinam cleri et populi christiani: . Ius Poenale in simpliciorem formam redigatur et abbreviatur*" (Exc.mi I. KOESTNER, Episc. Gurcensis); vol. II, pars II, p. 260: "*Videtur item optanda revisio quaedam et simplificatio iuris poenalis Ecclesiae, prout in Libro V CIC continetur*" (Exc.mi I.P. ZARRANZ Y PUEYO, Episc. Placentinus); p. 747: "*Ouae Codicem I. C. tanaunt, a iuris peritis et professoribus iuris canonici postulantur et*

la réduction des canons de la *Pars II: De Poenis in Singula Delicta*. Quant à la *Pars I: De Delictis et Poenis in Genere* -qui renferme le can. 1321-, vu son caractère technique et générique, elle réclamait davantage de précision, pensons-nous, et de soin dans la forme de ses canons.

Dans l'Article II, nous considérerons un concept fondamental de notre analyse herméneutique: celui de la violation externe de la loi ou du précepte ecclésiastique.

ARTICLE II: LA VIOLATION EXTERNE DE LA LOI OU DU PRECEPTE ECCLESIASTIQUE

La relevance juridique d'une quelconque violation de la loi ou du précepte dépend du caractère externe de cette violation. Nous allons développer cette conviction par la présente analyse en trois points: d'abord, la Norme Obligatoire de Droit Divin ou Ecclésiastique; ensuite, la Violation de la Loi ou du Précepte; enfin, la Violation Externe elle-même.

A)- NORME OBLIGATOIRE DE DROIT DIVIN OU ECCLESIASTIQUE:

Pour parler de violation, et selon l'affirmation de G. Michiels, il est avant tout requis que l'acte posé par le délinquant lèse une norme obligatoire de droit ecclésiastique, c'est-à-dire une norme par laquelle l'autorité légitime commande de poser ou d'omettre un acte déterminé; de sorte que le sujet qui pose ou omet un acte non prohibé ou prescrit, use de son propre droit, et n'est pas tenu d'en répondre devant l'autorité ecclésiastique[220].

---

suggeruntur. Sic v.gr., ut ius poenale Ecclesiae simplificetur,..." (Exc.mi C. VOJTILA, Episc. tit. Ombitani, Auxiliaris Cracoviensis); vol. II, pars IV, p. 419: "*Quia hic liber a multis difficilis est ad interpretandum intelligendumque, simplificatio et clarificatio libri quinti Codicis Iur. Can. in rebus quae de delictis et poenis tractant utilitatem magnam haberent*" (Exc.mi L.T. LANE, Episc. Rockfordiensis).

220 - Cf. G. Michiels, : "*Requiritur imprimis 'ut actus' a delinquente positus 'obligatoriam iuris ecclesiastici obiectivi normam laedat', normam scilicet, qua ab auctoritate legitima iubetur ut ponatur vel omittatur actus determinatus; et sane Ecclesiae subditus, qui ponit vel omittit actum ab auctoritate legitima nullatenus prohibitum vel praescriptum, iure suo utitur ideoque de eo coram auctoritate ecclesiastica respondere non tenetur*", De Delictis et Poenis. Commentarius Libri V Codicis Iuris Canonici, vol. I, *De delictis*, 2. ed., Declée et Socii, Parisiis - Tornaci - Romae - Neo Eboraci 1961, p. 66.

D'après le même auteur, il est suffisant de soi ou par la nature des choses (*ex se seu ex natura rei*) que l'acte posé par le délinquant lèse quelque norme juridique, qu'elle soit divine ou ecclésiastique, pour qu'il y ait violation; pourvu seulement que l'acte soit contraire à l'ordre social de l'Eglise, et dans ce cas il équivaudrait à un acte anti-juridique. De soi donc, tant la violation de la norme positive de droit divin naturel ou positif, que celle de la norme positive directement constituée par l'autorité ecclésiale propre, et celle de la norme positive civile ou coutumière approuvée par l'Eglise, sont imputables[221].

B)- VIOLATION DE LA LOI OU DU PRECEPTE:

Il ne serait pas inutile de rappeler la *potestas coercitiva* ou *potestas punitiva* de l'Eglise sur tous ses membres, et qui suppose que la loi ou le précepte émanant de l'autorité légitime soit munie d'une sanction pénale au moins indéterminée"[222]. Signalons seulement que l'Eglise n'utilise jamais le pouvoir coercitif, si ce n'est contre un acte anti-juridique socialement

nuisible, qui soit contraire aux normes pénales positives directement constituées par elle.

La violation, dans ce cas, est soit une *violatio legis* soit une *violatio praecepti*. La première concernerait une norme juridique directement constituée par l'autorité légitime à travers un acte personnel, et promulguée[223]. La seconde concernerait une norme appliquée

221 - Cf. id., *Normae Generales*, I, p. 207-208; id., *De Delictis et Poenis*, vol. 1, *De Delictis*, op. cit., p. 66; E.F. Regatillo: "*Etiam violatio legis divinae, naturalis vel positivae, potest esse delictum. Sicut in societate civili declaratur delictum et punitur violatio huius legis, ut homicidium; a fortiori id agit Ecclesia, statuendo leges poenales pro violatione divinae legis. Tunc vere violatur lex ecclesiastica, quae firmat divinam; et huius violatio constituit delictum ecclesiasticum; quod quatenus offendit legem divinam est 'peccatum'; quatenus ecclesiasticam, 'delictum', quod est institutum mere ecclesiasticum. Qua peccatum, subiicitur foro interno; qua delictum, externo*", Institutiones Iuris canonici, vol. 2, *De rebus, De Processibus, De Delictis et Poenis*, 4. ed., Sal Terrae, Santander 1951, n. 775.

222 - F. Nigro, *De Sanctionibus in Ecclesia*, in Commento al Codice di Diritto Canonico, P.V. Pinto (a cura di), P.U.U, Studia Urbaniana 21, Roma 1985, p. 758: "*Non ogni azione esterna che viola una legge o un precetto produce una lesione dei diritti dei singoli e della società; per cui solo quella per la cui violazione, la legge o il precetto prevedono una sanzione, o come si esprimeva il CIC 17, aggiungono una sanzione, almeno indeterminata (can. 2195), è delitto*"; cf. 1er paragraphe de la Sixième Synthèse (Chapitre Premier). Par ailleurs, nous n'avons l'intention de nous étendre ni sur l'origine ni sur l'évolution du pouvoir coercitif ou punitif de l'Eglise; ce qui ressortirait plus directement de la Théorie Générale du Droit canonique.

223 - *Lex* ou *lex ecclesiatica* s'oppose, par exemple à la norme coutumière introduite par les pratiques de la communauté ecclesiastique avec un certain consentement du législateur. Cf. Section B, Article II de notre Premier Chapitre: la Dissertation de S. Molaku, La Signification du Pouvoir Coercitif dans l'Eglise, en ce qui concerne les compétences de la loi pénale, et

dans un cas singulier, en tenant compte des limitations imposées par le Droit: à savoir que le précepte pénal ne peut en aucun cas adjoindre une peine *latae sententiae*, ni une peine expiatoire perpétuelle, ni établir la démission de l'état clérical[224]. En outre,

si le décret permet de mieux connaître le précepte pénal, en raison de la similitude de leur source et de leur moyen d'expression, il n'empêche qu'il faut bien les distinguer quant à leurs finalités[225].

---

l'autorité législative compétente. Cela résulte explicitement du can. 2195, par. 1, où le délit est défini comme *violatio legis*, mais aussi de nombreux autres canons du CIC 1917 (cann. 2196, 2199, 2200, 2222, 2223, 2226), et de leurs suppléants dans le Code de 1983 (cann. 1321, par. 1 et 2; 1315 , 1324; 1326; 1343-1345; 1345-1349. F. Nigro commentant le can. 1315, reconnaît en la loi la source constitutive la plus importante et la plus ordinaire de la peine, ne pouvant être émanée que par un sujet jouissant du pouvoir législatif, dans les limites de sa compétence territoriale ou personnelle. Sur le par. 3 du même can., il souligne la faculté notable reconnue au législateur particulier, qui peut ajouter d'autres peines à celles établies par la loi universelle, mais seulement en cas de très grave nécessité, c'est-à-dire lorsqu'il ne peut assurer le bien spirituel de la communauté particulière sans ajouter d'autres peines à celles déjà établies par la loi universelle. Il termine en affirmant que "*si tratta di applicare il principio di sussidiarietà che consente di calare la legge universale nelle situazioni particolari, coniugando l'universale astratto con il particolare concreto. Meglio si comprende l'altro caso di intervento in cui, la pena indeterminata della legge universale, viene determinata e quella facoltativa viene resa precettiva*", F. Nigro, *De Sanctionibus in Ecclesia*, in Commento al Codice di Diritto Canonico, P.V. Pinto (a cura di), op. cit., 754-755.

224 - Cf. CIC 1983, cann. 1317, 1318 et 1319. Il faut avouer que ces différents aspects ne ressortent pas aussi clairement dans notre investigation de la Dissertation de S. Molaku. En nous reportant aux travaux de la Commission de révision du Code pénal, l'on se rend compte d'une réticence justifiée par rapport au précepte pénal, qui sous des termes voilés, était considéré comme un risque d'atteinte aux droits de la personne: C'est pourquoi, un compte rendu disait ceci: "*Clarius autem statutum est: a) qui praeceptum ferre possit; b) quae poenae per praeceptum constitui non possit (excluduntur poenae expiatoriae perpetuae, neque comminatio potest indeterminate fieri; c) quae cautelae et sollemnitates servandae sint in ferendis et intimandis praeceptis; d) quaenam sit vis recursum adversus praeceptum*", Comm. 2 (1970), p. 103. F. Nigro considère que le précepte pénal n'est pas une nouveauté. Et il poursuit: "*Quanti godevano della potestà pubblica di giuridizione, potevano emanare dei precetti penali, salvo che la legge non stabilisse altrimenti, come era per il vicario generale che senza mandato speciale non poteva applicare le pene (can. 2220 §2). La nuova legge mi sembra che enunci lo stesso principio generale, cioè che quanti possono imporre dei precetti in forza del potere di governo, di cui godono in foro esterno, possono costituire delle pene mediante precetto, eccetto le espiatorie perpetue*", F. Nigro, *De Sanctionibus in Ecclesia*, in Commento al Codice di Diritto Canonico, P.V. Pinto (a cura di), P.U.U., Studia Urbaniana 21, Roma 1985, p. 756.

225 - Cf. Comm. 2 (1970), p. 102: "*Normae magis completae proponuntur (cann. 10-12) de praecepto quod poenam comminatur, quod 'praeceptum poenale' vocatur, cum diversa omnino locutio ('decretum') -ne confusio, quae est interdum in CIC, adhuc permaneat- adhibeatur in cann. 53-56 ad designandum actum, quo poenae extra iudicium irrogantur vel declarantur*"; V. De Paolis revient sur la question, en affirmant et en confirmant que: "*Clara ponitur 'distinctio inter decretum et praeceptum poenale*'", et en citant *in extenso* la phrase ci-haut, cf. De Recognoscendo Iure Poenali Canonico, PerRmcl, 63 (1974), p. 58; Pour F. Nigro, étant donné que rien n'est dit au can. 1319, à propos de ceux qui jouissent du pouvoir d'émaner les

Enfin, sur l'importance de ce concept de violation de la loi ou du précepte pénal pour l'ensemble de notre Thèse, voici ce que nous écrivions dans la Sixième Synthèse de notre investigation (au Premier Chapitre): "*Le canon 1321 de notre propre Thèse mentionne explicitement (par. 1 et 2) et implicitement (par. 3) la violation de la loi pénale et du précepte pénal. Sur ces notions de loi et de précepte pénaux reposera, de fait, tout notre travail; car de leur violation naît la discussion sur l'Imputabilité, et le mode de violaton détermine l'effectivité ou non de l'Imputabilité*"[226].

Mais il ne suffit pas de parler de *violatio* tout court. Dans un souci de précision, et d'adéquation au caractère visible et social de l'Eglise, La Commission de révision avait cru bon, malgré une certaine réticence du Groupe d'Etude *De Delictis et Poenis* de maintenir le qualificatif *externa* au canon 1321, pour qualifier la violation objective de la loi ou du précepte.

C)- VIOLATION EXTERNE

I- Le Préalable de la Socialité de l'Eglise:

L'Eglise a été instituée par le Christ comme une société visible, externe, juridiquement parfaite et absolument nécessaire, ayant une fin surnaturelle et spirituelle. De par cette même nature générique de société parfaite, l'Eglise s'intéresse

---

préceptes pénaux, il faudrait alors chercher à d'autres endroits du Code, notamment le can. 35 qui établit le principe général selon lequel ne peut accomplir un acte administratif singulier que celui qui jouit du pouvoir exécutif. "*Ora*, (conclut F. Nigro), *il precetto, che è una forma di decreto (cf. cann. 48-49), può essere dato dalla competente autorità esecutiva*", ou les 'Ordinaires' du can. 134. Le même auteur émet cependant des doutes en ce qui concerne les Vicaires généraux et épiscopaux, à l'égard desquels il aurait souhaité que soit maintenue l'ancienne discipline, qui réservait aux seuls Evêques la compétence en matière pénale: "*Se ci riferiamo al CIC 17, allora il can. 2220 §2 per l'applicazione delle pene richiedeva per il vicario generale un mandato speciale da parte del Vescovo; a lui perciò non veniva riconosciuto il potere di poter dare dei precetti penali... Resto dubbioso e credo che non si dovrebbe abbandonare la disciplina del CIC 17 riservando solo al Vescovo la competenza, in una materia così delicata, come è quella penale... Se è rimasto fermo il principio che il Vescovo deve nominare un vicario giudiziale distinto dal vicario generale, si deve dedurre che non si voglia mutare la disciplina precedente. L'estenzione dell'ambito del potere coattivo al vicario generale ed ai vicari episcopali non sembra opportuno, e dovrebbe conservarsi l'interpretazione restrittiva della disciplina precedente (c. 6 §2)*", F. Nigro, *De Sanctionibus in Ecclesia*, in Commento al Codice di Diritto Canonico, P.V. Pinto (a cura di), op. cit., 756-757.

226 - Chapitre Premier, Section B, Article II, La Signification du Pouvoir Coercitif dans l'Eglise (S.Molaku), à la lettre B.

directement et immédiatement, non seulement à la sanctification des individus, mais également au bien spirituel public et externe, commun à ses membres[227]. Pour atteindre cette fin, elle dispose d'un pouvoir 'social' de gouvernement, directement ordonné au bien public de la société ecclésiale, et communément appelé juridiction au for externe. Par la force de cette juridiction, l'Eglise accompagne et gouverne les fidèles, membres de cette même société externe, par des moyens 'sociaux' publics, notamment en établissant des lois pour assurer et garantir l'ordre et l'harmonie de la société ecclésiale[228]. La violation externe de ces lois résolument sociales constitue un délit, qui est objet de sanction ecclésiastique.

Ceci dit, nous allons tenter une analyse plus concrète des éléments qui composent la *violatio externa*.

---

227 - Le concile Vatican II, partant du récit biblique des origines de l'homme, rappelle que la dimension sociale est essentielle à la nature de celui-ci: *GAUDIUM ET SPES* 12: "*At deus non creavit hominem solum; nam inde a primordiis "masculun et feminam creavit eos" (Gn. 1, 27), quorum consociatio primam formam efficit communionis personarum. Homo etenim ex intima sua natura ens sociale est, atque sine relationibus cum aliis nec vivere nec suas dotes expandere potest*"; cf. id., nn. 24 et 25. Cela peut nous aider à mieux comprendre le Droit, et ses implications sur ce n. I; P. Lombardia, reprenant J. Hervada, désigne l'Eglise comme 'peuple', 'communauté', et 'société'; trois notions qui ne sont pas discordantes et séparables, car ils expriment dans leur ensemble que l'Eglise est "*un popolo d'indole soprannaturale, avente una congenita dimensione comunitaria, che si organizza in società*". Il explique ainsi la troisième notion: "*...La nozione di società mette in evidenza che la Chiesa è una entità strutturata in maniera unitaria e organica; è 'un ente sociale unitariamente organizzato*", Lezoni di Diritto Canonico. Introduzione, Giuffrè ed., Roma 1985, 5-6; G. Ghirlanda désigne l'Eglise comme 'communion', 'communauté', et 'société', et met en rapport les trois notions: "*La Chiesa deve essere considerata una vera* ***comunità*** *umana,... E' sulla base di tale comunità che la Chiesa si organizza come società dandosi delle leggi, che, formando un tutto organico, generano un ordinamento giuridico primario e originario... La comunione, in quanto opera dello Spirito Santo, è la realtà più profonda della Chiesa, che assume in se la realtà umana sociologica-giuridica, senza svuotarla della sua propria natura, anzi portandone a compimento il contenuto, il fine e il significato immanenti*", Il Diritto nella Chiesa Mistero di Comunione. Compendio di Diritto Ecclesiale, P.U.G., Roma 1990, p.50; sur la même problématique, cf. W. Bertrams, *De Constitutione Ecclesiae simul Charismatica et Institutionale*, in Quaestiones Fundamentales Iuris Canonici, Roma 1969, pp. 260 sq.; R. Sobansky, De Constitutione Ecclesiae et natura Iuris in mysterio divino intelligendis, Monitor Eccesiasticus, 100 (1975), pp. 400 sq.; D. Composta, La Chiesa Visibile. La realtà teologica del Diritto Ecclesiale, T.P.V., Roma 1985, pp. 142-156; sur la doctrine de l'Eglise en tant que *societas perfecta*, cf. Paulus VI, alloc. du 25 mai 1966, in Insegnamenti, 4 (1966) 786-787; alloc. à la S.R.R., 27 janvier 1969, AAS, 61 (1969) 175.

228 - Ibid., à l'introduction de l'Invetigation de cette Dissertation, nous écrivions que la loi et le précepte, en raison du fait qu'ils ont comme propriété commune d'exprimer un commandement, supposent un pouvoir (ou juridiction). Nous faisions ensuite remarquer "*l'identité de leur finalité: protéger et sauvegarder le bien commun (qui est également le bien des particuliers), dont la violation fait encourir une sanction canonique*".

II- Les Eléments Constitutifs de la Violation Externe:

1. La Perception par les Sens externes:

D'après G. Sole, une action est dite externe lorsqu'elle se manifeste à l'extérieur, de sorte qu'elle pourrait être perçue par les sens,
telle que, par exemple, la vue ou l'ouïe[229]. Il dit bien *percipi potuisset,* car l'action peut être externe mais occulte: cela veut dire qu'il se peut que l'action ait une expession extérieure telle qu'elle puisse être perçue et
connue; comme il se peut également que, par accident, elle ne soit connue par personne. Ainsi, la diffusion d'une hérésie, bien que totalement occulte, est frappée de peine[230].

G. Michiels abonde aussi dans ce sens, tout en conférant une certaine originalité à la *Violatio externa,* qu'il définit -en opposition à la violation interne conçue dans la seule volonté, sans s'accomplir extérieurement- comme une chose qui, étant d'abord conçue dans la volonté de l'acteur, est portée ensuite à exécution, à l'extérieur, par un acte sensible (faits ou paroles). En conséquence, pour que la violation de la loi soit dite externe et imputable, il n'est pas requis que l'acte soit public; mais il suffit qu'il soit exprimé de telle sorte qu'il puisse être perçu, même si de fait, n'étant perçu par personne, il

---

229 - "*Iamvero tunc actio dicitur externa, cum ita prodiit exterius, ut si quis adfuisset, oculis, auribus animadverti, percipi potuisset*", G. Sole, De Delictis et Poenis, Romae 1920, n. 4; cf. M. Pistocchi, Dei Delitti e delle Pene nel Foro Ecclesiastico, Il Monitore Ecclesiastico, 5 (1933), p. 212- 213.

230 - M.A. Coronata a tenté d'expliciter la relation entre les notions d'action externe, interne, et occulte, en affirmant la distinction entre l'acte interne et l'acte occulte qui, de quelque manière, adopte tout de même une manifestation externe. Et il ajoute: "*Qualibet externa manifestatio, etiam illa quae fiat nemine praesente, audiente aut vidente aut quovis modo percipiente, per se iam sufficit ad essentiam delicti ecclesiastici et poenae latae sententiae, hac manifestatione etiam penitus occulte facta, statim incurruntur*", Institutiones Iuris Canonici, t. 4, *De Delictis et Poenis*, 5. ed., Marietti, Taurini - Romae 1960, n. 1640; E.F. Regatillo, loc. cit., n. 775: "*Non est idem 'interna' atque 'occulta', quae etsi exterius prodeat tamen a nemine noscitur; unde dantur delicta occulta, sed non mere interna*"; cf. Hollweck, Die Kirchlichen Strafgesetze, Mainz 1899, par. 1, nota 3; cf. Noldin-Schoeneger, De Censuris, 1923, n. 19. Par ailleurs, il faut Bien faire ici la distinction entre for externe et for interne: G. Sole disait à ce propos que l''Eglise, en raison de son pouvoir judiciaire et coactif, "*non iudicat de internis. Peccata enim mere interna soli Deo punienda relinquuntur*"; cf. c.2, D.32 (*Decretum Gratiani*); cf. aussi can. 14 *Cogitationis*, D. 1, De Poenitentia: "*Cogitationis poenam nemo patitur*"; cf. Latini, op. cit., pp. 67-68: "*Cum nulla ex interno tantum delinquendi proposito socialis perturbatio sequi possit, non remanet nisi perturbatio ordinis moralis puri seu peccatum, et quaevis humani interventus ratio exulat*"; cf. J. Chelodi, "*Delictum Ecclesia coercet in 'foro externo', peccata divinae reservat ultioni vel in 'foro interno'remittit. Omnia autem peccata -etsi publica- auctoritate sociali punire neque possibilis neque prudens res esset*", Ius Poenale et ordo procedendi in iudiciis criminalibus, ed. quinta, recognita a Ciprotti, Vicenza 1943, p. 6; cf. M.A. Coronata: "*Ex eo quod peccatum remittatur, quod semper cum delicto coniungitur, non ideo cessat imputabilitas poenalis et ius ad impunitatem acquiritur; remissio enim peccati non dicit remissionem delicti*", op. cit., p. 9.

demeure occulte[231]. F. Nigro, avant d'aborder ce problème, trouve utile de rappeler le triple élément contitutif du délit lui-même:

objectif, subjectif, et légal, qui émerge des deux Codes (can. 2195, CIC 17; can. 1321, par. 1 et 2)[232]. Puis, il se base sur le deuxième élément (objectif) pour expliquer le fait de la violation externe:

"*L'elemento oggettivo comporta la violazione esterna della legge o del precetto, cioè il fatto fisico esterno che produce un danno alla società. Si richiede che tale atto sia esterno, cioè percepibile qualora vi siano altre persone presenti, in quanto gli atti interni, non sono perseguibili penalmente. Perciò ogni azione esterna è sempre percepibile, anche se non vi è presente qualcuno; ed in tal caso abbiamo la figura del delitto occulto*"[233].

---

231 - Cf. G. Michiels, De Delictis et Poenis, vol. 1, *De Delictis*, op. cit., pp. 70-71; cf. V. De Paolis, qui rappelle que le premier critère adopté pour la révision du Droit pénal, dans le Nouveau *Schema documenti quo disciplina sanctionum seu poenarum in Ecclesia Latina denuo ordinatur*, fut que "***totum ius poenale ad externum tantum forum limitatum est***"; et, il essaie d'écarter toute ambiguité dans l'interprétation de cette assertion: 1) en proposant non pas la limitation comme telle du Droit pénal au for externe, mais la limitation des effets du Droit pénal au for externe pour les peines les plus graves ("*limitatio effectuum pro gravioribus poenis*"); 2) en affirmant que la réconciliation avec Dieu est aussi réconciliation avec l'Eglise; 3) et que la peine est toujours une sanction de droit positif; par sa nature, en effet, la notion de peine est de droit positif à cause de sa relation avec la notion de délit. E.g., "*possunt dari prohibitiones quae eosdem effectus habent quae tamen non considerantur poenae sub aspectu iuridico. Prohibitio recipiendi Eucharistiam si quis in peccato lethali sit ante confessionem habet eosdem effectus ac excommunicatio. Tamen non potest considerari sanctio canonica poenalis... Ius non est positivismus, sed est positivum. Nemo est qui non videat quod ius poenale consideratur pars iuris, quae tantum historice proprium ambitum habuit et distinctionem ab aliis partibus iuris obtinuit*"; 4) il recommande enfin de tenir compte avant tout du droit Sacramentel "*Ad discernendam totam realitatem naturae peccati et Sacramenti in Ecclesia non debemus praeprimis consulere ius poenale, sed ius Sacramentale. Ius poenale proprium obiectum habet et proprium ambitum. Sed visio peccati et delicti, immo visio totius Ecclesiae non exauritur in iure poenali*", V. De Paolis, Totum Ius poenale ad externum tantum forum limitatum est, PerRmcl, 65 (1976) 313-314; cf. encore id., De legimitate poenarum latae sententiae in iure poenali canonico, PerRmcl, 62 (1973) 319-373; id., De recognoscendo Iure Poenali canonico, PerRmcl, 63 (1974) 37-67; id., Animadversiones ad schema documenti quo disciplina sanctionum seu poenarum in Ecclesia latina denuo ordinatur, PerRmcl, 63 (1974) 489- 507.

232 - F. Nigro, *De Sanctionibus in Ecclesia*, in Commento al Codice di Diritto Canonico, P.V. Pinto (a cura di), op. cit., p. 785: "*... il canone 1321, §1 indica l'elemento oggettivo, cioè la violazione esterna della legge o del precetto e quello soggetivo esigendo che esso sia gravamente imputabile, mentre nel §2 enuncia l'elemento legale quando afferma che si è tenuti alla pena stabilita mediante la legge o il precetto*".

233 - Ibid.; mais cela ne concerne pas les actes internes, comme par exemple l'hérésie non manifestée à quelqu'un. Cf. can. 1330: "*Delictum quod in declaratione consistat vel in alia voluntatis vel doctrinae vel scientiae manifestatione, tamquam non consummatum censendum est, si nemo eam declarationem vel manifestationem percipiat*".

2. La Violation Externe par Commissiom ou par Omission:

Enfin, cette violation externe peut être perpétrée de deux manières: par une action positive ou commission (*delicta commissionis*), ou par une action négative ou omission (*delicta omissionis*)[234]. La première consiste à violer une loi pénale prohibitive, créant de la sorte un certain effet illégitime[235]; tandis que la seconde consiste dans l'omission d'un acte prescrit par la loi[236]. Ici encore, G. Michels introduit trois autres distinctions concernant le délit d'omission:

1) *delicta omissionis simpliciter talia*: lorsque rien d'autre n'est requis pour leur Imputabilité, au delà de l'omission de l'acte prescrit par la loi;

2) *delicta omissionis cum contumacia positiva*: une simple omission de l'acte prescrit par la loi ne suffit pas à établir leur Imputabilité; mais il est requis qu'une récusation implicite et explicite de l'acte se joigne à l'omission, après l'intervention d'une monition préalable;

3) *delicta omissionis improprie dicta*: ou plutôt délit de commission perpétré par omission, en ce sens que la loi pénale qui interdit directement de poser un acte déterminé ordonné à un effet antijuridique, est violée par omission[237].

---

234 - Cf. E.F., Regatillo, loc. cit., n. 775: "*Violatio fit per actum positivum (commissionem) vel negativum (omissionem). nam ad tutelam societatis vetantur aliqui actus, imponuntur alii; lex prohibens, verbi gratia, duellum, violatur actu positivo; praecipiens, v. g., communionem, negativo*".

235 - L'expression est de F. Roberti, De Delictis et Poenis, vol. I,1, *De Delictis in Genere*, 2. ed., Romae 1938, n. 46: "*Crimen commissionis producit certum effectum illegitimum, e. g. diffamatio.*

236 - Mais, le délit d'omission, dans plusieurs cas, peut résulter aussi grave encore que le délit de commission,: "*Qui non facit quod facere debet, videtur facere adversus ea quae non facit*", D. 50. 17. 121; cf. aussi Joannes Andreae: "*Qui non facit, quod debet, videtur facere, quod non debet*", Novella in Sextum, in c. 13, in VI, I, 6, n. 2; cf. S. Thomas, Summa Theologica, IIa-IIae, q. 79, a. 3; sur les deux concepts, cf. Cathrein, Die Grundbegriffe des Strafrechts, p. 101 ss., et G.W. Pickel, Die Strafbaren Unterlassungen des geltenden katholischen Kirchenrechts, Koblenz 1932, p. 16 ss., et E. Eichmann, Das Strafrecht des Codex Iuris Canonici, Paderborn 1920, p. 27; cf. I. Latini, Iuris Criminalis Philosofici Summa Lineamenta, Marietti, Taurini - Romae 1924, pp. 74-75.

237 - Par exemple, le suicide provoqué non pas par un acte positif, qui est directement prohibé par la loi, mais par le refus des aliments nécessaires à la vie. Cf. G. Michiels, De Delictis et Poenis, vol. 1, *De delictis*, op. cit., pp. 71-72.

3. La Violation Externe en tant que '*corpus delicti*':

La violation externe de la loi constitue, selon une formule très antique, le *corpus delicti*, ou *obiectum delicti*[238]. Ce corps ou objet du délit se divise en *obiectum delicti materiale* et *obiectum delicti formale*. D'après G. Michiels, l'*obiectum delicti materiale* est constitué par un bien déterminé ou un intérêt juridique -soit personnel (comme la vie, l'honneur, ...), soit réel (comme les biens matériels)- propre à un sujet passif déterminé qui se trouve injustement atteint ou lésé par l'activité criminelle externe d'un agent. L'*obiectum delicti formale*, par contre, est le même tort ou dommage, en tant que conséquence d'une atteinte externe à un bien juridique déterminé, en défaveur du sujet passif du délit[239].

Dans l'une et l'autre forme de délit, le sujet passif subit toujours un double dommage de la part de l'agent: un *damnum immediatum*, consistant en une atteinte du droit ou de l'intérêt individuel, contre un autre sujet passif déterminé, et où l'agent s'approprie une stricte compétence[240]; et un *damnum immediatum sociale*, qui est toujours de nature publique, et qui dérive de n'importe quel délit, même de celui qui touche directement les droits d'une quelconque personne privée, par le fait de la non observance de la loi pénale constituée pour la défense de tous les membres de la société. En effet -comme le résume si bien F. Roberti- tout crime trouble l'ordre de la société, diminue la sécurité publique, pousse les mauvais à la délinquance, et remplit de terreur les bons[241].

Après cette étude du principe de l'extériorité de la violation de la loi ou du précepte pénal, nous analyserons dans le prochain Article les principes de la violation *ex dolo* et *ex culpa*, qui ne sont autre que les fondements de l'Imputabilité elle-même.

---

238 - A propos de ce n. 3, cf. M. Lega, De Delictis et Poenis, Romae 1910, n. 29-33; Hohenlohe, Beitrage zum Einflusse des kanon. Rechts auf Strafrecht, p. 15 ss.; I. Latini, op. cit., pp. 71-72; F. Roberti, vol. I,1, op. cit., nn. 151-156; G. Stocchiero, Diritto penale della Chiesa e dello Stato Italiano, Vicenza 1932, nn. 117-118, 196-198, 287-289; M. Pistocchi, op. cit., p. 212; et enfin G. Michiels, op. cit., pp. 73-74.

239 - Cf. G. Michiels, De Delictis et Poenis, vol. 1, *De Delictis*, op. cit., p. 73.

240 - Cf. F. Roberti: "*Damnum immediatum dicitur malum quod certum subiectum iuris patitur ex legis poenalis violatione. Unumquodque enim crimen directe et immediate laedit aliquod ius e. g. vitam, honorem, proprietatem alicuius. Reliqui qui non sunt subiecta iuris laesi, nullum damnum patiuntur*", op. cit., n. 153.

241 - "*Quodlibet crimen exturbat ordinem societatis, minuit publicam securitatem, excitat malos ad delinquendum, bonos formidine replet*". "*Opportet igitur* (continue-t-il) *ut ordo violatus restauretur, publica securitas confirmetur, mali intelligant ordinem non posse impune violari, boni augeantur securitate*". F. Roberti, op. cit., n. 155.

ARTICLE III: LA VIOLATION *EX DOLO* ET *EX CULPA*

Ce titre indique déjà la division en deux parties de la réflexion qui va suivre: c'est-à dire, d'abord la violation *ex dolo* ou délibérée de la loi ou du précepte; ensuite la violation *ex culpa* ou omission de la diligence requise au moment de la violation de la loi ou du précepte[242].

A)- VIOLATION *EX DOLO* OU DELIBEREE

La violation *ex dolo* de la loi ou du précepte est une violation parfaite, en ce qu'elle inclut la connaissance et la volonté; et son auteur est soumis *ipso iure* à la peine canonique. Nous étudierons ici, en premier lieu la nature et les éléments constitutifs du *dolus*, et en deuxième lieu la typologie du *dolus*.

I- La Nature du *Dolus*

1. Définition:

Le canon 1321 ne définit pas directement le dol. Toutefois, à travers la phrase "*... qui legem vel praeceptum deliberate violavit*" (par. 2), on est en droit de déduire que d'après notre canon le dol consiste dans la violation délibérée de la loi ou du précepte[243]. Il faut se reporter au can. 13, par. 2 du *Schema Generale De Delictis et Poenis* (qui lui-même renvoie au can. 2200, par. 1 du Code pio-bénédictin), pour une définition extensive, déterminant la nature et les éléments constitutifs du dol. Nous avons ainsi:

---

242 - Les Codes pénaux civils prévoient généralement à côté du dol et de la faute, la 'préterintention', comme dans l'art. 43 du Code pénal Italien: "*Il delitto è preterintenzionale, o oltre l'intenzione, quando dall'azione od omissione deriva un evento dannoso o pericoloso più grave di quello voluto dall'agente*", cité par G. Bettiol,- L.P. Mantovani, Diritto Penale. Parte Generale, CEDAM, 12. ed., Padova 1986, p. 541.

243 - F. Nigro ne manque pas de le souligner tout au début de son commentaire du can. 1321: "*Anche se non sono state conservate le definizioni del delitto e del dolo, di cui ai cann. 2195 e 2200 del CIC 17, però gli elementi essenziali implicitamente emergono da questo canone*", *De Sanctionibus in Ecclesia*, in Commento al Codice di Diritto Canonico, P.V. Pinto (a cura di), op. cit., p. 758.

"*Dolus heic est deliberata voluntas violandi legem, eique opponitur ex parte intellectus defectus cognitionis et ex parte voluntatis defectus libertatis*".

Le vocable *heic* restreint le dol dans la sphère du droit criminel, c'est-à-dire le dol en tant qu'il se réfère aux délits[244]. Le dol est défini comme la volonté délibérée de violer la loi; volonté à laquelle s'oppose le défaut de cognition (de la part de l'intellect), et le défaut de liberté (de la part de la volonté). Positivement donc, la volonté délibérée de violer la loi recquiert la connaissance et la liberté. S'il est vrai que les vocables, introduits au can. 2229, par. 2, du CIC de 1917, pour signifier la figure singulière du dol (ou *plenum dolum*)[245], appartenaient aux Schémas d'avant 1913 du can. 2200, par. 2, on comprend alors que leur abandon ait pu signifier une volonté de la part du Législateur de modérer la rigidité de la définition antérieure antérieure du dol, quant à son Imputabilité, et aux circonstances plus ou moins aptes à modifier celle-ci.

2. Composition

a. '*voluntas*':

Le dol consiste essentiellement dans un acte de volonté de l'agent. Pour F.X. Wernz, -P. Vidal et G. Michiels la *conscientia criminis seu oppositionis ad legem* ne suffit pas à cela.

---

244 - Contrairement au dol en référence aux négoces juridiques, cf. G. Michiels, Principia Generalia de Personis in Ecclesia, p. 659-670; G. Fransen, le dol dans la conclusion des actes juridiques; aux can. 103, par. 2, CIC 1917, et can. 125, par. 2, CIC 1983, l'acte juridique posé par dol est valide, mais peut être rescindé; mais, par volonté positive du législateur (can. 1098, CIC 1983), le dol dans le consentement matrimonial invalide le Mariage; tout cela a pour origine le *dolus malus* du Droit Romain: "*Omnis calliditas, fallacia, machinatio, ad circumveniendum, fallendum, decipiendum alterum*" (D. 4, 3, 1, 2); cf. enfin J. Chelodi, Ius Poenale et Ordo Procedendi in Iudiciis Criminalibus, Vicenza 1943, qui pose bien la nette distinction entre le dol comme fondement de l'Imputabilité criminelle, et le dol comme fondement de l'action et de l'exception pour les choses civiles: "*Alius est ergo dolus qui constituit fundamentum imputabilitatis criminalis, alius qui re civili fundat actionem et exceptionem*", n. 4.

245 - '*praesumpserit*', '*ausus fuerit*', '*scienter*', '*studiose*', '*temerarie*', '*consulto egerit*', et d'autres semblables...

Il est vrai qu'elle est la condition intrinsèque prérequise pour qu'il y ait une intention positive; mais de soi elle n'est pas seule constitutive du dol[246].

b. '*deliberata*':

C'est-à-dire une volonté libre, éclairée par le jugement de l'intellect: une volonté qui recquiert donc le concours de l'intelligence[247] et de la liberté. Cela est contraire à la théorie de l'école positiviste qui, selon F. Roberti, par le fait même de sa négation du libre arbitre, n'arrive pas à concevoir le dol dans le sens à peine indiqué, contrairement à l'avis unanime des Docteurs, qui souvent en parlent corrélativement à l'intention, à la volonté, et à la délibération criminelle. Selon l'opinion positiviste, en effet, le délit procède de la nature du délinquant, de sorte que tout acte externe délictueux s'explique par une réaction (action contraire) physio-psychique, provoquée par quelque excitation externe (par exemple la violence, le tort, ou l'offense), ou interne (une douleur physique, par exemple)[248].

c. '*violandi legem*':

---

246 - Cf. F.X. Wernz,-P. Vidal, Ius canonicum, t. 7, *Ius Poenale Ecclesiasticum*, romae 1951, p. 57; G. Michiels, *De Delictis*, p. 103; cf. aussi F. Roberti, qui souligne l'origine de Droit Romain de la *voluntas*: "*Codex canonicus, firmiter adhaerens Iuri Romano, dolum non censet adesse nisi cum quis facinus praevisit et voluit: animus nocendi*", De Delictis et Poenis, 2 ed., vol. I,1, Libreria Pontificii Instituti Utriusque Iuris, 1938, p. 89.

247 - G. Bettiol, - L.P. Mantovani, Diritto Penale. Parte Generale, 12 ed., CEDAM, Padova 1988, p. 506, relèvent la différence qui subsiste, à ce propos, entre le système canonique basé sur la conception antique présupposant la connaissance de la loi pénale, et le système pénal italien (art. 5 du Code Pénal) qui exclut que la connaissance de l'antijuridicité spécifique puisse être élément du dol, à moins que la loi ne le demande expressément, comme en témoigne Pisapia, Istituzioni, p. 79: "*La coscienza dell'illiceità del fatto entrerebbe nella nozione del dolo in quei casi nei quali la legge si richiama espressamente al requisito della 'antigiuridicità' con riferimento alla volontà del soggetto. Sono i casi che la dottrina raccoglie sotto la categoria della c.d. 'illiceità speciale': come quando, ad esempio, richiede che un determinato fatto sia commesso 'arbitrariamente', 'abusivamente', o 'illegittimamente'. In tutti tali casi si pensa che il legislatore abbia inteso, con tali avverbi, richiamare l'attenzione dell'interprete sulla necessità che il fatto sia contrario ad una determinata norma di legge e sia, pertanto, preveduto e voluto dall'agente come tale*".

248 - Cf. F. Roberti, op. cit., p. 89, note 2, qui continue ainsi: "*Gradus autem doli determinatur praesertim ex fine delinquentis, quia ex hoc dignoscitur periculum quod imminet societati*".

Cette terminologie porte en elle une certaine ambiguïté. Car, on pourrait la comprendre comme une certaine volonté de violer la loi pour elle-même, c'est-à-dire pour le seul plaisir de violer la loi; ce qui reviendrait à une profanation pure et simple de cette même loi, à la recherche sadique de son avilissement et de son anéantissement; chose capricieuse, selon Carrara, non raisonnable, et somme toute ecceptionnelle[249]. Il faut comprendre l'expression "violer la loi" simplement comme le fait d'agir *contra legem*, soit par un acte positif prohibé par la loi, soit en omettant de poser un acte que la loi commande. Ce qui explique cette attitude, ce n'est pas l'horreur ou le mépris pernicieux vis-à-vis de la loi, mais la recherche de ce que l'on croit un bien, et qui n'est autre qu'une satisfaction dolosive, parce qu'en contrapposition avec le bien poursuivi et proposé par la loi[250].

II- Les Elements Constitutifs du *Dolus*

Deux éléments sont requis pour l'existence du dol: la connaissance préalable et la liberté d'agir[251].

1. Connaissance Préalable:

Nous nous situons au niveau de l'intellect, dans lequel réside l'élément philosophique de connaissance intellectuelle, qui adopte dans la problématique du Droit en général et du Droit pénal en particulier une forme très concrète. Pour G. Michiels, la connaissance préalable constitutive du dol concerne tant la connaissance de la loi contre laquelle est posé l'acte, ou bien la connaissance de l'obligation légale (même si on ignore le

249 - "*Ciò che eccita la determinazione non è la violazione della lege. L'uomo delinque per procacciarsi tutt'altro bene: non per sterile piacere di violare la lege. Cotesto capriccioso intendimento, ove rara volta possa avverarsi, è irragionevole ed eccezionale*", Carrara, Opuscoli, I, p. 307.

250 - Cf. F X. Wernz,-P. Vidal, op. cit., p. 58: "*Quare cum agitur de probanda existentia doli, non fit investigatio circa propositum violandi legem, sed circa propositum ponendi actum vetitum, qui vetitus cognoscitur*".

251 - Cf. C. Berutti, Institutiones Iuris Canonici, vol. 4, *De delictis et Poenis*, Marietti, Taurini - Romae 1938, p. 14: "*Propria et perfecta 'voluntate deliberata' agit qui aliquid facit, vel omittit, cum plena cognitione et cum plena libertate*".

caractère pénal de cette loi), que la délibération actuelle sur le caractère antijuridique de l'acte externe posé et de la prévision des effets antijuridiques du même acte[252]. C. Berutti distingue deux niveaux de connaissance nécessaires à l'existence du dol: . lorsque l'agent connaît avec certitude l'existence de la loi pénale, qui commande ou interdit un acte déterminé, sous la menace d'une peine;

. lorsque l'agent sait, de manière certaine, qu'en posant ou en omettant un acte déterminé, il viole par le fait même la loi pénale[253].

2. Liberté d'agir:

Du côté de la volonté, l'existence du dol recquiert autant la liberté d'agir dans le cas concret dont il est question, que la volonté actuelle positive de poser un acte déterminé qu'on sait contraire à la loi. G. Michiels insistait plus haut sur la nécessité de la connaissance, de la part de l'intellect. cependant, bien qu'étant une condition intrinsèque à l'intention et requise pour l'existence du dol, cette connaissance n'est pas à elle seule constitutive du même dol: il faut également un acte de volonté, c'est-à-dire une intention positive provenant de la volonté

252 - Cf. G. Michiels, *De Delictis*, op. cit., pp. 110-111; à propos de la clause de la non nécessité de la connaissance du caractère pénal de la loi pour l'existence du dol, le même auteur tient à expliciter son idée: "*Ad dolum seu imputabilitatem delicti non requiri cognitionem poenae legi adnexae neque in genere indolis poenalis legis violatae, explicite statuitur in can. 2202, par. 2. Notetur tamen quod ignorantia solius poenae, etsi imputabilitatem delicti non tollat, iuxta eundem canonem eam aliquando minuit, et aliquando, ad normam can. 2229, par. 2 et 3, excusat a poenis latae sententiae*", ibid.; prenant ensuite à témoin I. Swoboda (Ignorance in relation to Imputability of Delicts, Washington 1941, p. 91) et A.E. Mc Coy (Force and Fear in relation to Delictual Imputability and Penal Responsability, Washington 1944, p. 62), G. Michiels récuse -un peu violemment à notre avis- l'accusation d'un certain Dougherty qui traita de fausse l'opinion défendue par lui. Le problème de la connaissance et de la liberté dans la commission de l'acte délictueux a été largement abordé par A. Colagiovanni (1ère Thèse étudiée, Chap. I, Sect. A, Art. I, A), 1), avec une forte inspiration patristique et scholastique (cf. les renvois à St. Augustin, à propos du libre arbitre -pas seulement liberté- ; et les renvois au Docteur angélique, à propos de la conscience -pas seulement connaissance- et de la volonté définie comme *intentio boni* et *intentio finis*. Et nous tirions cette synthèse, à l'issue de notre Investigation: "*L'acte d'un homme est toujours un fruit de sa personnalité fondée principalement sur la conscience, la liberté et la volonté. Lorsque ces trois éléments président à un acte de l'homme, l'acte posé devient un acte personnel, propre, parce que connu et librement voulu, qu'il soit bon ou mauvais; et les conséquences bonnes ou mauvaises, heureuses ou malheureuses qu'il engendre doivent être attribuées à son auteur*".

253 - C. Berutti, Institutiones Iuris Canonici, vol. 4, *De Delictis et Poenis*, op. cit., p. 14: a) "*Agens certo cognoscit exsistentiam legis poenalis, quae actum determinatum praecipit vel prohibet sub comminatione poenae*"; b) "*Agens certo cognoscit quod si actum determinatum ponit vel omittit, eiusmodi legem poenalem violat*".

délibérément et librement provoquée de l'agent, de poser un acte externe qu'il sait contraire à la loi[254]. Pour C. Berutti, cette liberté équivaut à l'absence de coaction, ou de nécessité physique ou morale[255]. Il est bien entendu qu'une action faite sans liberté ne pourrait être imputable; mais ce principe recquiert une haute conception de la liberté qui, d'après certains autres auteurs, va bien au-delà d'une vision quelque peu négative de celle-ci (consistant uniquement dans l'absence de coaction ou de nécessité tant physique que morale)[256].

Bien que la détermination de la nature et des éléments constitutifs du dol (tels que conçus par le Code pénal ecclésiastique et par les droits pénaux en général), soit -théoriquement parlant- nette et claire, il faut tout de même admettre la difficulté de préciser, dans les cas concrets, à quel moment se vérifie le dol, en raison de sa typologie multiple.

---

254 - Cf. G. Michiels, op. cit., p. 111; F. Roberti, op. cit., n. 64; Cathrein, Die Grundbegriffe des Strafrechts, p. 114-116.

255 - C. Berutti, Institutiones Iuris Canonici, vol. 4, *De Delictis et Poenis*, op. cit., p. 14: "*Agens libere, seu sine coactione vel necessitate physica aut morali, ponit vel omittit actum quo reapse violatur praefata lex poenalis*". Cet élément et les deux autres de la note précédente, suffisent pour qu'on puisse et doive dire qu'un sujet a agi par dol ou volonté délibérée de violer la loi. L'auteur illustre cela par un exemple simple: "*Hinc, v. gr. delinquit* '*ex dolo*' *Titius qui scit poenam excommunicationis latae sententiae Ordinario proprio reservatae incurri ab eo qui violentas manus in personam clericorum iniecerit, et ex ira, ad vindictam sumendam, Caium manibus ac pedibus graviter percutit, quem scit esse sacerdotem*", p. 15; cf. ex Iure Romano, in c. 47, D. L refertur homicidi poenam remitti ei qui probaverit '*non occidendi animo hominem a se esse percussum... Crimen enim contrahitur si et voluntas nocendi intercedat*'.

256 - Cf. F. Pippan, la Libertà del Volere, P.U.U. 8027, Roma 1986, se basant sur la théorie augustinienne du 'libre arbitre', appelle cela '*la libertà del volere*' (la liberté du vouloir): voix interne obligeant au respect de la loi pour ce qu'elle propose de juste et de nécessaire: "*Se la libertà esterna non è definita come una semplice assenza di limitazioni esterne ma, positivamente come l'insieme delle condizioni e dei mezzi esterni che permettono all'uomo di eseguire le decisioni della sua volontà,...*", p. 96; "*Le leggi possono essere considerate come un aiuto alla libertà interna, in quanto propongono valori che si devono rispettare, ed a quella esterna, nella misura in cui diffendono l'individuo dai soprusi dei più forti e cercano di imporre la forza della legge invece che la legge della forza*", p. 97; "*Le stesse leggi penali, oltre a dare efficacia alla difesa dei cittadini, aiutano la libertà interna perché, imponendo leggi più o meno severe. (...) Quanto alla legge penale, per non essere una minaccia alla libertà esterna ed, indirettamente a quella interna, bisogna che, oltre ad essere giusta, sia anche necessaria, altrimenti può impedire un'adesione più libera ai valori che si propone di diffendere*", p. 98; S. Augustinus, *Enchiridion ad Laurentium, sive de Fide, Spe et Charitate*, in Opera Omnia, t. 6, lib. I, cap. XXX, J.P. Migne (accurante), PL 40, Parisiis 1887, col. 246: "*Qualis, quaeso, potest servi addicti esse libertas, nisi quando eum peccare delectat? Liberaliter enim servit, qui sui domini voluntatem libenter facit. Ac per hoc ad peccandum liber est, qui peccati servus est. Unde ad iuste faciendum liber non erit, nisi a peccato liberatus esse iustitiae coeperit servus*"; G. Cocchi. Commentarium in Codicem Iuris Canonici. vol. 7. *Liber V: De Delictis et Poenis*. 4. ed..

III- La Typologie du *Dolus*

Nous abordons la typologie du dol sous le signe d'une triple division: 1) en raison de l'intention requise par la loi; 2) en raison de l'effet antijuridique causé par la violation du délinquant; 3) en raison du grade.

1. En raison de l'Intention

En raison de l'intention requise par la loi, le dol peut être 'générique' ou 'spécifique'.

a. *le dol générique* (*dolus genericus*):

Il se vérifie toutes les fois que le fait antijuridique en soi est imputé à l'agent, sans considération de l'intention de ce dernier ni de la finalité de son acte.

b. *le dol spécifique* (*dolus specificus*):

Le dol spécifique, par contre, se vérifie lorsqu'au-delà de la volonté génériquement antijuridique nécessaire à n'importe quel délit dolosif, il existe une intention, un motif, ou un but spécifiquement déterminé et expressément requis à cette fin par le législateur, pour qu'un délit soit considéré comme dolosif. Dans ces cas, le but ou motif de la commission du délit, plus qu'un élément subjectif, est plutôt un élément matériel constitutif du délit[257].

2. En raison de l'Effet Antijuridique

En raison de l'effet antijuridique causé par la violation du délinquant, le dol peut être 'déterminé' ou 'indéterminé'.

a. *le dol déterminé* (*dolus determinatus*):

Il se vérifie lorsque la volonté délibérée est orientée vers l'obtention d'un effet antijuridique déterminé, par soi connexe à la violation de la loi, alors que la loi pénale violée est précisément ordonnée à décourager cela[258].

---

257 - Cf. le résumé de G. Stocchiero, Diritto Penale della Chiesa e dello Stato Italiano, Vicenza 1932, p. 133: "*La volontà genericamente antigiuridica (voluntas violandi legem) costituisce il così detto 'dolo generico'. Ma quando la lege prende in considerazione anche l'intenzione, lo scopo e il movente del fatto (per esempio, la sottrazione di minorenne 'a fine' di libidine), allora il dolo si chiama 'specifico'*". Plus loin, le même auteur affirme la nécessité du dol spécifique pour encourir les peines *latae sententiae*, ibid. p. 134; cf. aussi G. Pellegrini, Ius Ecclesiae Poenale, p. 84, et G. Michiels, op. cit., p. 112.

258 - Par exemple, le fait d'incendier une maison pour la détruire, ou pour qu'une personne

b. ***le dol indéterminé*** **(*dolus indeterminatus*):**

Le dol indéterminé a lieu quand l'intention d'obtenir l'effet antijuridique est générique, autant pour tous les effets que pour l'un ou l'autre des effets possibles. "*Dolus indeterminatus determinatur eventu*" est, pour cela, le principe autour duquel F.X. Wernz et P. Vidal semblent résumer cette problématique du dol indéterminé[259].

Certains auteurs distinguent, par ailleurs, le 'dol direct' (*dolus directus*) et le 'dol indirect' (*dolus indirectus*):

. Le dol direct: intervient au moment où quelqu'un se rend compte de la relation de causalité qui existe entre son action ou son omission et l'effet qui en découle, et qu'il les accomplit. C'est donc un dol proprement dit (comme nous l'avons vu plus haut).

. Le dol indirect: a lieu quand la personne prévient l'événement, sans pour autant renoncer à l'acte, ou en persévérant dans l'omission[260].

---

malade soit ensevelie sous ses ruines. Cf. G. Michiels, op. cit., p. 112-113. Le même auteur divise encore le dol déterminé en *dolus simplex* et *dolus multiplex seu compositus*.

259 - Par exemple, qui entre dans une maison pour voler tout ce qui lui tombe sous la main ou bien des choses qui lui sont utiles, soit une ou plusieurs fois, agit avec dol indéterminé respectivement aux objets singuliers récoltés dans le vol. Cf. F.X. Wernz,-P. Vidal, op. cit., n. 41; il sera intéressant de noter la triple division du *dolus indeterminatus* opérée par G. Michiels, op. cit., p. 113: 1) "'*generalis' seu cumulativus, quando intentio agentis simul amplectitur omnes vel plures effectus anti-iuridicos in se indeterminatos cum violatione legis possibiliter coniunctos*", (e.g., lorsque quelqu'un frappe son ennemi, en prévoyant qu'il puisse s'en suivre indifféremment la mort, la mutilation, ou une lésion); 2) "'*alternativus', quando ex variis effectibus anti-iuridicis praevisis indifferenter intendit unum vel alium*", (e.g., lorsque quelqu'un donne des aliments avariés à son ennemi, pour que celui-ci en meure, ou au moins en tombe malade); 3) "'*eventualis', quando delinquens positive intendit effectum anti-iuridicum praeter intentionem forsan oriundum*", (e.g., lorsque quelqu'un, afin de gagner un procès, affirme par serment une circonstance, sans savoir si cette circonstance est vraie, tout en étant prêt à nier son serment s'il se rend compte que la circonstance est fausse).

260 - Parmi les Juristes chez qui nous trouvons cette distinction, signalons F. Roberti, op. cit., n. 65; G. Michiels, op. cit., p. 113; F.X. Wernz,-P. Vidal, op. cit., n. 41. Ceux-ci ajoutent qu'en Droit canonique le dol est toujours direct, et que le dol indirect n'est rien d'autre qu'une *culpa iuridica*, ou plus précisément une *species culpae*, en ce sens que: 1) ou l'agent prévoit un événement (un cas) nuisible d'action ou d'omission -et dans ce cas le dol est direct, à moins qu'il ne s'agisse d'une action produisant un double effet anodin et nocif; 2) ou bien il ne veut pas prévoir l'événement -et dans ce cas l'agent est en état de *culpa*, que certains appellent 'dol indirect' ou faute prochaine par dol; 3) ou enfin il ne prévoit pas l'événement nocif, alors qu'il aurait pu le faire -et dans cette dernière hypothèse, on a la faute strictement dite (*culpa stricte dicta*). Cf. en particulier ibid., F.X. Wernz,-P. Vidal; cf. aussi G. Bettiol,- L.P. Mantovani, Diritto Penale. Parte Generale, op. cit., p. 516.

3. En raison du Grade

En raison du grade, le dol peut être parfait ou imparfait.

a. *le dol parfait* (*dolus perfectus*):

Il consiste dans la volonté pleine et délibérée de violer la loi, sans autre diminution de l'Imputabilité, soit du côté de l'intelligence soit du côté de la volonté[261].

b. *le dol imparfait* (*dolus imperfectus*):

Le dol est imparfait par diminution de l'Imputabilité, soit du côté de l'intelligence soit du côté de la volonté. Dans une certaine mesure, il est moins pleinement délibéré, bien qu'il puisse, par aventure, être imputable en cas de faute grave[262].

L'étude du dol comme premier fondement de l'Imputabilité nous a conduits à examiner sa nature, sa constitution et ses différentes formes. Qu'en est-il maintenant de l'autre source de l'Imputabilité que représente la faute juridique (*culpa iuridica*)?

---

261 - Cf. M. De luca, Praelectiones Iuris Canonici, Romae 1898, qui décrit ainsi le dol parfait: "*Qui enim consilium in mente versat et corde ac librato sistit proposito vel agendi, quod lex vetat, vel non agendi quod imperat, frigidoque animo quod ipse voluit, exequi statuit, et modum exequendi molitur, et tempus et locum elegit, et statuit insidias et artes parat proditorias, is mehercle, quis dubitet? is perfecto flagrat dolo*", n. 5; cf. G. Bettiol,- L.P. Mantovani qui appellent cela '*dolo d'impeto*': lorsqu'entre la formation de la résolution délictueuse et son actuation il n'y a pas de *hiatus* temporel ou, tout au plus il subsiste une solution de continuité chronologique peu notable, Diritto Penale. Parte Generale, op. cit., p. 517.

262 - Cf. ibid.: "*Qui affectuum impetu concipit delinquendi propositum, in quo dolum consistere innuimus; noscit is quippe actionis suae naturam et circumstantias; noscitque a lege vetitum, quod agere ipse cupit et vult; agit tamen aut spe maioris boni captus, aut metu maioris mali: sed in eius proposito intellectum considero praecipiti affectus deprehensum, submotum, ac veluti repente deflexum erga obiectum... Dolum hinc coniunctum cum impetu affectum sumo, qui sane impetus dolo partem detrahit, tum impetus huiusce vi, tum externae motricis causae indoli coaequandam proindeque dolum in agente detergo imperfectum*"; Cf. G. Michiels, op. cit., p.114; G. Bettiol,- L.P. Mantovani appelent cela '*dolo di proposito*': lorsque subsiste une séparation notable de temps entre la formation de la proposition délictueuse et son actuation, sans que durant cet intervalle la proposition se soit de quelque manière affaiblie, Diritto Penale. Parte Generale, op. cit., p. 517. Le '*dolo d'impeto*' et le '*dolo di proposito*' sont les deux manifestations de la préméditation: cf. Delogu, Teoria dell'intensità del dolo, Annali, 1953, p. 849; Contieri, La Premeditazione, 2. ed., Napoli 1970; Malinverni, la Premeditazione come indice della capacità criminale, Rivista Italiana, 1954, p. 51 sq.; cf. la description par E.F. Regatillo de la préméditation: "*Praemeditatio continet: a) frigidum calculum, i.e. tranquillam excogitationem delicti, ponderationem commodorum et incommodorum, exquisitionem mediorum; b) perseverantiam pravae voluntatis in intervallo inter propositum et exsecutionem*", Institutiones Iuris Canonici, vol. 2, *De Rebus, De Processibus. De Delictis et Poenis*. 4. ed.. Sal Terrae. Santander 1951. n. 789

B)- VIOLATION *EX CULPA* OU OMISSION DE LA DILIGENCE REQUISE

La violation *ex culpa* de la loi ou du précepte est communément appelée *culpa iuridica* (faute juridique). Notre présente étude de la faute juridique comprendra quatre sous-thèmes: 1) la nature de la *culpa* ou faute juridique; 2) le double fondement de la faute juridique; 3) les conditions requises pour la faute juridique; 4) les différents grades de la faute juridique.

I- La Nature de la *Culpa* ou Faute Juridique:

Plusieurs Juristes classiques ont défini la *culpa iuridica* en ces termes: *voluntaria omissio debitae diligentiae in perpendendis effectibus propriae actionis*[263].

Bien longtemps auparavant, J. D'Annibale avait exprimé la teneur de la *culpa iuridica* dans cette fameuse sentence: "*Factum inconsultum quo alteri iniuste nocetur*"[264].

Prises séparément, ces deux sentences ne révèlent qu'un aspect différent -et donc partiel- de la faute juridique[265]. Mais mises ensemble, elles se complètent admirablement, en révélant une vision intégrale de la même faute juridique.

Plus admirable encore est le résumé de L. Ferraris, qui se situe dans la droite ligne de la réconciliation, ou mieux, de la combinaison des deux théories: "*Culpa iuridica est omissio diligentiae debitae, ex qua omissione sequitur aliquod damnum proximo*"[266]. Selon le même auteur, il faut toutefois se garder de confondre *culpa iuridica* et *culpa theologica seu moralis*; cette dernière étant une offense directe à Dieu, un péché

263 - Ainsi Carrara, Programma del Corso di Diritto Penale, par. 80; M. Lega, Praelectiones in Textum Iuris Canonici, III, *De Delictis et Poenis*, n. 45; F.X. Wernz, Ius Decretalium, t. 6, *Ius Poenale Ecclesiae Catholicae*, Prati 1913, n. 23; F. Roberti, op. cit., n. 67.

264 - Il est bon de rappeler ici la terminologie des textes du Droit antique contenus dans le Corpus Iuris Canonici, pour désigner la *culpa iuridica criminalis*: *culpa*, e.g. in c. 9, X, V, 36; *neglectus*, e.g. in c. 49, D. 50, et in c.7, X, V, 20; *incuria*, e.g. in c. 7, X, V, 38; et même *casus*, e.g. in c. 36, D. 50, in c.37, D. 50, et in c. 38, D. 50.

265 - D'un côté, il y a l'omission de la diligence due, et de l'autre la conséquence nuisible d'une telle omission à l'endroit d'autres personnes.

266 - L. Ferraris, Bibliotheca Canonica Iuridica Moralis Theologica necnon Ascetica Polemica Rubricistica Historica, 9 voll., Romae 1885-1889, art. *culpa*, vol. 2, p. 809.

mortel ou véniel[267]. Ces aspects qualificatifs de la faute rejoignent l'idée de la violation grave placée à un double niveau objectif et subjectif[268].

II- Le Double Fondement de la Faute Juridique

Dans le Code pio-bénédictin, la *culpa* réside dans l'*ignorantia legis violatae* ou dans l'*omissio debitae diligentiae* (can. 2199). Par contre, le CIC de 1983 réduit la première partie de la description du Code pio-bénédictin, pour ne conserver que l'*omissio debitae diligentiae*[269].

1. '*Ignorantia Legis Violatae*':

Il y a faute juridique *in ignorantia legis violatae*, si, avant de poser l'action nocive ('*antequam actio ponatur laesiva*') on omet la diligence requise pour la connaissance

267 - Ibid.: "*Culpa theologica est offensa Dei, id est peccatum, sive sit mortale, sive veniale*"; G.J. Pellegrini est plus explicite, qui affirme que la faute morale ou théologique est celle qui est accomplie dans la pleine advertence de l'intellect et avec le consentement de la volonté. Ainsi, elle est causée par les deux éléments que sont la *scientia* et la *libertas* qui, en Droit canonique, sont toujours requises, bien que de manière diverse, dans le délit soit dolosif et coupable (de culpabilité morale). Texte latin: "*Culpa moralis seu theologica est illa quae fit cum advertentia ex parte intellectus et cum consensu ex parte voluntatis; causatur, igitur, duobus elementis (scilicet: scientia et libertate) quae iure nostro semper requiruntur, etsi diversimode, in delicto sive doloso sive culposo*", G.J. Pellegrini, op. cit., p. 86.

268 - "*A livello oggettivo, la gravità consiste nel violare la norma che si presuppone importante, cosi che la violazione costituisce un male rilevante o notevole. A livello soggettivo, la gravità consiste nell'aver commesso un peccato grave*", P. Monni, Corso di Diritto Penale (dispense), P.U.U., Roma 1992, p. 29. La note 9 de la même page nous renvoie aux débats de la Révision du CIC, in Comm. 8 (1976), p. 175: "*Relator respondet gravem imputabilitatem iam in vigenti iure postulari (cf. can. 2218, par. 2); moralem autem imputabilitatem certe supponi si exigitur ut vel dolus vel culpa (iuridica sane, sed qualis habetur in doctrina canonica) in violatione adsit*"; F. Nigro évite d'affronter la question de savoir si pour l'imputabilité juridique, qui présuppose celle morale, valent les mêmes principes, de sorte que l'acte physique qui produit le dommage puisse être imputé en délit et donc en peine, seulement s'il est imputable en péché. Il renvoie la question à la doctrine, "*la quale risponde che la imputabilità giuridico-criminale deve valutarsi sostanzialmente secondo gli stessi principi teoretici della imputabilità morale, per cui ogni delitto suppone una colpa grave... In altre parole sono richiesti gli elementi soggetivi dell'atto umano*", *De Sanctionibus in Ecclesia*, in Commento al Codice di Diritto Canonico, P.V. Pinto (a cura di), op. cit., p. 759.

269 - Can. 1321, par. 2. Bien que là aussi il manque une vraie définition, le texte des par. 1 et 2 du canon ci-haut cité ne laisse aucun doute à ce sujet. Cependant, le problème de l'ignorance sera traité aux cann. 1323, n. 2; 1324, par. 1, n. 9; et 1325; c'est pourquoi nous n'en ferons ici qu'une rapide mention, en attendant de nous y appesantir plus loin dans l'étude systématique de notre canon 1321.

de la loi, de sorte que l'ignorance de la loi quant à son existence, sa nature et sa compréhension, soit considérée coupable au for externe[270].

Commentant le canon 2199, G. Michiels fait remarquer que ce canon n'affirme pas que la faute juridique se vérifie toujours dans l'ignorance de la loi qui est violée; car cela aurait été manifestement contraire soit aux principes de la raison droite, soit au principe positif contenu dans le canon 2202, par. 1, et selon lequel à aucun moment la violation de la loi ignorée
n'est imputée, lorsqu'il s'agit d'une ignorance non coupable[271]. De fait, ajoute notre auteur, la violation par l'agent de la loi ignorée ne peut lui être ni moralement ni juridiquement imputée, comme dans un cas voulu, sans que cette même cause (c'est-à-dire l'ignorance de la loi) n'ait été elle-même directement ou en soi voulue, et donc de manière coupable[272].

2. '*Omissio Debitae Diligentiae*':

Il y a faute juridique *in omissione debitae diligentiae*, si,
pendant l'exécution de l'action nocive (*'dum laesiva ponitur actio'*), l'effet nocif, possible et prévisible (*'possibilis et praevidibilis'*), n'a pas été prévu, par négligence volontaire[273].

Plus concrètement, O. Cassola décrit en trois points la faute juridique *in omissione debitae diligentiae*[274]:

- régulièrement (ou la plupart du temps), elle consiste dans la non prévision des effets antijuridiques qui auraient pu et dû être prévus à partir de l'action propre ou de l'omission qui allait suivre;

- parfois on a aussi la faute prochaine par dol, avec une certaine prévision des effets que l'agent espère cependant ne pas voir arriver, à moins qu'il use les moyens et précautions nécessaires pour les éviter;

---

270 - Cf. G.I. Pellegrini, op. cit., p. 103-111. Dans notre dernier Chapitre, nous reviendrons sur le problème de l'ignorance, notamment en relation avec les ministres de l'Eglise.

271 - Can. 2199, par. 1: "*Violatio legis ignoratae nullatenus imputatur, si ignorantia fuerit inculpabilis; ...*"

272 - Cf. G. Michiels, op. cit., p. 117.

273 - Cf. G.I. Pellegrini, op. cit., p. 111-112.

274 - Cf. O. Cassola, De Delictis et Poenis, p. 143-144.

- une certaine prévision des effets antijuridiques n'est pas compatible avec la faute, en celui qui voulant faire l'habile, pose ou omet un acte, même s'il explique par une protestation verbale qu'il ne voulait pas en arriver là: c'est en effet un dol.

De son côté, s'inspirant du Digeste de Justinien et des Décrétales de Boniface VIII, F. Roberti rattache également à la faute juridique la *negligentia*, l'*inobservantia recti ordinis agendi*, l'*imprudentia*, et l'*imperitia*[275].

III- Les Conditions Requises pour la Faute Juridique

Trois conditions doivent nécessairement se vérifier pour l'existence de la faute juridique: qu'elle soit suivie d'effet antijuridique; que ce dernier soit prévisible et évitable; qu'il n'ait été ni prévu ni évité.

1. Existence de l'Effet Antijuridique:

Ainsi, la première condition requise pour qu'il y ait faute juridique repose dans la capacité de celle-ci d'engendrer une ou des conséquences néfastes, ou effet antijuridique: c'est dire, en d'autres termes, que du fait volontaire, comme de la cause, il s'ensuive une atteinte à la loi pénale, même si cette atteinte semble, au premier abord, peu grave[276]. Pour cela, l'effet antijuridique est absolument essentiel, parce qu'il constitue le délit coupable *in suo esse*, ou parce qu'il est le quasi-délit *in eventu*.

---

275 - Regula Iuris, in 36, D. 50, 17: "*Culpa est immiscere se rei ad se non pertinenti*"; Reg. 19, Regula Iuris, in VI, qui reprend pratiquement, mais avec un style différent, la *Regula Iuris* précédemment énoncée: "*Non est sine culpa, qui rei, quae ad eum non pertinet se immiscet*"; G. Bettiol,- L.P. Mantovani définissent la négligence comme la '*culpa in omittendo*', et l'imprudence comme la '*culpa in agendo*'; mais il avertit: "*Occorre però far attenzione a non confondere la negligenza con la condotta omissiva e l'imprudenza con quella attiva, perché negligente può essere anche un'azione, e impudente anche un'omissione*"; il définit l'inhabilité ou inexpérience (*imperizia*) comme la '*colpa pofessionale*', et avertit de nouveau "*a non esigere, come di solito avviene, la consapevolezza dell'inettitudine, dell'insufficenza ovvero dell'impreparazione, perché ciò significherebbe includere nell'agire del soggetto la messa in conto dell'evento, e cadere in tal modo nell'ambito del dolo indiretto o eventuale*", Diritto Penale. Parte Generale, op. cit., p. 535; cf. Manzini, Trattato di Diritto Penale Italiano, Torino 1961 (4. ed., aggiornata da Nuvolone e Pisapia), vol. 1, pp. 757.

276 - Cf. G. Pellegrini, op. cit., pp. 87-88; G. Cavigioli, De Censuris Latae Sententiae, Taurini 1918, p. 774: "*... la punibilità del delitto colposo, in cui manca una intenzione diretta, gravita tutta sull'evento dannoso ossia sulla causalità efficiente; onde esso non ammette una fase imperfetta punibile, come può succedere nel delitto doloso tentato o mancato*".

I. Latini résume bien cette idée -mais en insistant sur la part d'imprudence sans laquelle il n'y aurait pas d'effet antijuridique-, lorsqu'il écrit:

"Si nulla ex facto nostro inconsulto legis poenalis laesio sequuta est, non remanet nisi factum ipsum inconsultum seu imprudentia nostra; nihil proinde de violatione legis in animo, nihil in facto...cum in quasi-delicta eventus criminosus, ex definitione, non praevisus ponatur, nulla ad eum actuum directo logice concipi potest"[277].

2. Effet Antijuridique prévisible et évitable:

La deuxième condition pour l'existence de la faute juridique concerne l'effet antijuridique prévisible et évitable. Les deux postulats sont importants et décisifs. Lorsque l'effet antijuridique est prévu par l'agent, il peut et doit être empêché par ce dernier. Si, toutefois, l'effet prévisible n'est absolument pas évitable, on ne pourrait accuser l'agent de délit par omission de la diligence requise; dans ce cas, le délit coupable cesse *ex defectu*, parce qu'évidemment l'agent ne tombe pas *in culpa* mais *in casu fortuito* ou *in effectu legitime permisso*[278].

3. Effet Antijuridique non prévu et non évité:

La troisième condition de la faute juridique concerne l'effet antijuridique non prévu, par négligence *de facto* de l'agent, et de ce fait non évité par celui-ci. Si l'effet

277 - I. Latini, op. cit., p. 80. Il s'empresse toutefois d'ajouter que rien n'empêcherait d'appliquer à ce fait une mesure préventive: "*Nil tamen prohibet quominus facta haec inconsulta, ad ea praecavenda, poenis, qua talia, coerceantur: sed hoc ad praeventivum magisterium pertinet*", ibid.; cf. F.X. Wernz,-P. Vidal, op. cit., n. 44, qui, sur cet argument, invoque l'autorité du même I. Latini.

278 - Cf. G. Pellegrini, op. cit., p. 88; d'après F.X. Wernz,-P. Vidal aussi, op. cit., n. 44, il est nécessaire que cette lésion soit prévisible et évitable: car sans cela on ne pourrait concevoir l'omission de la diligence requise, de même que cette faute juridique qui est le fondement de l'imputabilité. A propos de la *laesio* non prévisible et non évitable, il l'attribue également au cas fortuit et non à la faute; et ils expliquent: "*Si diligentia dicitur debita ad evitandum effectum noxium, excluditur culpabilitas et poenalis imputabilitas effectus noxii, quando actio, ex qua sequitur aut possibiliter secuturus praevidetur, est actio ad quam quis habet ius honestum motivum ad illam ponendam et noxius effectus per accidens sequitur; tunc illius vitandi seu impediendi obligatio non adest, ideoque si per accidens sequatur effectus noxius nec ad culpam nec ad poenam imputatur*", loc. cit., n. 44, note 19.

juridique est prévu mais non évité, alors qu'il peut et doit être évité, il ne s'agit plus alors, selon G. Pellegrini, d'un fait imprudent, mais bien d'un fait dolosif[279].

Mais, sur cette question, G. Michiels distingue:

- La violation dolosive de la loi, qui consiste à prévoir l'effet antijuridique comme certain et inévitable, et à poser l'acte malgré cette prévision[280];

- La violation coupable de la loi, qui consiste dans le fait de prévoir l'effet juridique comme possible ou probable, et évitable, et de penser faussement qu'on peut l'éviter, sans pour autant user des moyens de prévention spéciaux, ou en usant des moyens de prévention qui, dans le cas concret, se révèlent insuffisants[281].

IV- Les différents Grades de la Faute Juridique

Les Juristes distinguent généralement trois grades de la faute juridique, correspondant à des degrés plus ou moins importants de la prévisibilité de la même faute. Ce sont: la *culpa lata*, la *culpa levis*, et la *culpa levissima*.

1. '*Culpa Lata*':

La faute juridique est ainsi qualifiée si elle est la conséquence d'une négligence très grave (*ex gravissima negligentia*). Le romaniste Ulpianus en donne la définition suivante: "*Lata culpa est nimia negligentia* (une négligence excessive), *idest non*

---

279 - Cf. G. Pellegrini, op. cit., p. 88; dans le même sens, cf. F.X. Wernz,- P. Vidal, loc. cit., n. 44. Le can. 1326, par. 1, CIC 1983 considère comme une circonstance aggravante le délit qui, ayant été prévu, n'a pas été pour autant évité, par négligence grave: "*Iudex gravius punire potest quam lex vel praeceptum statuit: ... 3. reum, qui, cum poena in delictum culposum constituta sit, eventum praevidit et nihilominus cautiones ad eum vitandum omisit, quas diligens quilibet adhibuisset*".

280 - "*Si agens effectum anti-iuridicum praevideat ut 'certum et inevitabilem' et non obstante hac praevisione causam ponat, violatio legis dici debet directe seu dolose volita*", G. Michiels, op. cit., p. 121.

281 - "*Si quis vero agens effectum anti-iuridicum praevideat solummodo ut 'possibilem vel probabilem et evitabilem', sed simul erronee putet effectum illum facile vitari posse, quin adhibeantur remedia praeventiva specialia, vel de facto quaedam adhibuerit remedia praeventiva quae in casu concreto sint insufficientia, violatio legis ipsi imputari debet ex mera culpa iuridica*", ibid.; cf. encore F.X. Wernz,-P. Vidal, loc. cit., n. 44, note 20: "*Si effectus nocivus fuit dumtaxat praevisus ut 'possibilis' et 'evitabilis', et agens vel erronee putavit posse facile vitari etiam nulla adhibita diligentia speciali, aut digentiam insufficientem adhibuit iterum recurrit culpa seu factum culposum*"; cf. également Heimbucher, Die Schuld im Strafrecht, p. 16.

***intelligere quod omnes intelligunt*"[282]. La même pensée sera reprise et intensifiée par L. Ferraris, d'après qui la *culpa lata* est l'omission de cette diligence et de cette circonspection dont habituellement font usage, de manière commune et ordinaire, les hommes de même condition, de sorte qu'une négligence positive vienne s'ajouter à cette omission[283].**

Au demeurant, une telle faute est assimilée par Ulpianus au dol lui-même: "*Lata culpa plane dolo comparabitur*"[284].

F. Roberti préfère qualifier la *culpa lata* de dol virtuel ou prochain, en raison de la très grave imprudence et de la très grave négligence (*ex gravissima negligentia*) caractérisées par l'attitude de l'agent[285].

2. '*Culpa Levis*':

Si la *culpa lata* découle d'une omission de la diligence ordinaire commune à tous, par contre, la *culpa levis* est l'omission, par négligence grave (*ex gravi negligentia*), de la diligence dont les hommes prudents (*prudentes*) ont l'habitude de faire preuve dans leurs affaires[286].

L. Ferraris donne une appréciation similaire: "*Culpa levis est omissio illius diligentiae et circumspectionis, quam homines diligentiores suae conditionis adhibere solent*"[287].

---

282 - D. 50, 16, 213, 2.

283 - Cf. L. Ferraris, art. *culpa*, op. cit., p. 809. Le même auteur illustre une telle situation par cet exemple: si quelqu'un abandonne sur la place publique un livre qui lui a été prêté, et que ce livre est volé, on dit qu'il y a eu à ce moment-là une *culpa lata* de la part de celui-là même à qui le livre a été prêté; E.F. Regatillo, op. cit., n. 790: "*Culpa 'lata': negligentia in re quae a quovis parva cura potuit praevideri et vitari*".

284 - D. 11, 6, 1, 1; idée reprise par F.X Wernz,-P. Vidal, op. cit., n. 43: "*Pro foro externo culpa 'lata' dolo aequiparatur*"; et par E.F. Regatillo, mais de façon légèrement mitigée: "*Culpa 'lata' fere aequiparatur dolo*", loc. cit., n. 790.

285 - "*Maxima culpa habetur cum quis praevidit effectus noxios propriae actionis, et nihilominus eam posuit. Haec culpa dicitur proxima dolo, quia in hoc casu, etsi non intenderit, habuit conscientiam committendi crimen. Gradus culpae latae proxime praecedenti successit, adest cum effectum noxium propriae actionis qui non praevidit sed ob suam gravissimam imprudentiam vel negligentiam*", F. Roberti, op. cit., n. 67.

286 - Cf. Paulus, in D. 9, 2, 31: "*...quod cum a diligente provideri poterit, non esset provisum aut tum denuntiatum esset, cum periculum evitari non possit*"; E.F. Regatillo, loc. cit., n. 790: "*Culpa 'levis': defectus diligentiae quae solum a prudentibus solet adhiberi*".

Ici encore, une tendance voudrait équiparer ce délit coupable à un dol pur et simple; même si, par ailleurs, la même tendance plaide pour une réprobation moins sévère de celui-là[288].

3. '*Culpa Levissima*':

La *culpa levissima* résulte, quant à elle, d'une négligence plutôt légère (*ex levi negligentia*), qui consiste dans l'omission de la diligence que seuls les hommes les plus prudents (*prudentissimi*) ont l'habitude de montrer. On ne pourrait être plus clair que L. Ferraris, à ce propos:

"*Culpa levissima est omissio illius diligentiae et circumspectionis, quam homines diligentissimi et prudentissimi suae conditionis adhibere solent*"[289].

Dans certains cas, la faute pourrait même ne pas exister, "*si omnia facta sunt quae diligentissimus quisque observaturus fuisset*"[290].

---

287 - L. Ferraris, op. cit., p. 809. Dans cette citation, l'adjectif *diligens* s'est substitué à *prudens*, sans que soit pour autant compromis le juste entendement de la *culpa levis*, que notre auteur illustre par l'exemple que voici: si quelqu'un abandonne dans une chambre ou dans un coffre mal fermé une chose qui lui a été prêtée, et que cette chose est volée, on dit alors qu'il y a eu *culpa levis* de celui à qui l'objet a été prêté, parce que les hommes plus diligents ferment habituellement leur chambre ou leur coffre.

288 - C'est le cas de M. Lega, qui écrit: "...*in quasi-delicto adsunt elementa constitutiva delicti, nempe damnum mediatum et aliqualis dolus, quatenus culpa aequiparatur dolo*", De Delictis et Poenis, Roma 1910, n. 44. L'emploi chez M. Lega de la terminologie *quasi-delictum* pour signifier la *culpa levis* s'explique par le défaut chez l'agent d'une résolution délibérée de commettre un délit; exemple de *culpa levis* (en tant que fondememt du *quasi-delictum*): "*Titius explodit in silva densa contra aliquid quod movetur, et occidit hominem nolens, i. e., inconsulto, quia non adhibuit diligentiam ad investigandum an esset homo. Homicidium est ei imputabile, non ex dolo, quia illud noluit; sed ex culpa, quia non investigat. Consequentiam (homocidium) nec voluit nec praevidit, sed utique antecedens (explosionem); consequens vero praevidere poterat et debebat*", E.F. Regatillo, op. cit., n. 791; cf. Suarez, De Censuris, disp. 45, sect. 5, n. 4 sq.

289 - L. Ferraris, op. cit., p. 809. Voici, à cet effet, l'exemple illustrateur de la *culpa levissima* qu'il propose: si quelqu'un abandonne une chose qui lui a été prêtée, dans une chambre qu'il a pourtant fermée et qu'il croyait telle, sans vérifier de nouveau avec la main pour savoir si elle est bien fermée; si la chose est volée de là, on dit alors qu'il y a eu *culpa levissima* de celui-là même à qui la chose a été prêtée, parce que les hommes très diligents vérifient toujours de la main la porte qu'ils ont fermée, pour savoir si elle est bien fermée; E.F. Regatillo définit la *culpa levissima* comme une "*omissio diligentiae extraordinariae*", loc. cit., n. 790; et d'après F.X Wernz,-P. Vidal, "*culpa 'levissima' dissimulari solet*", loc. cit., n. 43.

290 - Paulus, in D. 19, 2, 25, 7; E.F. Regatillo récuse catégoriquement l'Imputabilité: "*Culpa levissima non imputatur, quia sub lege cadunt tantum casus ordinarii*", loc. cit., n. 790; néanmoins, F.X. Wenz,-P. Vidal n'excluent pas qu'une situation paticulière puisse faire tomber l'auteur de la *culpa levissima* sous le coup de la sanction pénale: "*At sicut privata pactione in*

Si jusqu'à présent notre étude exégétique a concerné les deux premiers paragraphes du canon 1321, l'étude qui va suivre (Article IV) fera le point sur le troisième paragraphe du même canon qui traite la problématique de la présomption d'Imputabilité.

ARTICLE IV: LA PRESOMPTION D'IMPUTABILITE

Voilà une expression tout-à-fait nouvelle, introduite par le nouveau CIC à la place de la "présomption de dol" de l'ancien CIC. Ce changement a été motivé, d'une part par la prise en compte de l'un et l'autre fondement de l'Imputabilité, et de l'autre -pensons-nous- par un souci de technique et d'esthétique juridique. Notre étude comprendra deux volets: le premier se limitera à une rapide description de la Présomption en général, tandis que le second étudiera le passage de la Présomption de Dol à la Présomption d'Imputabilité.

A)- LA PRESOMPTION EN GENERAL:

Il ressort de la définition de A. Jullien, que la présomption est une supposition, une conjecture, qui, basée sur ce qui se passe ordinairement dans des circonstances pareilles, projette l'expérience du passé sur ce qui maintenant est controversé, pour l'éclairer[291].

le Code pio-bénédictin comme le CIC de 1983 distinguent unanimement deux types de présomptions: la *praesumptio iuris* (ou présomption légale), qui est statuée par la loi elle-même; et la *praesumptio hominis*, qui se fonde sur une conjecture humaine: dans le cadre du Droit Processuel cette présomption sera formée par le juge lui-même[292]. Mais en plus, le premier Code subdivisait la *praesumptio iuris* en *praesumptio iuris simpliciter* et en

---

contractibus potest quis obligari ad praestandam culpam levissimam, ita in casu particulari, id exigente bono publico, lex poenalis potest obligare ad culpam levissimam sub sanctione poenali praestandam; quo in casu defectus summae diligentiae cum gravi culpa ex se est coniunctus", op. cit., n. 43; cf. aussi G. D'Annibale, Summula Theologiae Moralis, Romae 1891, I, 297; F. Roberti, op. cit., n. 66 sq.; M. Lega, op. cit., nn. 34, 35, 83 sq.; et F.M. Cappello, Summa Iuris canonici, t. 3, *De Processibus, Delictis et Poenis*, 4. ed., Roma 1955, n. 573.

291 - Cf. A. Jullien, Juges et Avocats des Tribunaux de l'Eglise, Officium Libri Catholici, Roma 1970, p. 286; cf. can. 1825, par. 1, CIC 1917, et can. 1584, CIC 1983: "*Praesumptio est rei incertae probabilis coniectura*".

292 - Cf. Les mêmes canons cités ci-haut. Le can. 2200, par. 2, lui, présente le cas de présomption légale au sens pur; ce qui fait dire à P.H. Jone: "*Agitur de praesumptione iuris, non de praesumptione hominis. -Ob hanc praesumptione ille, qui legem violavit, non revinci debet in dolo, sed, si asserit, se sine dolo egisse, ipse debet probare assertum*", Commentarium in Codicem Iuris Canonici, t. 3, Officina Libraria F. Schoeningh, Paderborn 1955, p. 401.

praesumptio iuris et de iure; la première admettant la preuve du contraire, directe ou indirecte, et la seconde n'admettant qu'une preuve indirecte[293].

Quant à l'efficacité de la _praesumptio iuris_, P.V. Pinto commentant le canon 1585 du CIC de 1983, lui attribue d'abord un effet primaire qui consiste dans la certitude, même seulement probable; et ensuite un effet secondaire constitué par les droits et devoirs descendant du fait présumé: l'un de ces droits étant la libération, pour le possesseur de la présomption, du poids de la preuve[294].

Ce que nous venons de dire constitue un fond commun pour une compréhension générale du principe de la présomption (de la présomption de droit ou légale, en particulier). Mais, transposée au domaine du Droit pénal canonique, notamment dans la nouvelle configuration que donne à celui-ci le nouveau CIC, la même réalité acquiert une physionomie tout à fait diverse, quant à son application.

B)- DE LA PRESOMPTION DE DOL A LA PRESOMPTION D'IMPUTABILITE:

La présomption d'Imputabilité se trouve énoncée au troisième paragraphe du canon 1321 en ces termes:

293 - Deux exemples de *praesumptiones iuris et de iure* (ou présomptions légales irréfragables) fournis par A. Jullien, op. cit., p. 290: 1) can. 1904, par. 1 (CIC 1917): "*Res iudicata praesumptione iuris et de iure habetur vera et iusta nec impugnari directe potest*", (cf. D. XLIV, 2 *De exceptione rei iudicatae*, 2, Iulianus). D'après l'auteur, on ne peut pas remettre en jugement la justice d'une seconde sentence conforme à la première; mais on pourra prouver que cette seconde sentence n'est pas conforme à la première: que les deux sentences ne sont pas *inter easdem personas, de eadem quaestione*; 2) can. 1972 (CIC 1917): "*Matrimonium quod, utroque coniuge vivente, non fuerit accusatum, post mortem alterutrius vel utriusque coniugis ita praesumitur validum fuisse, ut contra hanc praesumptionem non admittatur probatio, nisi incidenter oriatur quaestio*", par ex. s'il s'agit de la légitimité des enfants (ou lorsqu'est en jeu une question d'héritage).

294 - P.V. Pinto, I Processi nel Codice di Diritto Canonico. Commento Sistematico al Libro VII, L.E.V. - P.U.U., Roma 1993, pp. 347-348:"*Tra questi diritti cè quello espresso da questo canone* (can. 1585)*: la liberazione cioè per il possessore della presunzione dall'onere della prova. Chi gode della 'praesumptio iuris' deve solo dimostrare il fatto che è a fondamento della presunzione che il diritto ha fissato a suo favore*"; cf. aussi la note 504, p. 348 du même Commentaire, où l'auteur relève des exemples dans le CIC de présomptions légales: "*i cann. 124 §2 per la validità dell'atto giuridico; 1060 per la validità del matrimonio in caso di dubbio; 1061 per la consumazione del matrimonio; 1096 riguardo all'ignoranza della essenza del matrimonio dopo la pubertà; 1101 §1 per il consenso interno dell'animo nella celebrazione del matrimonio; 1107 per la continuità del consenso; 1138 per la paternità e legittimità dei figli; 1321 §3 e 1322 per l'imputabilità; 1594 nn. 1-2 per la rinunzia all'instanza, per mancata comparizione dell'attore; 1632 §1 per il tribunale di appello; 1637 §4 per tutti i capi della sentenza impugnata in appello; 1707 nel processo di morte presunta del coniuge*".

"*Posita externa violatione, imputabilitas praesumitur, nisi aliud appareat*".

L'on constate un changement substantiel par rapport au canon 2200, par. 2, du CIC de 1917 qui établissait:

"*Posita externa legis violatione, dolus in foro externo praesumitur, donec contrarium probetur*".

Le passage du CIC de 1917 au CIC de 1983 permet de constater deux changements importants:

- la préférence accordée à la présomption d'Imputabilité par rapport à la présomption de dol de l'ancien Code. D'après F. Nigro la libération du délinquant de la preuve du dol qui lui imposait la charge de prouver que son comportement n'avait pas été dolosif, constitue un choix en faveur du même délinquant[295].

- l'abandon de la preuve du contraire, ou plutôt la non exigibilité de celle-ci pour la dissolution de la présomption, au bénéfice de l'existence de quelque indice sérieux en faveur de la personne imputée. C'est tout le sens de l'expression *nisi aliud appareat*, qui, toujours selon F. Nigro, marque une atténuation de la force de la présomption, en ne lui opposant pas péremptoirement la preuve du contraire, comme il convient à toute présomption juridique[296].

Pour ce qui est de la présomption de dol, rappelons que déjà la Commission de Révision avait annoncé sa suppression et sa substitution par la présomption d'Imputabilité. Plus délicate fut la tentative de justification

par la même Commission, d'un tel changement: en effet, on peut raisonnablement présumer l'intention de poser un acte ou une omission, là où le délit est commis; par contre, il semble moins convenable de présumer aussi l'intention de violer la loi (laquelle intention est requise pour le dol en

---

295 - F. Nigro, *De Sanctionibus in Ecclesia*, in Commento al Codice di Diritto Canonico, P.V. Pinto (a cura di), op. cit., p. 759: "... *Il par. 3* (can. 1321) *evidenzia ulteriormente questa scelta in favore del delinquente, liberandolo dalla presunzione del dolo, di cui al can. 2200, par. 2 del CIC 17, il quale imponeva a lui l'onere di provare che il suo comportamento non era stato doloso*".

296 - Ibid. "*Se a prima vista la soppressione della presunzione del dolo è stata giustificata nei 'Praenotanda' dello Schema perché sembra meno conforme alla ragione presumere che si voglia violare intenzionalmente la legge, come richiede precisamente il dolo in senso canonico, si è cercato di compensare trasferendo la presunzione dal dolo alla imputabilità, cioè l'atto fisico delittuoso deve ritenersi imputabile a chi lo ha commesso e si deve presumere che egli abbia agito conoscendo la legge e ponendo volontariamemte l'atto contrario; però la forza della presunzione si attenua in quanto non necessariamente deve prodursi la prova contraria, come esige ogni presunzione giuridica, ma è sufficiente qualsiasi altra*"; concernant l'ancienne formule, cf. G. Cocchi, Commentarium in Codicem iuris Canonici, t. 8, *Liber V: De Delictis et Poenis*, op. cit., n. 3: "*Quisque enim praesumitur sanae mentis et utens sua libertate, donec contrarium constet, hinc eius factum contra legem praesumitur dolosum*".

Droit canonique). Or, -toujours dans l'esprit de la Commission- l'Imputabilité cesse non pas avec la seule preuve du contraire, mais "*quoties aliud veri simile appareat*"[297].

V. De Paolis établit une triple justification de cette substitution de la présomption de dol par la présomption d'Imputabilité[298]:

- la présupposition que soit établi l'auteur de l'acte délictueux. Si on établit ensuite le lien entre l'acte et la personne, l'Imputabilité de la personne est présumée;

- la présomption de l'Imputabilité signifie présomption de la liberté de l'acte qui a violé la norme, qu'il s'agisse d'une violation *ex dolo,* ou *ex culpa.* Une telle présomption se base sur le présupposé que l'homme est responsable des actes qu'il pose, parce qu'il agit librement;

- il s'agit enfin d'une présomption qui cède non seulement devant la vérité constatée de manière certaine, mais aussi devant l'existence d'éléments qui enlèvent la certitude à la présomption. Pour notre Commentateur, apparaître n'équivaut pas à être certain: il est donc suffisant qu'émergent des éléments de probabilité qui mettent en question la présomption.

L'actuel Code de Droit Canonique a voulu manifestement prendre ses distances par rapport à la formulation et au schéma classiques, en sacrifiant la certitude absolue à l'exigence de bénignité et de miséricorde en faveur du délinquant. Il suffit que ce dernier crée un doute sérieux à la présomption d'Imputabilité. Et c'est assez surprenant de constater la grande similitude du principe de la présomption d'Imputabilité avec le principe de la présomption d'Innocence du Droit Anglo-Saxon ou Common Law[299].

---

297 - Cf. Pontificia Commissio CIC Recognoscendo, De Delicto et Delinquente, Comm. 2 (1970), p. 103: "*Doli praesumptio (CIC can. 2200, par. 2) suppressa est, servata tantum imputabilitatis praesumptione: si enim praesumptio doli admitti potest (nec tamen semper admittitur) in poenalibus civitatum legibus, cum praesumi rationabiliter possit intentio ponendi actionem vel omissionem, qua delictum committitur, rationi minus consentaneum videtur praesumere etiam intentionem violandi legem, quae intentio ad dolum iure canonico requiritur. Imputabilitatis autem praesumptio cessare dicitur (can. 15, par. 3) non ex contraria tantum probatione, sed quoties aliud veri simile appareat*".

298 - Cf. V. De Paolis, *Commento ai canoni 1311-1399*, in Il Diritto nel Mistero della Chiesa, op. cit., pp. 467-468.

299 - La seconde Section du prochain Chapitre, réservée à la Jurisprudence, offrira une étude à ce propos.

CONCLUSION DU DEUXIÈME CHAPITRE

Au tout début du second Chapitre de notre Thèse, nous nous étions fixés comme principal objectif la découverte du principe de l'Imputabilité à travers l'analyse directe du canon 1321. Car ce canon, bien que limité dans sa formulation, contient les éléments constitutifs essentiels de l'Imputabilité; à condition, toutefois, de le considérer à l'intérieur de la Première Partie '*De Delictis et Poenis in Genere*' du Livre VI, en relation avec ses Sources lointaines et proches, et sous l'éclairage des schémas successifs qui ont jalonné les étapes de sa formation. En particulier, les deux fondements de l'Imputabilité que sont le *dolus* et la *culpa* ont fait l'objet d'une particulière attention. En effet, une bonne compréhension du *dolus* (en tant que volonté délibérée de violer la loi ou le précepte) et de la *culpa* (en tant qu'omission de la diligence requise), de leur typologie respective et des différents grades de culpabilité qu'ils présupposent, constitue le premier support indispensable à la qualification des délits et à la culpabilisation ou non de leurs auteurs.

Pour ce qui touche aux différences entre le can. 1321 et les canons correspondants dans le CIC de 1917 (cann. 2195, par. 1; 2199; 2200; 2206, par. 1), elles sont d'abord de style: e.g. le caractère plus unitaire du can. 1321 qui regroupe en trois paragraphes des éléments qui, dans l'ancien Code, étaient dispersés à travers plusieurs canons; de même, l'inexistence de toute définition au sein du canon 1321. Ces différences sont aussi essentielles: e.g. la non punibilité du délit *ex culpa,* à moins que la loi ou le précepte n'en disposent autrement; et quant à la présomption d'Imputabilité, préférée à la présomption de dol de l'ancien Code.

Le prochain Chapitre sera dédié à l'étude comparative des canons 1321 (CIC 1983) et 1414 (CCEO), et à l'étude jurisprudentielle. Par ce biais, nous exprimerons la sensibilité juridique de nos frères Catholiques de rite Oriental sur la problématique de l'Imputabilité, mais également celle des Juges devant la responsabilité d'appliquer aux cas concrets de délits les principes que nous avons analysés.

CHAPITRE TROISIÈME:

ESSAI D'ÉTUDE COMPARATIVE ET JURISPRUDENTIELLE

INTRODUCTION AU CHAPITRE TROISIÈME

Comme l'indique son titre, le troisième Chapitre de notre Thèse embrasse deux volets qui -c'est le moins que l'on puisse dire- sont d'un assez grand prix aux yeux de la science juridique, en général, et de la science canonique, en particulier: le volet comparatif et le volet jurisprudentiel. Il nous faut, cependant, bien dégager ici les limites de cette comparaison et de cette jurisprudence. Notre étude comparative (Section A) concernera le canon 1321 du *Codex Iuris Canonici* de 1983, et le canon 1414 du *Codex Canonum Ecclesiarum Orientalium*[300]. Quant à l'étude jurisprudentielle (Section B), elle se référera successivement à la Jurisprudence canonique, qui a comme principal protagoniste le Tribunal Apostolique de la Rote Romaine, et à une partie de la Jurisprudence civile représentée par la *Common Law,* à cause de la proximité de vue dans l'interprétation du principe de Droit pénal de l'Imputabilité et de son application dans la procédure pénale. Bien que l'on ne puisse pas dire qu'il existe une logique directe entre ces deux parties (comparative et jurisprudentielle), nous avons tout-de-même décidé de les associer à un unique Chapitre, car au-delà de l'analyse directe du canon 1321, elles apportent, d'une part, à ce dernier et au principe de l'Imputabilité des délits qu'il tente de codifier, un surplus de compréhension par l'entremise du Tribunal le plus qualifié de l'Eglise pour l'autorité de sa Jurisprudence, et d'autre part permettent, par le moyen de la comparaison, une ouverture critique du canon 1321 à l'environnement canonique marqué par la présence dans le Code Oriental d'un canon du même ordre: le canon 1414.

---

300 - Codex Canonum Ecclesiarum Orientalium auctoritate Ioannis pauli PP.II promulgatus, AAS, 82 (1990) 1045- 1363. Can. 1414: par. 1. "*Poenis is tantum subicitur, qui legem poenalem vel praeceptum poenale violavit aut deliberate aut ex graviter culpabili omissione debitae diligentiae aut ex graviter culpabili ignorantia legis vel praecepti*"; par. 2. "*Posita externa legis poenalis vel praecepti poenalis violatione praesumitur eam deliberate factam esse, donec contrarium probetur; in ceteris legibus vel praeceptis id praesumitur tantummodo, si lex vel praeceptum iterum post monitionem poenalem violatur*".

SECTION A: ETUDE COMPARATIVE DES CANONS 1321 (CIC 1983) ET 1414 (CCEO)

Le *Codex Iuris Canonici* (CIC) et le *Codex Canonum Ecclesiarum Orientalium* (CCEO) constituent deux entités canoniques distinctes mais représentatives de l'unique ordre juridique de l'Eglise Catholique. Le Pape Jean-Paul II lui-même, à l'occasion de la présentation du CCEO, le 27 octobre 1990, avait recommandé l'étude comparative des deux Codes, dans les Facultés de Droit Canonique[301]. C'est la raison pour laquelle il nous a semblé juste, alors que dans le cadre de cette Thèse nous analysons le can. 1321 du CIC de 1983, de jeter un coup d'oeil sur son correspondant dans le CCEO, le can. 1414. Une comparaison directe des deux canons révèle des ressemblances, mais aussi des différences notoires. Une étude plus rapprochée de l'*iter* de formation du can. 1414 du CCEO, par le biais des travaux de la Commission Pontificale de Révision du Code de Droit Canonique Oriental et de son Groupe de Travail *De Delictis et Poenis* dans l'élaboration des Schémas successifs, mettra en évidence les raisons de ces ressemblances et surtout des différences, de même que les arguments qui les sous-tendent. En trois Articles, nous présenterons ici, d'abord quelques Sources importantes du Code pénal Oriental, ensuite les différentes phases de la formation du can. 1414, et enfin les résultats de la comparaison.

ARTICLE I: DES SOURCES IMPORTANTES DU CODE PENAL ORIENTAL

Avant d'examiner la première proposition de Schéma du can. 1414, et les variations qu'il a subies tout au long du processus de Révision, nous nous proposons de passer en revue quelques Sources (communes et particulières) d'inspiration du Droit pénal contenu dans le CCEO, telles
qu'elles nous ont été précisément indiquées dans la partie préliminaire du Schéma des canons regardant les sanctions pénales dans les Eglises Orient16ales Catholiques[302]; ensuite nous examinerons les Sources du can. 1414.

---

301 - *"Hoc 'Corpore' perpenso, obvia oritur adhortatio ut in facultatibus Iuris Canonici idoneum provehatur studium comparativum amborum Codicum, etsi illae, pro suis constitutionibus, uti praecipuum materiam studium habent alterutrius eorum"*, Ioannes Paulus II, alloc., Memori Animo, (*in aula Synodi episcoporum habita: de novo Codice Canonum Ecclesiarum Orientalium*), 25 octobris 1990, AAS, 83 (1991), p. 490.

302 - Pontificia Commissio Codici Iuris Canonici Orientalis Recognoscendo, Lo Schema dei Canoni riguardanti le Sanzioni Penali nelle Chiese Orientali Cattoliche. Nuntia. 4 (1977) 72-75.

A)- SOURCES COMMUNES A TOUTES LES TRADITIONS ORIENTALES

I- Les 85 Canons des Saints Apôtres:

Ces 85 canons attribués aux Apôtres font partie des antiques Collections post-apostoliques plus connues sous le titre de Préceptes ou Dispositions Apostoliques. Des 85 canons attribuées aux Saints Apôtres, 23 ne sont pas pénaux; dans les 62 autres apparaissent exclusivement les *privationes bonorum*: *depositio, degradatio, suspensio*[303].

II- Le Canon 7 de Saint Grégoire le Thaumaturge (+ vers 270)[304]:

A ce canon remonterait, par exemple, la compréhension de la peine canonique comme *impositio actus positivi*, à côté de la *privatio alicuius boni*[305]. La Commission Pontificale pour la Révision du Code de Droit Canonique Oriental propose donc, par fidélité à l'antique discipline orientale, d'introduire dans les punitions l'élément positif qui correspond le plus au caractère médicinal des punitions canoniques[306].

III- Le Canon 74 de Saint Basile:

---

303 - Le vocable *depositio* sera repris par le CCEO (contrairement au CIC de 1983): e.g. la *depositio a statu clericali*, aux cann. 1433, par. 2; 394, n. 2; 685, par. 1, n. 6; 1084, par.1, n. 3; 1172, n. 2; 1402, par. 2; 1410; 1436, par. 1; 1442; 1445, par. 1; 1450, par. 1; 1453, par. 1; 1458; 1460. La *depositio officii*, au can. 762. (Cf. I. Zuzek, Index Analyticus Codicis Canonum Ecclesiarum Orientalium, P.I.O.S., KANONIKA 2, Romae 1992, p. 93).

304 - Cf. The Ante-Nicene Fathers, translations of *The writings of the Fathers down to A.D. 325*, revised and chronologicaly arranged, with brief prefaces and occasional notes, by A. Cleveland Coxe, vol. 6, ed. B. Eerdmans, Michigan 1982, p. 19, où nous trouvons la version anglaise du Canon 7 de Grégoire le Thaumaturge, Archevêque de Néo-Césarée en 240.

305 - *"Nel canone 7 di S. Gregorio Taumaturgo i quatro gradi della penitenza pubblica sono già descritti con precisione canonica. Tutti questi gradi, oltre che comportare una privatio boni, cioè un interdictum ad entrare nella Chiesa, a pregare con gli altri, a ricevere la comunione, imponevano anche atti positivi..."*, Nuntia, 4 (1977), p. 73.

306 - Cf. Nuntia, 4 (1977), p. 73.

Le canon 74 de la Collection canonique de Saint Basile exhorte les Evêques à diminuer la durée de la *poenitentia*, en tenant compte du repentir et du zèle avec lesquels le pécheur accomplit les actes positifs de la punition:

"Sin autem unusquisque eorum qui in praedictis peccatis[307] fuere, confessus, bonus evaserit, si is cui a Dei benignitate ligandi et solvendi credita est potestas, videns summam eius, qui peccavit, confessionem, fiat clementior ad diminuendum poenarum tempus, non erit dignus damnatione: cum quae est in scripturis, nobis historia significet, quod qui cum maiori labore confitentur, Dei misericordiam celeriter apprehendant"[308].

IV- Le Canon 102 du Concile Quinisexte ou *in Trullo*:

Avec le canon 102 du Concile *in Trullo* (en 692), l'exhortation ci-haut acquerra une autorité synodale. En effet, le Concile *in Trullo* reprendra la substance du canon 74 de la Collection canonique de Saint Basile, recommandant à ceux qui sont établis pour lier et délier les péchés, de remplir leur ministère avec prudence et sagesse, de bien considérer la maladie, d'y appliquer les remèdes convenables, d'examiner si la pénitence est sincère et de la proportionner à la qualité du péché et aux forces du pénitent[309].

La Commission Pontificale pour la Révision du Code de Droit Canonique Oriental rappelle aussi l'existence de nombreux autres textes antiques des Collections canoniques orientales, mais sans les mentionner explicitement.

---

307 - Ces péchés, véritables délits contre la foi et les moeurs, sont énumérées et durement condamnées dans les canons 51-73.

308 - Cf. S. Basilius, Ad Amphilochium, epist. can. tertia, can. 74, in Mansi, vol. III (Appendix X), col. 1215; Nuntia, 4 (1977), p. 74.

309 - *"Oportet autem eos, qui solvendi et ligandi potestatem a Deo accepere, peccati qualitatem considerare, et eius qui peccavit ad conversionem promptum studium, et sic morbo convenientem affere medicinam...; quare qui medicinae scientiam in spiritu profiteor, oportet eum primum eius qui peccavit, affectionem considerare, et sive vergit ad sanitatem, sive contra, propriis moribus provocat in se morbum, aspiscere... Omnem enim rationem init Deus, isque cui pastoralis traditus est principatus, ut errantem ovem reducat; et ei, quod est serpente vulneratum, medeatur; et neque per desperationis praecipitia impellat, nec ad vitae dissolutionem, et contemplum fraena relaxet..."*, J.D. Mansi, Sacrorum Conciliorum nova et amplissima Collectio, op. cit., vol. 11, col. 987.

V- Une Partie non publiée du *Codex Iuris Canonici Orientalis* (CICO):

Pour mettre fin à une longue période d'incertitude, le Pape Pie XII avait promulgué, entre 1949 et 1957, quatre *Motu Proprio*[310], qui, dans l'attente d'un vrai Code, devaient régir provisoirement l'ensemble des Eglises Orientales Catholiques. C'est à ce titre que l'ensemble des quatre *Motu Proprio* formaient ce que l'on appelait alors le *Codex Iuris Canonici Orientalis*, dans lequel il n'était pas question de Droit pénal. Mais, parmi les textes qui ne furent pas publiés par le Pontife Romain figurait un texte *De Delictis et Poenis*, qui constituera plus tard l'une des Sources les plus précieuses pour la Révision du Droit pénal Oriental[311].

B)- SOURCES PARTICULIERES:

Si jusqu'aux quatre *Motu Proprio* du Pape Pie XII il n'existait pas dans l'Orient Catholique un Code systématique regardant le Droit pénal des diverses Eglises, nombreux toutefois sont les canons pénaux dans les Collections canoniques de toutes les Eglises appartenant à une des cinq principales Traditions Orientales: Alexandrine, Antiochienne, Constantinapolitaine, Chaldéenne et Arménienne[312]. Le *Coetus De Delictis et Poenis* n'a

---

310 - Cf. Y.I. Sarraf, Ius Canonicum Orientale (dispense), P.U.U., Roma 1994, p. 24: 1) concernant le Mariage: Crebrae Allatae Sunt, du 2 février 1949 (AAS, 1949, pp. 89-119), entré en vigueur le 2 juin 1949, et comptant 131 canons; 2) concernant les Procès: Sollicitudinem Nostram, du 6 janvier 1950 (AAS, 1950, pp. 5-120), entré en vigueur le 6 janvier 1951, et comptant 576 canons; 3) concernant les Religieux, les Biens Ecclésiastiques, et la Terminologie: Postquam Apostolicis Litteris, du 9 février 1952 (AAS, 1952, pp. 65-162), entré en vigueur le 21 novembre 1952, et comptant 325 canons; 4) concernant les Rites Orientaux, et les Personnes: Cleri Sanctitati, du 2 juin 1957 (AAS, 1957, pp. 433-603), entré en vigueur le 25 mars 1958, et comptant 558 canons. Cf. aussi T.J. Green, Reflections on the Eastern Code Revision Process, The Jurist, 51 (1991) 20-21; J.E. Lynch, The Eastern Churches: HIstorical Background, The Jurist, 51 (1991), p. 2, note 6; R. Metz, Le Nouveau Code des Eglises Orientales Catholiques, Revue de Droit Canonique, 42 (1991) 102-103; id., *La première tentative de codifier le Droit des Eglises Orientales Catholiques au XXème siècle (1927-1958)*, in Mélanges offerts à Jean Dauvillier, Toulouse 1979, 531-546; D. Faltin, *La Codification del Diritto Canonico Orientale*, in AA.VV., La Sacra Congregazione per le Chiese Orientali nel cinquantesimo della fondazione (1917-1967), pp. 121-137; O. Bucci, Il Codice di Diritto Canonico Orientale nella Storia della Chiesa, op. cit., pp. 401-402.

311 - Cf. I. Zuzek, Les Textes non publiés du Code de Droit Oriental, Nuntia, 1 (1973) 23-31.

312 - Cf. Nuntia, 4 (1977), p. 75.

pas manqué de les examiner tous attentivement, surtout lors de ses deux réunions du 18 au 23 Novembre 1974, et du 16 au 21 Juin 1975[313].

Ces Sources particulières, dans la mesure où elles révèlent en partie une théorie et des pratiques communes en matière pénale, ont pu faciliter l'élaboration par la Commission d'un Droit commun Oriental Catholique en matière pénale, tout en respectant les particularismes inhérents à la discipline de chacune des principales Traditions et de leurs Eglises *sui iuris*.

C) SOURCES DU CANON 1414 (CCEO)[314]

. Concilium Quinisextum vel *In Trullo*:

can. 1: "*(...) Si quis autem ex omnibus praedicta pietatis decreta non tenet et amplectitur, sicque opineatur et praedicat, sed iis contra adversuri conatur, sit anathema, secundum prius expositum declaratorum sanctorum et beatorum patrum decretum, a Christiano quoque catalogo ut alienus et excidat*"[315].

can. 2: "*(...) Et nulli licere prius declaratos canones adulterare, vel non admittere, vel alios praeter hic propositos recipere canones, a quibusdam falsa adiecta inscriptione compositos, qui veritatem cauponari cohati sunt. Si quis autem, quod praedictorum canonum aliquem innovare vel subvertere conetur, convictus fuerit, reus erit secundum eum canonem, ut ipse pronunciat canon, poenam luens, et per ipsum in eo, in quo offendit, medelam suscipiens*"[316].

can. 26: "*Presbyter, qui per ignorantiam illicitis nuptiis est implicatus, esse quidem cathedrae participem, secundum ea quae sunt nobis a sacro canone decreta: a reliquis autem operationibus abstinere. Ei enim qui est talis satis est si venia detur... Qui*

---

313 - A ce propos, G. Orioli résumant les travaux de la Commission Pontificale de Révision du CIC Oriental disait: "*Il 'Coetus De Delictis' ha rivisto alcuni canoni di 'Delicti in specie', rivedendo con criteri moderni gli antichi canoni ma salvandone la sostanza specie per quanto riguarda i delitti contro la fede e l'unità della Chiesa, mentre i canoni generali nel Diritto penale sono stati discussi ampiamente, ma trasmessi ad ulteriore studio*", I Lavori della Commissione dalla sua Istituzione al giugno 1975, Nuntia, 1 (1973), p. 22.

314 - Cf. Pontificium Consilium de Legum Textibus Interpretandis, Codex Canonum Ecclesiarum Orientalium auctoritate Ioannis Pauli PP.II promulgatus. Fontium Annotatione et Indice Analytico-Alphabetico Auctus, Romae 1995 (sur le point d'être publié; le Sous-Secrétaire du *Pontificium Consilium*, et principal protagoniste de cette oeuvre, Rev. P. Ivan Zuzek, nous a toutefois donné la permission de consulter la liste des Sources du can. 1414, à la p. 471, nota 1. La transcription de ces Sources dans cette partie C) fait suite aux recherches ultérieures que nous avons menées sur les *fontes cognoscendi*.

315 - J.D. Mansi, Sacrorum Conciliorum nova et amplissima Collectio, op. cit., vol. 11, col. 939.

316 - Ibid., col. 942.

***autem id non habet propter delictum ex ignorantia,... nec publice, nec privatim benedicat, nec Christi corpus aliis distribuat*"[317].**

can. 93: "*Uxor viri qui secessit et non apparet, antequam de eius morte certior facta sit, alteri cohabitans adulteratur. Similiter et militum uxores, quae non apparentibus maritis nupserunt, in eandem rationem incidunt; quemadmodum et quae propter mariti peregrinationem, reditum non expectant, Sed res hic quidem aliquam veniam habet, quod fit maior eius mortis suspicio. Ea autem, quae illi qui ad tempus erat ad uxorem relictus, nupsit per ignorantiam, deinde dimissa est quod prior ad ipsum redierit, est quidem fornicata, sed per ignorantiam*"[318].

. S. Basilius:

cann. 8, et 11, à propos des délits volontaires et involontaires[319].

can. 27: ce canon fut repris presque mot-à-mot par le Concile Quinisexte, à son can. 26[320].

can. 33: "*Mulier quae in via peperit, et sui foetus curam non gessit, caedis crimine teneatur*"[321].

can. 46: également repris par le Concile Quinisexte, dans la deuxième partie de son can. 93[322].

can. 52: "*Quae foetus in via nati curam non gessit, si eum posset servare neglexerit, vel se ideo peccatum celare existimans, vel etiam omnino belluina et inhumana cogitatione impulsa: tamquam propter homicidium iudicetur. Sin autem eum concinnare et componere non potuit; propter solitudinem, rerumque necessariarum inopiam, foetus interiit: matri ignoscendum est*"[323].

---

317 - Ibid., col. 954.

318 - Ibid., col. 983.

319 - Ibid., coll. 1190-1191 et 1195. Cf. l'investigation de la Dissertation de G. Calogero, au Chapitre I, Art. II, A), II, 4, où le can. 8 est explicitement mentionné.

320 - (Plus haut cité). Can. 27 de S. Basilius, Ad Amphilochium, epist. can. secunda, in Mansi, vol. III (Appendix X), col. 1203.

321 - Ibib., col. 1206.

322 - (Plus haut cité). Can. 46 de S. Basilius, Ad Amphilochium, epist. can. secunda, in Mansi, vol. III (Appendix X), col. 1207.

323 - Ibid., epist. can. tertia, col. 1211.

cann. 54, 56 et 57, sur les peines sanctionnant les meurtres volontaires et involontaires[324].

. S. Gregorius Nysseni (+394):

can. 5: "*Dividitur autem hoc malum in voluntarium et involuntarium. Et est caedes quidem voluntaria, quae meditato suscepta est ab eo qui se ad hoc comparaverat, ut hoc facinus perpetraret. Deinde illud quoque in voluntariis existimatum est, quando quis in congressu verberans, et verberatus, per iram plagam mortiferam intulerit. Qui enim ira semel victus est, et animi motui indulget, nihil eorum quae malum possent amputare, ei perturbationis tempore in mentem venit. Quare et illic ortus ex pugna caedis eventus, in factum voluntarium, non in casum confertur. Involuntariae autem caedes habent manifesta indicia: quando quis alteri rei studium applicans, casu immedicabile aliquod malum fecerit*"[325].

. Pius XII:

allocution aux participants du 6ème Congrès International de Droit Pénal: "*(...) Parmi les garanties exigées par le droit, il n'est rien peut-être d'aussi important ni d'aussi difficile à obtenir que la détermination de la culpabilité. Ce devrait être en droit pénal un principe inattaquable que la 'peine' au sens juridique suppose toujours une 'faute'. Le principe de causalité pure et simple ne mérite pas d'être reconnu comme un principe juridique se suffisant à lui tout seul... Dans le délit commis avec intention mauvaise, le principe de causalité sort son plein effet; le résultat -l''effectu secuto' du droit canonique- peut réellement être exigé pour que l'existence d'un délit soit vérifiée; mais, en droit pénal, la causalité et le résultat obtenu ne sont imputables que s'ils vont de pair avec la culpabilité. Ici le juge se heurte à des problèmes difficiles, même très difficiles. Pour les résoudre, il faut avant tout un examen consciencieux du fait subjectif -l'auteur du délit connaissait-il suffisamment l'illégalité de son acte? sa décision de l'accomplir était-elle substantiellement libre? On s'aidera pour répondre à ces questions des présomptions prévues par le droit. S'il est impossible d'établir la culpabilité avec une certitude morale, on s'en tiendra au principe: 'in dubio standum est pro reo'*"[326].

allocution aux Juristes Catholiques Italiens: "*(...) Si tratta innanzi tutto di percepire chiaramente la relazione che fa dipendere la pena dalla colpa... Il compimento della pena non è nè intelligibilie nella sua realtà oggettiva, nè soggettivamente comprensibile, se non si tiene conto del suo immanente rapporto con la colpa da cui procede. Può accadere che di due atti esteriori specificamente identici l'uno costituisca un fallo pienamente colpevole, e l'altro non implichi alcuna responsabilità in colui che lo pone. Quindi il giudizio*

---

324 - Ibid.

325 - S. Gregorius Nysseni, Ad S. Letoium, epist. can., can. 5, in Mansi, vol. III (Appendix X), col. 1243.

326 - Pius XII, alloc., Nous croyons que, (*iis qui interfuerunt VI° Conventui internationali de Iure poenali*), 3 octobris 1953, AAS, 45 (1953), p. 737.

***e il trattamento del fallo e del suo autore dovranno essere nei due casi essenzialmente diversi nell'aspetto psicologico, giuridico, etico e religioso...*"[327].

L'Article suivant analyse en détail l'*iter* de formation du canon 1414 du *Codex Canonum Ecclesiarum Orientalium*.

ARTICLE II: LES DIFFERENTES PHASES DE LA FORMATION DU CANON 1414 DU *CODEX CANONUM ECCLESIARUM ORIENTALIUM*

La présente étude fera le point sur la préparation, la proposition et l'évolution des différents Schémas qui ont conduit à l'actuel can. 1414, fruit d'un travail de collaboration entre la Commission, les Organismes de consultation, et le Groupe de travail créé au sein de la Commission.

A)- LE CANON 15 DU SCHEMA DE 1976[328]

Ce canon contient trois paragraphes:

par. 1: "*Nemo poenae canonicae est obnoxius, qui a gravi dolo vel a gravi culpa in violatione legis vel praecepti excusari potest*";

par. 2. "*Nisi lex vel praeceptum explicite in delictum culposum poenam statuant, sanctionibus poenalibus is tantum subicitur, qui delictum dolo patravit, id est qui legem vel praeceptum violare deliberate voluerit*";

par. 3: "*Posita externa legis vel praecepti poenalis violatione dolus gravis vel culpa gravis praesumitur donec contrarium probetur; in legibus vel praeceptis sanctione poenali non munitis dolus vel culpa praesumitur tantummodo si lex vel praeceptum iterum post monitionem poenalem violatur*".

Difficile et laborieuse -reconnaît-on- fut la formulation par la Commission Pontificale de ce long canon, à cause surtout des concepts *imputabilitas* et *dolus*. Le *Coetus specialis* fut confronté à une difficulté liée à la tendance de présumer l'Imputabilité, au lieu

327 - Id., alloc., Come Rappresentanti, (*Sodalibus consociationis ex iuris peritis catholicis Italiae, agens de christiano auxilio preastando carceribus retentis*), 26 maii 1957, AAS, 49 (1957), p. 405.

328 - Cf. Pontificia Commissio CIC Orientalis Recognoscendo, Lo schema dei Canoni riguardanti le Sanzioni penali nelle Chiese Orientali cattoliche, Nuntia, 4 (1977), p. 72 sq., (can. 15, p. 82-83). A côté des numéros des canons du Schéma de 1976 sont ajoutés entre parenthèses les numéros des canons des Textes Initiaux (TI) publiés dans le même fascicule sous le titre I. Testi Iniziali per il *Coetus* IX): e.g. pour le can. 15 (TI cann. 5. 6).

du dol, comme il ressort du compte-rendu des travaux[329]. Après délibération, le *Coetus* retint la présomption du *dolus*, n'ayant pas été convaincu par les raisons de ceux qui désirent la substituer par la présomption d'Imputabilité. Il ne jugea même pas nécessaire de mentionner ce dernier principe qui, dans le cas contraire, aurait eu besoin d'une définition plus claire.

Ainsi, au par. 1, on répète que "*nemo poenae canonicae est obnoxius, qui a gravi dolo vel a gravi culpa in violatione legis vel praecepti excusari potest*"[330]. Le par. 2 élimine, suivant en cela la Commission de Révision du CIC, la possibilité de punir les soit-disant délits coupables "*nisi lex vel praeceptum explicite in delictum culposum poenam statuat*", et déclare que dans le CICO on punisse seulement la personne qui agit *ex dolo*, c'est-à-dire celui qui "*legem vel praeceptum violare deliberate voluerit*"[331]. Le par. 3 est pour le moment formulé et accepté comme tel.

B)- LE CANON 15 DU SCHEMA REVISE[332]

I- Première Réunion du *Coetus*[333]:

Tout au début de cette première réunion qui eut lieu le 3 mars 1980, le Consulteur à qui avait été confiée l'étude préparatoire, donna un rapport complet du canon 15, dans lequel il retenait opportun d'accepter la ligne suivie fondamentalement par le *Coetus* de 1976, c'est-à-dire l'abandon du concept de l'*imputabilitas*, qui dans tous les cas se réduit toujours ou au *dolus* ou à la *culpa*. Le même Consulteur jugea cependant inacceptable la locution *gravis dolus* du texte de 1976, dans la mesure où elle rendait le canon inapplicable.

---

329 - Nuntia, 4 (1977) 82-83: "*Al gruppo non era del tutto chiaro perché oggi si tenda a presumere l'imputabilità, anziché il 'dolus', quando si ommette da tutti che nessuno può essere 'graviter imputabilis' se non abbia agito 'ex dolo vel ex culpa'. Pertanto presumere l'imputabilità sembra implicare anche la presunzione del dolo o colpa cosicché dire 'praesumitur dolus vel culpa' (nei casi ove si punisce espressamente il delitto colposo) non sembra differenziarsi sostanzialmente*".

330 - Nuntia, 4 (1977), p. 83.

331 - Ibid.

332 - Pontificia Commissio CICO Recognoscendo, Nuova Revisione dei Canoni riguardanti le Sanzioni Penali nelle Chiese Orientali Cattoliche, Nuntia, 12 (1981), p. 37 sq., (can. 15, p. 49-52).

333 - Cf. Nuntia, 12 (1981) 50-51.

L'important, selon lui, est de dire que la violation d'une loi est punissable lorsque qu'elle a été commise délibérément; ce qui peut être présupposé. S'il se vérifie, par la suite, que l'acteur au moment de la commission n'était pas gravement coupable, on pourra toujours recourir à une sentence d'absolution. Sur la base des précédentes affirmations, le Consulteur proposa:

- que le par. 1 du canon 15, dans sa formulation de 1976, soit omis;

- que le par. 2 (devenu le par. 1), soit ainsi formulé:

"*Sanctionibus poenalibus is tantum subicitur qui legem vel praeceptum ex dolo, id est deliberate, violavit; qui vero id agit ex culpa, id est ex omissione debitae diligentiae, non punitur nisi lex vel praeceptum aliter caveat*";

- et que le par. 3 (devenu le par. 2) demeure inchangé.

D'autre part, même si alors, il ne voulut pas bouleverser le canon, le Consulteur se demanda s'il ne serait pas opportun de retourner au *ius vigens* du CIC, et de retenir aussi dans le futur CICO le *delictum culposum* comme punissable dans tous les cas où une loi ou un précepte pénal a été violé *ex omissione debitae diligentiae* ou *ex ignorantia* -gravement coupable, s'entend- de la loi.

A la suite de la discussion préliminaire sur l'exposé du Consulteur, le groupe s'accorda pour renvoyer l'entière question aux jours suivants, afin de(s'octroyer le temps d'une réflexion plus approfondie.

II- Deuxième Réunion du *Coetus*[334]:

De nouveau, le lendemain (4 Mars 1980), tous les Consulteurs se prononcèrent pour l'omission du concept de l'Imputabilité qui, dans tous les cas implique le *dolus* et la *culpa*. Le Consulteur (dont il a été question ci-haut) proposa de ne même pas utiliser dans le canon les termes *dolus* et *culpa*, mais seulement les expressions qui les spécifient; ce sont: *deliberata violatio legis, omissio debitae diligentiae, ignorantia legis violatae*, et autres expressions du genre.

Par la même occasion, le Consulteur rappela la nécessité de retourner au *ius vigens* du CIC à propos du *delictum culposum*, étant donnée l'impossibilité de passer sous silence,

334 - Cf. Nuntia, 12 (1981), p. 51.

dans un Code pénal, la *culpa gravis* soit par omission de la diligence requise soit par ignorance de la loi violée.

D'après notre Consulteur, en effet, si le qualificatif *gravis* comme spécifique du *dolus* n'est pas d'une facile compréhension juridique, il en va différemment en ce qui concerne la *culpa*, car on sait juridiquement ce qu'est la *graviter culpabilis omissio debitae diligentiae* ou la *graviter culpabilis ignorantia legis violatae*.

La discussion qui s'en est suivie fut plutôt longue et sans issue, surtout à propos de l'omission ou non des mots *dolus* et *culpa* qui, à plusieurs Consulteurs, semblaient appartenir à un patrimoine juridique acquis; même si d'autres signalèrent que de tels concepts ne sont pas employés par tous les Codes Civils, ni même par toutes les Collections Orientales, bien que leur contenu substantiel soit généralement connu par tous les systèmes juridiques.

III- Troisième Réunion du *Coetus*[335]:

Les Consulteurs, désormais convaincus de l'opportunité d'omettre les mots *culpa* et *dolus*, concordèrent, dans la matinée du 5 mars 1980, après quelques tentatives moins heureuses, sur le texte suivant:

par. 1. "*Sanctionibus poenalibus is tantum subicitur qui legem vel praeceptum violavit aut deliberate aut ex graviter culpabili omissione debitae diligentiae aut ex graviter culpabili ignorantia legis vel praecepti*";

par. 2. "*Deliberata violatio legis vel praecepti aut gravis omissio debitae diligentiae praesumuntur, posita externa violatione legis, donec contrarium probetur; in legibus vel praeceptis sanctione poenali non munitis ea praesumuntur tantummodo si lex vel praeceptum iterum post monitionem poenalem violatur*".

Le vote de ce texte fut de nouveau reporté, pour donner à tous les Consulteurs un petit temps de réflexion.

Dans l'après-midi du même jour, le par. 1 obtint facilement l'approbation de tous; ce qui n'était pas le cas du par. 2 qui, à la demande du Secrétaire de la Commission, fut de nouveau longuement discuté. Ce dernier proposait de revoir et le texte de 1976 et le nouveau texte à la lumière du *ius vigens* (can. 2200 par. 2, CIC 1917), dans lequel la *praesumptio* se réfère seulement au *dolus*, non à la *culpa*, c'est-à-dire ni à la *omissio debitae diligentiae*, ni à l'*ignorantia legis violatae*.

---

335 - Cf. Nuntia, 12 (1981) 51-52.

Pendant la discussion, il apparut que, de toute évidence la *praesumptio* ne peut se référer qu'au *dolus*: l'on peut présumer seulement que la violation de la loi est délibérée; alors qu'il revient à l'accusé même de démontrer que tel n'est pas le cas, en prouvant sinon sa pleine extranéité au délit, au moins que ce dernier a été perpétré par omission de la diligence requise ou par ignorance de la loi. Il appartiendra au Promoteur de justice de prouver que l'omission de la diligence ou l'ignorance de la loi a été *graviter culpabilis*.
Et même si dans certains cas (e.g. les violations des devoirs liés à l'office) on pourrait présumer que l'omission de la diligence requise a été gravement coupable, il ne convient pas d'ajouter cette présomption à celle plus grave qui consiste à présumer que la violation était délibérée.

En ce qui concerne la présomption qui veut qu'à chaque violation de la loi causée par l'*ignorantia legis,* le transgresseur soit jugé gravement coupable, le *Coetus* s'est inquiété du fait qu'une telle présomption serait trop fatale dans la majorité des cas.

Par conséquent, le par. 2 a été ainsi reformulé:

"*Posita externa legis vel praecepti poenalis violatione praesumitur eam deliberate factam fuisse donec contrarium probetur; in legibus vel praeceptis sanctione poenali non munitis id praesumitur tantummodo si lex vel praeceptum iterum post monitionem poenalem violatur*".

C)- LE CANON 14 DU SCHEMA DE 1982[336]:

Le *Schema Canonum de Sanctionibus Poenalibus in Ecclesia*, élaboré par les Consulteurs de la Commission, et révisé par le Groupe de travail *De Delictis et Poenis*, avait été envoyé, le 30 Septembre 1981, aux Organismes de consultation, avec prière de bien vouloir présenter leurs observations avant le 30 Mars 1982.

Les observations parvenues à la Commission Pontificale furent mises en ordre et de nouveau transmises aux membres du Groupe de travail, qui, du 29 Novembre au 4 Décembre 1982[337], s'acquittèrent de leur travail.

Voici pour nous les deux paragraphes du canon 14 de ce Schéma:

336 - Pontificia Commissio CICO Recognoscendo, 'Schema Canonum de Sanctionibus Poenalibus in Ecclesia' nella nuova Revisione, Nuntia, 20 (1985), p. 3 sq., (can. 14, p. 24).

337 - En tout, 30 heures de travail collégial, réparties en 11 sessions. Cf. Nuntia, 20 (1985), p. 3.

par. 1. "*Sanctionibus poenalibus is tantum subicitur qui legem poenalem vel praeceptum poenale violavit aut deliberate aut ex graviter culpabili omissione debitae diligentiae aut ex graviter culpabili ignorantia legis vel praecepti*";

par. 2. "*Posita externa legis poenalis vel praecepti poenalis violatione praesumitur eam deliberate factam fuisse donec contrarium probetur; in legibus vel praeceptis sanctione poenali non munitis id praesumitur tantummodo si lex vel praeceptum iterum post monitionem poenalem violatur*".

Le canon n'a pratiquement pas changé, à l'exception de quelques ajouts introduits, *ex officio*, par nécessaire précision juridique[338]. Il semble que le canon aurait plu à l'ensemble des Organismes de consultation. Certains de ces Organismes l'auraient même gratifié d'un *placet* particulier.

D)- LE CANON 1429 DU SCHEMA DE 1986[339]:

Entre le Schéma précédent et ce nouveau et dernier Schéma, quatre années se sont écoulées[340]. Et c'est ainsi que le can. 14 du *Schema Canonum de Sanctionibus Poenalibus in Ecclesia* de 1982 est devenu le can. 1429 du *Schema Codicis Orientalis* de 1986, dont voici le texte:

par. 1. "*Poenis is tantum subicitur, qui legem poenalem vel praeceptum poenale violavit aut deliberate aut ex graviter culpabili omissione debitae diligentiae aut ex graviter culpabili ignorantia legis vel praecepti*";

par. 2. "*Posita externa legis poenalis vel praecepti poenalis violatione praesumitur eam deliberate factam esse, donec contrarium probatum est; in ceteris legibus vel praeceptis id praesumitur tantummodo, si lex vel praeceptum iterum post monitionem poenalem violatur*".

Les modifications apportées par le nouveau canon sont de deux ordres: grammatical, d'une part; de simplification du langage juridique, d'autre part.

. Le premier ordre -grammatical- concerne d'abord deux verbes du par. 2: '*factam fuisse*' et '*probetur*', qui, par le fait du changement de leur forme,

---

338 - Ces ajouts sont indiqués en caractères italiques dans le texte de Nuntia. Puisque nous avons reproduit le même texte (can. 14) en caractères italiques, nous avons également pris le soin de souligner ces ajouts pour bien les mettre en évidence.

339 - Cf. Pontificia Commissio Codici Iuris Canonici Orientalis Recognoscendo, Schema Codicis Canonici Orientalis, Romae 1986.

340 - Le même laps de temps, du reste, entre le dernier Schéma et le prochain CCEO de 1990.

deviennent respectivement '*factam esse*' et '*probatum est*'; il concerne ensuite la ponctuation: ainsi la virgule (,) après *factam esse* et après *tantummodo*, qui facilite la compréhension du paragraphe, et le rend plus agréable à la lecture.

. Le second ordre de modification résulte du souci de la Commission Pontificale de simplifier le canon, par l'élimination de certaines lourdeurs du langage juridique: c'est ainsi qu'au par. 1, '*sanctionibus poenalibus*' a été simplement remplacé par '*poenis*'; et qu'au par. 2, le groupe de mots '*in legibus vel praeceptis sanctione poenali non munitis*' a été substitué par '*in ceteris legibus vel praeceptis*'.

E)- LE CANON 1414 DU CCEO:

Le canon 1414 du *Codex Canonum Ecclesiarum Orientalium*, se présente comme l'un des plus précieux résultats du labeur du *Coetus De Delictis et Poenis*, à cause du caractère qu'il imprime à tout le Code pénal canonique Oriental, en tant que canon de référence pour la connaissance des fondements de l'Imputabilité, et à cause de l'orientation qu'il propose en vue de la vérification, de l'évaluation et de la détermination de l'Imputabilité des délits. Le canon 1414 est donc ainsi formulé:

par. 1. "*Poenis is tantum subicitur, qui legem poenalem vel praeceptum poenale violavit aut deliberate aut ex graviter culpabili omissione debitae diligentiae aut ex graviter culpabili ignorantia legis vel praecepti*";

par. 2. "*Posita externa legis poenalis vel praecepti poenalis violatione praesumitur eam deliberate factam esse, donec contrarium probetur; in ceteris legibus vel praeceptis id praesumitur tantummodo, si lex vel praeceptum iterum post monitionem poenalem violatur*".

L'unique variation par rapport au Schéma définitif de 1986 est perceptible au par. 2: en effet, le canon 1414 a voulu réhabiliter l'ancienne forme '*probetur*' des Schémas de 1976 et de 1982, de préférence à la forme '*probatum est*' du Schéma de 1986. Ce n'est évidemment qu'un changement mineur, qui laisse intacte la substance du can. 1429 du Schéma de 1986, que notre canon 1414 a tenu à préserver.

Voilà un ensemble d'éléments qui, mis en confrontation avec ceux dont nous avions pris connaissance à travers l'étude de l'*iter* (au Chapitre Deuxième) du canon 1321, nous permettrons de dégager les résultats d'une comparaison sereine entre ce même canon et le can. 1414 du CCEO.

ARTICLE III: LES RESULTATS DE LA COMPARAISON ENTRE LE CANON 1321 DU CIC DE 1983 ET LE CANON 1414 DU CCEO

Nous avons choisi de les exposer en les différenciant quant à la forme et à la substance, et dans le respect d'une dialectique propre caractérisée ici par la synthèse.

A)- QUANT A LA FORME:

. Notre première observation est que la Commission Pontificale pour la Révision du CCEO s'est efforcée de demeurer fidèle aux recommandations contenues dans les '*Norme per la Recognizione del Diritto Orientale*'[341], élaborées par la Faculté de Droit Canonique Oriental[342], et visant à donner au futur Code un caractère typiquement et légitimement oriental, distinct du CIC latin et excluant l'adéquation systématique à ce dernier, si ce n'est dicté par la nécessité d'adapter -en cas de pénurie- une loi latine aux Orientaux[343]. Cet objectif a été en partie atteint avec le canon 1414: celui-ci emprunte, en

---

341 - Nuntia, 1 (numero previo), 1973, pp. 20-33; ou Principes directeurs pour la Révision du Code de Droit Canonique Oriental approuvés par la 1ère réunion plénière de la Commission le 18-23 Mars 1974, *Canons 'De Delictis'*, Nuntia, 3 (1976), p. 17.

342 - Cf. Brevi delineamenti del lavoro della Commissione dalla istituzione 10 giugno 1973 al 1 dicembre 1973, Nuntia 1 (1973), p. 12.

343 - Cf. la 3ème norme pour la Révision du Droit Canoniq6ue Oriental: - "*Deve evitarsi che il Codice latino sia preso (secondo l'esempio della precedemte Commissione) come base del lavoro della Commissione per la Revisione del Codice Orientale, e inoltre che il Codice orientale sia, anche apparentemente, una copia di quello latino perché ciò urterebbe e non senza ragione sia i cattolici che i non cattolici*", p. 24;

- "*Una lege latina può essere molto adatta per i Latini, perciò non deve adattarsi per gli Orientali 'ipso facto' perché costoro hanno un altro modo di pensare e di agire diverso da quello proprio dei Latini. Tuttavia, non rimane escluso che, se fra gli Orientali manca un dato ordinamento, non si possa adattare una lege latina agli Orientali*", p. 24-25. Cf. le Pape Benoît XIV, qui recommanda aux Missionnaires délégués pour l'Orient de ne pas oeuvrer à réduire au rite latin les rites déjà reconnus par le Saint-Siège et vénérés par tradition: "*... ut omnibus perspecta fiat benevolentia, qua Sedes Apostolica Catholicos Orientales complectitur, dum praecipit, ut omnino serventur veteres ipsorum Ritus, qui neque Catholicae Religioni, neque honestati adversantur; nec a Schismaticis ad Catholicam unitatem redeuntibus exposcit, ut Ritus suos deserant, sed ut Haereses solum eiurent, atque execrentur: exoptans vehementer, ut diversae eorum Nationes conserventur, non destruantur, omnesque (ut multa paucis complectamur) Catholici sint, non ut omnes Latini fiant*", Benedictus XIV, ep. encycl., Allatae Sunt, (*ad Missionarios per Orientem deputatos*), 26 iulii 1755, in Codicis Iuris Canonici Fontes, P. Gasparri (cura), vol. 2, *Romani Pontifices*, n. 434, T.P.V., Romae 1948, n. 48. Cf. R. Metz, La seconde tentative de codifier le Droit des Eglises Orientales Catholiques. Latinisation ou identité orientale?, L'Année Canonique, 23 (1973) 296-297; M. Daoud, au moment de la Révision, observait: "*Dans les divers textes-base que nous avons à discuter, la présence des aspects typiques de l'Occident est tellement forte et évidente que tout spécialiste en matières orientales doit se demander s'il s'agit d'un droit oriental avec des influences latines ou plutôt d'un droit typiquement latin avec la présence de quelques éléments orientaux... La Révision doit être totale et substantielle. soit dans l'énumération des diverses sections du Code soit*

effet, une ligne différente de celle du can. 1321 du CIC de 1983, sans toutefois se départir de celle des cann. 2199 et 2200, par. 2, du CIC de 1917[344].

. Par souci de concision, le can. 1414 (CCEO) a été réduit à deux paragraphes, contrairement au canon 1321 qui en compte trois. Cette réduction a comme conséquence une certaine contraction au niveau du style, et l'élimination des mentions du '*dolus*', de la '*culpa*', et de l''*imputabilitas*'[345] qui semblent encore entretenir une certaine tautologie au sein du can. 1321 (CIC de 1983). C'est un atout, pensons-nous, à l'actif du CCEO qui, par

ailleurs, a enrichi le canon 1414 d'un premier paragraphe brillamment élaboré après une notable somme d'heures de discussions totalisées par le Groupe de travail *De Delictis*.

B)- QUANT A LA SUBSTANCE:

. Tandis que le can. 1321 (CIC de 1983) indique de manière péremptoire l'*omissio debitae diligentiae* comme unique motif de la *culpa*, le can. 1414 (CCEO) indique aussi l'*ignorantia legis vel praecepti*. Mais il est probable, et même plausible, que le CIC ait utilisé l'expression *omissio*

---

dans la formulation des canons eux-mêmes..., selon la perspective orientale", in Nuntia, 4 (1977), p. 17.

344 - Concernant le Délit Coupable: le Consulteur (sûrement le Président du Groupe de travail) propose par deux fois de revenir au *ius vigens* (le CIC de 1917): 1) lors de la 1ère Réunion du *Coetus* (cf. Nuntia 12 (1981) 50-51, par. 3), il déclare que le délit coupable doit être retenu comme punissable chaque fois qu'une loi ou un précepte pénal a été violé par omission de la diligence requise ou par ignorance gravement coupable de la loi; 2) lors de la 2ème Réunion du *Coetus* (cf. Nuntia 12 (1981), p. 51, par. 2), il rappelle de revenir au *ius vigens* à propos du délit coupable, étant donnée l'impossibilité de passer sous silence, dans un Code pénal, la faute grave soit par omission de la diligence requise soit par ignorance de la loi violée;

Concernant la Présomption: le secrétaire de la Commission propose, lors de la 3ème Réunion du *Coetus* (cf. Nuntia 12 (1981) 51-52, par. 3) de revoir et le texte de 1976 et le nouveau texte, à la lumière du can. 2200, par. 2, du CIC de 1917 dans lequel la présomption se réfère seulement au dol, non à la faute, c'est-à-dire ni à l'omission de la diligence requise, ni à l'ignorance de la loi violée.

345 - "*Bene hanno fatto*,(écrivait O. Bucci), *i Consultori che hanno operato sullo Schema 'De Sanctionibus Poenalibus' ad evitare termini come 'dolus', 'culpa', 'imputabilitas', che non solo non appartengono alla tradizione delle Chiese Orientali ma che appaiono stridenti rispetto alla tradizione stessa della Chiesa*", O. Bucci, Il Codice di Diritto Canonico Orientale nella Storia della Chiesa, op. cit., p. 435.

debitae diligentiae dans un sens générique qui inclurait aussi bien les attitudes caractérisées par l'ignorance, que par la négligence, ou par l'imprudence, ou le manque de rigueur[346], comme il nous sera donné de l'illustrer dans la Section jurisprudentielle de ce Chapitre[347].

. Là où le can. 1321 (CIC de 1983) présume l'Imputabilité du délit en cas de violation externe de la loi ou du précepte, le can. 1414, par. 2 (CCEO) présume l'action délibérée -autrement dit le dol-, exactement comme au can. 2200, par. 2, du CIC de 1917. La raison invoquée, lors des travaux de Révision du CICO, contre la présomption d'Imputabilité du CIC de 1983 et pour la présomption de la violation par action délibérée ou dol, s'inscrit dans une logique bien simple: présumer l'Imputabilité reviendrait à présumer le *dolus* et/ou la *culpa*; or, la *culpa* ne saurait faire l'objet d'une présomption, puisque, par principe elle ne présuppose pas une violation délibérée[348]; donc, seul le *dolus* qui se fonde sur la connaissance de la loi ou du précepte et sur la liberté de l'enfreindre peut valablement constituer un objet de présomption.

. Le can. 1414 (CCEO) ne semble pas tenir compte de la nouveauté introduite par le can. 1321, par. 3 (CIC de 1983), avec la clause '*nisi aliud appareat*' par le moyen duquel le Droit concède un certain avantage à l'accusé dans la phase probatoire de l'Imputabilité. Il est plutôt resté fidèle à la clause traditionnelle de la présomption: '*donec contrarium probetur*', par laquelle la loi impose à l'accusé l'*onus* de la preuve. L'on ne peut que constater, sur ce point, la parfaite syntonie avec le Code Pio-Bénédictin.

. On ne saurait enfin passer sous silence l'introduction, à la fin du deuxième paragraphe du can. 1414 (CCEO), du principe de la *monitio poenale* ou admonestation

---

346 - Ces concepts apparaissent à d'autres endroits du CIC de 1983. E.g.: au can. 1323, n. 2, l'ignorance non coupable dirime la responsabilité pénale; au can. 1324, par. 1, n. 9, l'ignorance non coupable de l'annexion d'une peine à la loi ou au précepte l'atténue; au can. 1325, l'ignorance crasse ou supine ou affectée ne la dirime ni ne l'atténue; au can. 1389, par. 2, la négligence coupable dans les actes de juridiction, de ministère ou d'office, avec dommage pour les autres, est punissable.

347 - Section B, Article I.

348 - Cf. deuxième réunion du *Coetus*, in Nuntia 12 (1981), p. 51, où un raisonnement analogue est fait a propos du qualificatif '*gravis*', qui, selon les membres du *Coetus De Delictis*, ne peut s'appliquer qu'à la *culpa*, et jamais au *dolus* qui est grave par essence.

pénale. Le canon attribue à l'admonestation pénale un rôle paramétrique, en lien avec la possibilité de la présomption de violation par action délibérée de lois ou de préceptes qui ne seraient pas munis de sanctions pénales. Toutefois, la présomption intervient seulement après qu'une loi ou un précepte dépourvu de sanction pénale ait été violé, et qu'après la monition pénale il ait été de nouveau ('*iterum*') violé; car à ce moment on est témoin d'un acte délibéré et pleinement responsable. Cela suppose, au demeurant, que l'admonestation ait été légitimement faite, selon la tradition orientale[349]. Une telle mention de la *monitio poenale* dans le contexte du can. 1414 (CCEO) représente une différence assez notable par rapport au can. 1321 (CIC de 1983) qui préféra abandonner ce principe aux développements ultérieurs.

La deuxième Section de notre Chapitre sera de nature jurisprudentielle. Il s'agira de mettre les notions essentielles de *dolus*, de *culpa* et de *praesumptio* à l'épreuve de situations concrètes auquelles ont été confrontés des Tribunaux. Cette étude nous conduira certainement à une perception plus aiguë de la 'dynamique' de l'Imputabilité.

SECTION B: ETUDE JURISPRUDENTIELLE

Dans l'Introduction à ce Chapitre, nous avions déjà limité notre étude jurisprudentielle à la Jurisprudence Rotale[350] et à celle de la Common Law. Nous avons choisi cette double Jurisprudence dans le but de renforcer nos analyses du principe de l'Imputabilité tel qu'il se dessine à travers la problématique du canon 1321, en les illustrant par le moyen de quelques Sentences processuelles. Cette Section B se subdivise en trois Articles: les deux premiers Articles exposent respectivement une Décision du Tribunal Apostolique de la Rote Romaine concernant un délit commis *ex culpa*, et une Décision du

349 - CCEO, cann. 1407, par. 1; 1406, par. 2; 1407, par. 3; 1436, par. 1 et 2; etc... Pour une revue complète de l'utilisation du vocable *monitio*, Cf. I. Zuzek, Index Analyticus Codicis Canonum Ecclesiarum Orientalium, op. cit., pp. 202-203.

350 - Nous avions déjà averti de la limite que comporte cette jurisprudence (cf. Introduction Générale, n. 5). Toutefois, nous affirmions dans la Première Synthèse du Chapitre I, qu'"*(elle) n'en cache pas moins un patrimoine d'expérience intrinsèque assez riche pour éclairer et orienter dans le bon sens toute action, délibération ou pratique visant à établir la responsabilité pénale d'un délit*".

même Tribunal concernant un délit commis *ex dolo*; tandis que le troisième Article expose une Sentence d'un très éminent Tribunal de la tradition de la Common Law, dans laquelle se vérifie une étonnante proximité entre la présomption d'innocence de la Common Law et la présomption d'Imputabilité "*nisi aliud appareat*" du canon 1321.

Une brève Conclusion à la fin de chaque exposé permettra de faire le compte des résultats auxquels nous serons parvenus.

ARTICLE I: SUR LA *CULPA*: SENTENCE DU 27 MAI 1913, *coram Seraphino MANY, Ponente*[351]

Dans l'étude de cette Décision Rotale, nous donnerons, en tout premier lieu, une description des faits; suivra la concordance des doutes et la Sentence elle-même; puis un exposé des motivations *in iure* et *in facto* de la Sentence; et enfin la brève synthèse que nous inspire la Sentence.

A)- LA DESCRIPTION DES FAITS[352]:

Un prêtre nommé Odo, recteur de la paroisse X. (1890-1906), du diocèse Z., était administrateur des biens appartenant à deux oeuvres pies: une école de filles et une maison de repos pour personnes âgées. La somme de ces biens s'élevait à près de 115.550 livres, avec un revenu annuel de près de 4.022 livres par an.

Mais comme en 1905 ledit curé voulut assurer la sécurité des titres que constituait le pieux patrimoine, il les confia, avec un titre de dépôt, à Paulus, qui était surintendant au conseil de fabrique de la paroisse, et industriel en retraite. Il arriva, par la suite, que Paulinus, le fils de Paulus, voulut emprunter l'argent à la 'Banque de France'. Paulus demanda alors au Révérend Odo que les mêmes valeurs françaises, d'une somme de 72.400 livres, soient données à la Banque comme caution pour l'argent emprunté; manoeuvre que concéda, malgré lui-même, le Rév. Odo.

Au début de l'année 1906, alors que Paulus s'apprêtait à se rendre à Nice, il déposa les titres restants, c'est-à-dire externes, dans le compte de son fils Paulinus. Mais Paulus mourut à l'improviste à Nice, le 2 mars de la même année 1906. Comme son père Paulus au Rév. Odo, le fils Paulinus payait au successeur de celui-ci, le Rév. Nicetas, les revenus

351 - S.R.Rotae Decisiones, vol. V (1919), dec. XXX, 27 maii 1913, c. Many,S., 335-355. Les deux autres Juges du Tribunal collégial sont: F. Heiner et I. Prior; le Notaire: Sac. T. Tani.

352 - Cf. le n. 1 de la *Decisio*.

annuels des titres (depuis novembre 1906), lorsque, par un triste fait, il survint que le 10 août 1908 la famille de Paulus tomba en faillite; ce qui entraîna la perte de l'ensemble du pieux patrimoine que lui avait confié le Rév. Odo, soit les valeurs françaises déposées dans la 'Banque de France', et aussi les titres externes qui entre-temps furent déposés par la même famille dans une autre Banque communément appelée "Crédit Lyonnais", en caution également pour l'argent emprunté, mais sans le consentement du Rév. odo.

Donc, le Rév. Nicetas réclama ce pieux patrimoine au Rév. Odo, par la suite curé de la ville de T. Le procès institué dans la curie de Z., émit la sentence du 11 mai 1912 contraignant le Rév. Odo à restituer les valeurs françaises des oeuvres pies de la paroisse X., soit 72.400 livres, mais l'absolvant de la restitution des titres externes.

Non content de cette sentence, le Rév. Nicetas fit appel au Tribunal Apostolique de la Sacrée Rote Romaine, demandant que le Rév. Odo soit condamné à restituer tous les titres.

B)- LA CONCORDANCE DES DOUTES ET LA DECISION OU SENTENCE DU TRIBUNAL ROTAL:

Tout d'abord, à la suite de la *litis contestatio*, le juge établit la concordance des doutes comme suit: "*An et qua mensura D. Odo, parrochus oppidi T., teneatur ad redintegrandam dotem piarum fundationum in casu*"[353].

A l'issue du procès, le Tribunal décida que le Rév. Odo était tenu de restituer la somme intégrale des oeuvres pies de la paroisse X., mais qu'il était absout du paiement des intérêts. Ainsi donc, le tribunal répondit à la proposition des doutes, en confirmant une partie de la Sentence de la Curie Z., qui condamnait le Rév. Odo à restituer les valeurs françaises, mais en désapprouvant l'autre partie de la même Sentence, qui l'absolvait de la restitution des titres externes. Le tribunal fixa, toutefois, au 1er octobre de l'année 1913 le terme de la restitution des valeurs externes. Que si le Rév. Odo différait la restitution, il devrait payer l'intérêt de cette somme jusqu'au jour de la restitution; intérêt qui devait, cependant, s'élever à la somme de quatre livres pour cent[354].

Mais ce qui rend une Sentence compréhensible et convaincante, c'est bien la force des arguments qui la sous-tendent. Pour la Sentence ci-haut nous allons, à présent exposer les profondes motivations du Juge rapporteur (ou ponent), Seraphino Many.

---

353 - Cf. ibid. Trad.: Si et jusqu'à quelle mesure le Rév. Odo, curé de la ville de T., est tenu au remboursement des biens des pieuses fondations dans cette affaire.

354 - Cf. le n. 32 de la *Decisio*.

C)- LES MOTIVATIONS DE LA DECISION ROTALE

Les motivations d'une Sentence sont toujours *in iure* et *in facto*. *In iure*, pour donner à la Sentence un aspect scientifique, par sa mise en adéquation avec les principes du Droit et avec la doctrine et la tradition juridiques. *In facto*, pour interpréter le cas concret à la lumière de ces principes du Droit et de cette tradition juridique[355].

I- Motivations *in iure*

1. A propos de l'Administration des Biens des Causes Pieuses en général[356]:

La Sentence définit les causes ou œuvres pieuses comme des institutions dont les revenus sont orientés vers un but pieux, de religion, de miséricorde, de charité[357]. Ces causes pieuses sont dites ecclésiastiques lorsqu'elles sont érigées par l'autorité ecclésiastique des Ordinaires. Dans ces cas, la gestion et l'entretien de leurs revenus (pour les écoles, les orphelinats, les maisons de repos pour anciens, les hôpitaux, et autres) est confiée à une personne morale; et -à moins que le fondateur ne statue autrement- celui qui préside à un Chapitre, un Collège, ou une Paroisse, est fait *ipsi facto* administrateur des biens de l'oeuvre pieuse. A défaut d'être érigées par l'autorité ecclésiastique, les causes pieuses peuvent être placées sous la tutelle de cette même autorité.

A l'administrateur il est interdit de gérer pour lui-même les biens des causes pieuses, mais pour la fin à laquelle elles sont destinées[358]. Pour cette raison, il ne peut

---

355 - Cf. can. 1612, par. 3. Pour l'importance qu'a dans les Sentences émises par les Tribunaux ecclésiastiques leur motivation, le Pape Jean-Paul II, dans son Allocution du 26 janvier 1989 à la Rote Romaine (*Ringrazio l'Ecc.mo Decano*, in Insegnamenti di Giovanni Paolo II, XI,1 (1989), 179-185), avait rappelé le devoir de faire précéder au dispositif de la Sentence les raisons sur lesquelles elle se fonde; et cela non seulement pour rendre plus facile son acceptation, dans le cas où elle serait exécutive, mais aussi pour garantir le droit à la défense dans une ultérieure instance ; cf. F. Della Rocca, Giuridicità e Pastoralità nel Diritto Canonico, Ephemerides Iuris Canonici, 46 (1990), p. 79, note 3.

356 - Cf. les nn. 2 et 3 de la *Decisio*.

357 - E.g.: une Paroisse, un Chapitre, un Collège, un orphelinat, une maison de repos pour anciens, une école, un hôpital, etc...

358 - "*Non est ipse dominus bonorum causae piae; haec enim, ut dictum, pertinent ad ipsam causam piam; sed est tantum administrator, cuius officium est conservare bona, eaque ad finem a pio fundatore propositum erogare*". S. Manv. n. 3.

aliéner les biens des causes pieuses; car l'aliénation excède les fins de la simple administration.

S. Many invoque ici le Droit Romain, selon lequel -au moins jusqu'à l'époque de Constantin- était prohibée l'aliénation des biens mineurs, à moins que cette dernière ne soit requise par la raison même de l'administration[359]. On retrouve cela dans le Droit Canonique, selon lequel l'office de l'administrateur, quelle qu'en soit l'origine, et à supposer qu'il ait été octroyé avec la clause "*cum plena et libera administratione*", exclut non seulement les donations, mais aussi les aliénations, les transactions, les compromis, et les serments[360].

2. Concernant l'Imputabilité *ex culpa* pour les Dommages causés dans l'Administration des Causes Pieuses[361]:

Selon S. Many, tout administrateur est tenu à la réparation des dommages qu'il porte, par un comportement coupable, au patrimoine mis sous sa responsabilité. Mais, pour qu'un tel comportement induise l'obligation de la réparation, il faudrait très diligemment chercher à savoir jusqu'à quel point il doive être qualifié de coupable.

Encore une fois, S. Many fait un parcours à travers le Droit Romain, et consulte quelques experts du Droit civil comme du Droit Canonique, chez lesquels on trouve la clé d'interprétation de la *culpa* (ou *omissio debitae diligentiae*) en trois niveaux: *lata seu magna, levis,* et *levissima*[362].

---

359 - E.g., lorsqu'il s'agit de choses qui ne peuvent être conservées, et qui par conséquent doivent être vendues; ainsi L. *Lex quae*, 22, et L. *Non omni*, 16, C. *De administratione tutorum* (5, 37); cf. Voetium, Ad Pandectas, in tit. *De administratione et periculo tutorum* (26, 7), n. 6 sq.; Heineccium, Ad Pandectas, parte 4, par. 328 sq.; Accarias, Précis de Droit Romain, t. 1, Paris 1886, 385-388; Girard, Manuel de Droit Romain, Paris 1901, 212-213.

360 - Cf. Barbosa, De Clausulis usu frequentioribus, *Clausula 35*, nn. 18, 26, 27, 33, 34, 47.

361 - Cf. le n. 4 de la *Decisio*.

362 - L. 223, D. De Verborum significationibus: "*Latae culpae finis est non intelligere quod omnes intelligunt*"; ou L. 213, par.1, du même titre: "*Lata culpa est nimia negligentia, id est non intelligere quod omnes intelligunt*". D'où il n'est pas surprenant que la *culpa lata* soit équiparée au dol, comme il est dit dans L. 226, ibid.: "*Magna negligentia, culpa est; magna culpa, dolus est*"; et L. 1, D. Si mensor falsum: "*lata culpa plane dolo comparabitur*". La *culpa levis* est, quant à elle, l'omission de la diligence, qui communément arrive aux hommes diligents ou aux bons et prudents *patres familias*. Enfin, la *culpa levissima* est l'omission de la diligence par les hommes très diligents. Cf. les jurispérites (ou experts du Droit): Vinnius, Institutiones, lib. 3, tit. 15, par. 2, n. 7; Toullier, Duranton, Beusch (chez Carrière, De iustitia et iure, t. 3, n. 1134), Accarias, Précis de Droit Romain, t. 2, Paris 1886, 444-445; Baudry-lacantinerie. Précis de Droit Civil. t. 2. Paris 1892. n. 886: Girard. Manuel de Droit Romain. op.

3. Quel genre de *culpa* pour le mauvais Administrateur des Causes Pieuses?[363]

A la question qu'il pose: "*quam culpam praestare debent damnificatores?*", le Juge rapporteur de la Sentence avance lui-même trois hypothèses *in iure*:

a. *première hypothèse: non existence d'un contrat*

Il s'agit d'un dommage perpétré en dehors de tout contrat, *ex facto inconsulto* ou *ex omissione diligentiae requisitae*. On applique alors:

* en Droit Romain, la '*lex Aquilia*', dans laquelle l'auteur du dommage est rejoint par la *culpa levissima*[364].

* en Droit Canonique, la Décrétale de Grégoire IX, cap. Si culpa tua, 9, *De iniuriis et damno dato*[365], dans laquelle, manifestement, le Législateur canonique rénove et confirme la '*lex Aquilia*' pour l'Eglise. Les Décrétalistes, interprètes des *Decretales* de Grégoire IX, ont communément enseigné qu'en Droit Canonique l'auteur du dommage, en cas d'administration catastrophique des causes pieuses, doit être accusé de *culpa levissima*[366].

b. *deuxième hypothèse: existence d'un contrat*:

---

cit., p. 647-648. En Droit Canonique, cf. D'Annibale, Summula, t. 1, ed. 3, par. 297, n. 13, et M. Lega, De Iudiciis, t. 3, Roma 1910, n. 34.

363 - Cf. les nn. 5-7 de la *Decisio.*

364 - L. 44, D. Ad legem Aquiliam, 9, 2: "*In lege Aquilia et levissima culpa venit*".

365 - "*Si culpa tua datum est damnum, vel iniuria irrogata, seu aliis irrogantibus opem forte tulisti, aut haec imperitia tua sive negligentia evenerunt, iure super his satisfacere te oportet; nec ignorantia te excusat, si scire debuisti ex facto tuo iniuriam verisimiliter posse contingere vel iacturam*".

366 - Ainsi Reiffenstuel, in tit. *De iniuriis et damno dato*, n.39; Pichler, in eumdem tit., n. 12; Gonzalez, in cap. Si culpa tua; etc... Et ceci a été reçu dans le Code Civil Français (de l'époque): art.1382, 1383, où il est statué: "*Chacun est responsable du dommage qu'il a causé non seulement par son fait, mais encore par sa négligence, ou par son imprudence*"; ici aussi, les interprètes, après avoir pesé les termes 'négligence' et 'imprudence', disent communément qu'ils suffisent à provoquer la *culpa levissima*. Sur la même idée, cf. le Code Civil Italien (de l'époque), art. 1151, 1152.

Il s'agit d'un dommage provoqué dans les limites d'un contrat, c'est-à-dire à la suite de la non observance des obligations assumées au moment de la signature du contrat.

En Droit Romain, explique la Sentence Rotale, on n'applique pas dans ce cas la '*lex Aquilia*', mais les préceptes de Droit établis selon les diverses espèces de contrats. Ainsi, certains passent uniquement à l'avantage du créditeur (e.g. le dépôt); et dans ces cas, le débiteur est rejoint par le *dolus* et la *culpa lata*. D'autres passent soit à l'avantage de chacun des contractants (e.g. vente, location, et d'autres contrats onéreux), soit à celui du seul débiteur (e.g. emprunt); et dans tous ces cas, le débiteur est rejoint par la *culpa levis*[367].

D'après la Sentence, le fait de la cooptation par le Droit Canonique de cette théorie -dans laquelle on distingue le dommage prévu dans la '*lex Aquilia*' de celui provoqué par la non observance des contrats- est exposé dans les commentaires des canonistes au titre *De iniuriis et damno dato*, où ils enseignent vivement de ne pas appliquer aux contrats ce qui fut dit à propos de la responsabilité de la *culpa lata, levis et levissima*. En ce qui concerne les contrats, on doit donc s'en tenir à la nature juridique des contrats singuliers, dans la détermination de la culpabilité.

c. *troisième hypothèse: existence d'un quasi-contrat*:

Il s'agit d'un dommage provoqué dans le cadre d'un quasi-contrat (*quasi-contractus*), c'est-à-dire à la suite de la non observance des obligations en découlant. Dans ce cas, on applique les mêmes observations faites plus haut à propos des contrats; ce qui veut dire qu'en Droit Romain, on n'applique pas ici la '*lex Aquilia*', mais bien les préceptes de Droit qui régissent les divers types de quasi-contrats[368].

Si, comme l'indique la Sentence, la tutelle -pour prendre cet exemple- est presque un type d'administration, dans le Droit Romain antique le tuteur était très probablement responsable par *dolus* et par *culpa lata*; car en vérité, dans ce quasi-contrat, comme dans le contrat de dépôt, il en va de l'intérêt du seul créditeur: le mineur en l'occurrence. Peu à peu, la loi devint plus sévère, et imposa au tuteur la charge d'administrer les biens du

367 - C'est ainsi qu'il ressort de la conception commune des interprètes du Droit Romain, parmi lesquels Accarias, op. cit., t. 2, n. 663; Girard, loc. cit., p. 648-649 (cf. Carrière, De Contractibus, t. 1, n. 227.

368 - Ainsi communément les interprètes du Droit Romain: cf. Accarias, loc. cit., n. 663, à propos de la tutelle, et de la gestion des affaires; Girard, loc. cit., p. 649, à propos des mêmes quasi-contrats; Baudry-Lacantinerie, t. 2, op. cit., n. 869.

mineur, comme l'aurait fait un bon et prudent *paterfamilias*, de sorte qu'il soit aussi responsable par *culpa levis*, mais non par *culpa levissima*[369].

Après l'exposition de la partie théorique *in iure*, suivons à présent l'argumentation *in facto* de la Sentence de S. Many, qui lui est étroitement liée, et qui va nous conduire à la résolution du doute, à savoir si et dans quelle mesure le Rév. Odo est tenu à restituer l'argent des pieuses fondations.

II- Motivations *in facto*

1. La Nature Juridique des deux Oeuvres Pieuses en question[370]:

Avant tout, S. Many s'est longuement interrogé sur la nature juridique des deux oeuvres pieuses en question dans cette affaire, à savoir l'école des filles et la maison de repos pour anciens. Au terme d'une évaluation historique des deux oeuvres pieuses, à la lumière de l'exposition *in iure*, il arrive à la conclusion suivante: elles sont deux entités juridiques autonomes, pieuses certainement, mais non ecclésiastiques, car n'ayant pas été érigées par une autorité ecclésiastique; elles demeurent, néanmoins, sous la tutelle de cette dernière en tant qu'oeuvres pieuses[371]. S. Many se plaît même à souligner que le système étatique du pays où s'est déroulé le drame ne permet pas toujours à un Evêque d'ériger sans grand danger de telles institutions[372].

369 - Cf. Heineccium, Ad Pandectas, P. IV, par. 328; Accarias, t. 1, op. cit., n. 150; cela a été encore une fois reçu dans le Droit Canonique, et dans la Jurisprudence de la S.R.Rota: en effet, il y a une extension au administrateurs d'églises et de lieux pieux, qui, en Droit canonique, sont assimilés aux tuteurs, et sont tenus aux mêmes obligations, surtout celle de rendre compte, comme le statue expressément cap. Quia contingit, 2, *De religiosis domibus*, Clem.; c'est le discours que tient également la S.R.Rota dans plusieurs Décisions: cf. inter *Recentiores*, dec. 275, n. 1, Parte IV; dec. 355, n. 4, Parte I; dec. 432, n. 26, Parte IX, t. 2.

370 - Cf. les nn. 8-12 de la *Decisio*.

371 - "*Ea numquam fuisse erecta auctoritate episcopali, et ideo numquam evecta fuisse ad dignitatem operum aut locorum ecclesiasticorum ..., sed remanisse in statu operum mere piorum*", n. 12; cf. Motivations *in iure*, n. 1.

372 - "*Non solent ita erigi in Gallia scholae sic dictae liberae, nec hospitalia; imo saepissime erectio ab episcopo facta his institutis multum periculosa esset; unde potius relinqui solent tamquam instituta mere privata*", n. 12. Sur le même thème, S. Many (au n. 21) rappelle l'année trouble (1905), où, en France, la loi scélérate dite 'Loi de séparation' était préparée dans les réunions publiques de l'Etat, et où circulaient des appels et des menaces d'enquête et d'inventaire sur les biens de l'Eglise.

2. L'Attitude de l'Accusé, et son Imputabilité, à propos de la Gestion des Titres français[373]

a. *consentement à la transaction*:

C'est donc avec le consentement du Rév. Odo que Paulus déposa à la 'Banque de France' la somme de 72.400 livres comme caution au prélèvement qui a été opéré. Et, afin de prouver que le Rév. Odo a vraiment consenti à l'accomplissement d'une telle transaction, et partant, son Imputabilité et son entière responsabilité[374]**, S. Many nous rapporte la déposition de ce dernier:**

"Après le mois de juillet 1905, Mr. Paulus me proposa de tirer meilleur parti des titres. Je lui répondis que je n'avais jamais trafiqué sur ces titres, que je ne voulais ni ne pouvais le faire. Il me demanda alors de lui permettre de déposer les valeurs françaises à la 'Banque de France' en garantie d'un emprunt qu'il ferait personnellement pour aider son fils Paulinus qui, à cette époque, entreprenait une affaire importante (la vente du pétrole à domicile), me disant qu'empruntant comme administrateur de la Banque à 3%, il prêterait à son fils à 4%, et ferait profiter les oeuvres de ladifférence, soit 1%. Il m'affirma que les pour les oeuvres, que lui et sa famille étaient là pour donner toute sécurité. Je fus bien embarrassé. Je ne pouvais douter de la parole de mon président de fabrique, qui semblait au-dessus de tout soupçon; il me sembla difficile de dire un non catégorique; je lui rappelai que ces fonds étaient un dépôt sacré, et je lui dis que je m'en rapportais à sa conscience de chrétien"[375]**.**

A la question: 'Quel consentement avez-vous donné à cette proposition?', le Rév. Odo répondit dans sa déposition:

"Un consentement passif; il a bien compris que je ne m'y opposais pas; j'ai ajouté: 'Je laisse cela à votre conscience"[376]**.**

D'après S. Many, il n'y a absolument pas l'ombre d'un doute: tous les éléments sont réunis, dans cette déposition, pour qu'on puisse affirmer que le Rév. Odo, bien que passivement et malgré lui, a toutefois consenti à ce qu'une importante partie du patrimoine pieux soit cédé sous caution pour un emprunt d'argent.

373 - Cf. les nn. 14-19 de la *Decisio*.

374 - Comme le témoigne l'une des affirmations les plus péremptoires de la Sentence de S. Many: "*Nihil tollere debet de imputabilitate qua gravatur administrator qui in hoc pignus consentit*", n. 15.

375 - Au n. 15 de la *Decisio*; le soulignement est de notre ressort.

376 - Ibid.; et item pour le soulignement.

b. *abus de pouvoir*[377]:

S. Many va même plus loin, en accusant le Rév. Odo d'avoir abusé de ses compétences par l'exécution d'un vrai acte d'aliénation. En effet, l'aliénation, en Droit, n'est pas seulement entendue comme le transfert de toute la possession d'une chose à une autre personne (e.g. la vente), mais aussi le transfert d'un droit réel à une autre personne (e.g. la constitution d'une hypothèque). Ainsi, la caution est une vraie aliénation. Or, l'administrateur ne peut aliéner les biens qui lui sont confiés, ni les hypothéquer, ni les utiliser en faveur d'une autre personne; autrement, il excède les limites de son pouvoir[378]. Or, dans le cas du Rév. Odo, il ne s'agit pas d'une simple omission de la diligence requise, mais aussi d'un véritable excès de pouvoir -même commis de bonne foi.

L'auteur de la Sentence est convaincu que cet excès fut vraiment la cause du dommage. Selon lui, la perte du patrimoine pieux qui fut mis sous caution dérivait de manière directe et immédiate du même contrat de caution, dont la nature était telle que si la dette n'était pas payée dans un laps de temps déterminé, la caution serait acquise par le créditeur. Ainsi, comme durant ce laps de temps la famille de Paulus ne paya pas la dette qu'elle avait contractée auprès de la 'Banque de France', les valeurs furent acquises par celle-ci, et les œuvres pieuses tombèrent en ruine.

c. *imputabilité du Rév. Odo*:

Pour déterminer, donc, l'Imputabilité dans ce genre de faute, S. Many a voulu garder la logique avec son argumentation précédente. Par conséquent, à propos du Rév. Odo il va se reporter à la deuxième hypothèse exposée dans la motivation *in iure* de la Sentence[379], et qui postule non pas l'application de la '*lex Aquilia*' là où le dommage a été causé par ce genre d'administration, mais les lois spéciales qui regardent l'office même de l'administrateur de la cause pieuse. Ces dispositions spécifiques, en effet, obligent l'administrateur à gérer les biens de la cause pieuse comme un bon et prudent chef de famille, qui par conséquent sera tenu au moins à la *culpa levis* en cas de dommage. En outre, ce qui attire plus l'attention, dans le dommage causé aux œuvres pieuses par le Rév.

377 - Cf. nn. 16-17.

378 - Cf. Motivations *in iure*, n. 1. Serait-on proche du dol?

379 - Cf. Motivations *in iure*, n. 3, b.: dans le cas de l'existence d'un contrat.

Odo, c'est le fait externe, en raison de la nature même du contrat qui, en sa qualité de négoce juridique à caractère patrimonial, est de type externe; c'est pourquoi, malgré la droiture d'intention et la bonne foi du Rév. Odo, la *culpa iuridica* demeure, et demeure grave.

L'exposé que nous venons de faire concerne seulement les titres français du patrimoine des œuvres pieuses, endommagés par une gestion un peu trop naïve. Qu'en-est-il de l'attitude du Rév. Odo, et de son Imputabilité, devant la perte de l'autre partie du patrimoine, à savoir les titres externes?

3. L'Attitude de l'Accusé, et son Imputabilité, concernant la Perte des Titres externes[380]

a. *individualisme dans la gestion des titres externes*

S. Many a déploré le fait que le Rév. Odo ait déposé ces titres entre les mains de Paulus, sans consulter ni le Comité paroissial ni l'Evêque du lieu.

*** défaut de consultation du Comité paroissial:**

Le rôle du Comité paroissial consistait précisément dans la prise en charge des causes pieuses de doctrine et de charité de la paroisse. On comptait en son sein des personnalités imbues d'une longue expérience des négociations financières.

Monsieur Arthur témoigne:

***"Je ne puis que vous dire que Mr. Odo ne nous parla jamais des fonds en question, et que ce n'est plus que lors de la banqueroute de Paulus que nous apprîmes, à notre grand étonnement, que Mr. Odo avait, sans consulter aucun de nous, remis à Paulus toutes ces valeurs, qui se trouvaient ainsi englouties dans la catastrophe"*[381].**

En outre, le Rév. Odo ne tint aucun compte des hommes que son prédécesseur, le Rév. Carolus, avait désignés dans sa lettre quasi-testamentaire du 11 novembre 1889, comme les futurs aides du curé dans les oeuvres pieuses: à savoir Mr. François et Mr. Arthur.

380 - Cf. les nn. 20-24 de la *Decisio*.

381 - Au n. 21 de la *Decisio*; le soulignement est de notre ressort.

*** défaut de consultation de l'Evêque du lieu:**

Comme le rappelle S. Many, le Rév. Odo était administrateur de patrimoines pieux, mais non un administrateur autonome. En effet, nul n'ignore que, d'après un fameux décret du Concile de Trente, les tuteurs principaux et premiers des causes et fondations pieuses sont les Evêques, qui ont le droit de visiter et de connaître toutes les oeuvres et les lieux pieux de leur territoire, même si ces oeuvres ou lieux appartiennent à des laïcs, et même lorsqu'ils seraient munis du privilège de l'exemption[382]. le même décret oblige les administrateurs des causes pieuses, tant ecclésiastiques que laïcs, à rendre annuellement compte de leur administration à l'Ordinaire[383].

Dans notre cas, affirme S. Many, le Rév. Odo n'a pas daigné consulter l'Archevêque Z. En effet, à la question: 'Avez-vous pensé, avant le dépôt fait à Mr. Paulus, à en parler à l'Archevêque?', il répond dans sa déposition:

"*Je n'y ai pas pensé*".

b. *carence de documents de garantie*[384]:

Ensuite, le fait d'avoir déposé les titres dans les mains d'un industriel, sans exiger aucun document de garantie, fut une erreur bien grave que le rapporteur de la Sentence souligne assez amèrement. Ce dernier, bien que reconnaissant en Paulus un homme très honnête (en raison même des charges qui lui étaient confiées: Président du Conseil de Fabrique et des Œuvres Pieuses de la paroisse), s'étonne de l'attitude du Rév. Odo qui, pris

---

382 - Concilium Tridentinum, cap. *Episcopi*, 8, sess. 22, De Reformatione: "*Episcopi, etiam tamquam Sedis Apostolicae delegati, in casibus a iure concessis, omnium piarum dispositionum, tam in ultima voluntate, quam inter vivos, sint exsecutores; habeant ius visitandi hospitalia, collegia quaecumque, ac confraternitates laicorum, etiam quas scholas, sive quocumque alio nomine vocant;... eleemosynas montis pietatis sive charitatis, et pia loca omnia, quomodocumque nuncupentur, etiamsi praedictorum locorum cura ad laicos pertineat, atque eadem pia loca exemptionis privilegio sint munita; atque omnia quae ad Dei cultum, aut animarum salutem, seu pauperes sustentandos instituta sunt, ipsi ex officio suo, iuxta sacrorum canonum statuta, cognoscant et exsequantur: non obstantibus quacumque consuetudine, etiam immemorabili, privilegio aut statuto*".

383 - Id., cap. 9, sess. 22, De Reformatione: "*Administratores tam ecclesiastici quam laici, fabricae cuiusvis ecclesiae, etiam cathedralis, hospitalis, confraternitatis, eleemosinae montis pietatis, et quorumcumque piorum locorum, singulis annis teneantur reddere rationem administrationis Ordinario*".

384 - Cf. toujours le n. 23 de la *Decisio*.

par une confiance excessive -car nul n'ignore les risques liées à l'activité industrielle de ce temps, et même chez les plus honnêtes-, lui confia les titres, sans laisser aucun document, ni un sommaire des titres, ni un accusé de réception. N'ayant pas su protéger le patrimoine pieux avec un document sûr, le Rév. Odo fut, au demeurant, dans l'impossibilité d'informer suffisamment son successeur de l'importance et du caractère de ce patrimoine, et des titres qu'avait détenus puis perdus la famille de Paulus[385].

c. *imputabilité du Rév. Odo*:

D'après l'auteur de la Sentence, la faute qui a conduit à la perte des titres extérieurs des œuvres pieuses consisterait dans l'*omissio diligentiae, vigoris et prudentiae*. Si au terme de la Sentence Rotale le Rév. Odo est tenu de restituer ces titres -contrairement à la décision administrative précédente-, c'est parce que l'Imputabilité à ce niveau est bien établie. En effet, cette Imputabilité *ex culpa* s'établit sur la base interprétative des dommages causés par un administrateur, comme plus haut à propos des valeurs françaises, mais avec une majeure spécification des motifs de l'Imputabilité que sont l'*omissio diligentiae, vigoris et prudentiae*[386].

---

385 - Ainsi ressort-il de la déposition du Rév. Nicetas: "*Mr. Odo m'ayant dit lui-même que ces fonds appartenaient à la paroisse, je ne pouvais pas douter de leur destination; mais n'ayant aucune pièce authentique entre les mains, je ne pouvais pas en poursuivre la revendication, bien que j'aie désiré le faire*". L'expert avocat, Lucas, reconnaîtra la même chose dans sa plaidoirie: "*On ne pourrait d'ailleurs prétendre que ces diligences (pour recouvrer les biens) incombaient au nouveau curé Mr. Nicetas, lequel n'avait pas traité avec Mr. Paulus, et n'avait jamais été mis en possession de ces valeurs*". Cf. le n. 27 pour les deux précédentes citations; le soulignement est de notre ressort.

386 - En ce qui concerne l'*omissio vigoris*, ou manque de rigueur, ou mollesse, elle apparaît bien dans la lettre (du 9 janvier 1907) du Rév. Odo, demandant à Paulinus de retirer les titres de la 'Banque de France': "*Je profite de la circonstance pour vous rappeler le désir que je vous ai exprimé de retirer de la 'Banque de France la somme qui y était engagée, et que j'avais reçue à titre de simple dépôt. Il vaut mieux que cette somme ne soit productive que de son intérêt propre et ne court pas les risques d'une valeur commerciale. Vous exécuterez ce désir, s'il vous plaît, dès que le moment vous paraîtra opportun de le faire. Je m'en rapporte absolument à vous*", (n. 26; le soulignement est de notre ressort). D'après le rapporteur de la Sentence, puisqu'il s'agit des biens des autres, le Rév. Odo devait ordonner, exiger, imposer un délai, plutôt que d'exprimer un simple désir, et d'attendre un temps opportun pour l'exécution de ce désir, remettant tout finalement à la décision de Paulinus: "*Je m'en rapporte absolument à vous*".

Pour mieux illustrer cela, la Sentence reprend la conclusion de la plaidoirie de l'expert avocat Lucas[387], qui fustige assez énergiquement la mollesse, le manque de rigueur et de diligence de l'accusé, qui aurait pu utiliser "*tous les moyens que la raison et l'obligation à laquelle il était tenu lui imposaient*"; il aurait tout au mois dégagé sa responsabilité en cas d'échec. Et, de toute façon, "*la famille (de Paulus) aurait tenu à honneur d'acquitter la dette du père; elle aurait tout fait pour ne pas laisser éclater un scandale*". En conclusion: "*Mr. l'Abbé Odo paraît devoir être reconnu responsable de la perte des valeurs appartenant aux œuvres de X., faute d'avoir fait les diligences nécessaires pour en obtenir la restitution après la mort de Paulus. telle est la conclusion stricte et rigoureuse, à laquelle conduisent l'examen des faits et l'application des principes*".

Après une étude si détaillée des motivations *in iure* et *in facto* de la Sentence Rotale de Seraphino Many, il est bon d'en faire une petite synthèse apte à individuer les objectifs que nous recherchons.

C)- UNE BRÈVE SYNTHÈSE

. Nous avons choisi cette Sentence, dans le but d'assurer à notre étude d'une des sources de l'Imputabilité qu'est la *culpa*, l'autorité même de la Jurisprudence de la Rote Romaine. L'intérêt de cette étude se mesure à la complexité du drame que révèlent les faits, à la justesse de la Décision prononcée par le Collège des Juges au terme du procès canonique, et à la profondeur de l'argumentation du Juge rapporteur de la Sentence.

. La Sentence fait assumer au Rév. Odo, principal protagoniste du drame, la responsabilité de la perte des biens des oeuvres pieuses qu'il gérait, le convainquant d'Imputabilité *ex culpa*, pour causes d'omission de la diligence requise, de manque de rigueur (ou mollesse, ou laxisme), et de manque de prudence. Bien plus, la perte des valeurs françaises, puis des valeurs étrangères, donne lieu de penser qu'il s'agirait de deux fautes distinctes; ce que confirme la Sentence en les abordant successivement dans la partie *in facto*, et en condamnant l'imputé à restituer l'intégralité de la somme perdue: celle qui avait été mise sous caution à la 'Banque de France' pour le prêt octroyé à Paulus par la

387 - Cet avocat avait été envoyé par le Très Rév. Archevêque Z. Nous citons une partie de sa plaidoirie deux notes plus haut. Nous sommes, toutefois, tentés de l'assimiler simplement au promoteur de justice du premier procès (administratif).

même Banque, et la somme restante qui avait été déposée par Paulinus (le fils de Paulus) au 'Crédit Lyonnais'.

. Cette Décision nous paraît très imformée par le sens de l'équilibre entre justice et équité. En effet, d'une part,le Tribunal Rotal ayant pris acte de la gravité des faits reprochés au Rév. Odo, et de la précédente décision, établit, par le moyen d'un second procès, l'Imputabilité de ce dernier dans le dommage financier causé *ex culpa* aux œuvres pieuses, et prononce une condamnation proportionnelle: la réparation du dommage; et nous disons que c'est justice. D'autre part, le Tribunal, en absolvant le Rév. Odo du remboursement des intérêts bancaires, a tenu à faire honneur au noble principe juridique de l'équité qui, grâce aux arguments développés par l'avocat défenseur, se traduit en équité canonique[388].

Les deux fondements de l'Imputabilité étant la *culpa* et le *dolus,* notre prochaine étude jurisprudentielle aura comme objet une Sentence Rotale concernant ce dernier principe.

ARTICLE II: SUR LE *DOLUS*: SENTENCE DU 16 FEVRIER 1925, *coram Andreas JULLIEN, Ponente*[389]

388 - Pour renforcer la Sentence de Many, voici deux autres Sentences à propos de la *culpa iuridica*: 1) Dec. VII, c. Prior, diei 4 aprilis 1916, in S.R.Rotae Decisiones seu Sententiae, vol. VIII (1916), 74-85: où le Tribunal Rotal refuse à l'appelant, le prêtre Antonius, le bénéfice de la réparation des dommages causés par Michael, Vicaire Forain, en raison d'une précédente imprudence commise par le même Antonius (dénonciation par lettres anonymes directement adressées au Souverain Pontife contre le curé Petrus), et qui avait été à la base de la condamnation de Antonius par le Tribunal civil;
2) Dec. XVI, c. Massimi, diei 17 iulii 1917, in ibid., vol. IX (1917), 155-160: ici, le Tribunal Rotal, au 3ème grade de jugement, confirme la Sentence de condamnation du curé Aloisius à la peine (ou plutôt pénitence) de huit jours d'exercices spirituels dans un monastère, et du paiement des frais judiciaires. Aloisius a été convaincu d'imputabilité *ob malum exemplum et laesum decoris clericalis*, à la suite d'une familiarité suspecte.

389 - S.R.Rotae Decisiones, vol. XVII (1935), dec. XI, 16 februarii 1925, c. Jullien A., 81-90. Les deux autres Juges du Tribunal collégial sont: R. Hindringer et F. Gugliemi; aucune mention du Notaire.

Nous suivrons, dans cette étude, le même plan quadripartite de l'Article précédent: description des faits, concordance des doutes et décision du Tribunal, motivations de la Sentence, brève synthèse.

A)- LA DESCRIPTION DES FAITS[390]:

Le prêtre Petrus, provenant de la ville X., dans une lettre adressée au Vicaire Général le 8 janvier 1920, fit état de rumeurs qui circulaient à propos de la manière dont le curé de cette ville X., le Rév. D. Angelus, dirigeait la paroisse depuis 1901, en demandant qu'on y remédiât une fois pour toutes, ou bien, prouvée l'innocence du curé, on imposât le silence aux détracteurs. N'ayant pas été prouvées les allégations du Rév. Petrus, l'Ordinaire émit un décret, dans lequel "*E stata inflitta una nota di severo biasimo al sac. Pietro V. per la leggerezza colla quale raccolse e presentò gravi accuse contro il parroco Angelo C. E riservata l'azione penale par il capo della diffamazione e della calunnia contro il sacerdote Pietro*"[391]. Par la suite, au mois de septembre 1920, dans le but d'investiguer sur l'administration du curé Angelus, d'une part une Commission présidée par le Rév. Petrus avait été constituée par le conseil paroissial de la ville de X.; d'autre part l'Ordinaire avait délégué le Rév. D. Marinus, afin qu'il procède à une enquête canonique. Ce dernier ayant terminé son ouvrage au mois de février 1921, estima qu'on devait reconnaître la bonne foi du curé Angelus et blâmer la manière dont le prêtre Petrus a agi dans cette affaire. Déjà, le Rév. Petrus, président de la susdite Commission, avait transmis 28 rapports à la Curie, par lesquels le curé Angelus était violemment accusé de plusieurs délits. Mais, le 8 mai 1921, dans un rassemblement public de la paroisse de la ville de X., le prêtre Petrus, en dehors des limites de son mandat, lut un rapport de la Commission, lequel, s'il n'était pas dirigé contre le curé Angelus laissait toutefois planer sur ce dernier de graves suspicions. Troublé par tous ces bavardages, l'Ordinaire commanda au promoteur de justice d'introduire une

390 - Cf. le n. 1 de la *Decisio*.

391 - Ce décret est cité tel quel par A. Jullien. Nous traduisons: *Un sévère blâme a été infligé au prêtre Petrus, pour la légèreté et l'obstination inconsidérée avec laquelle il recueillit et présenta de graves accusations contre le curé Angelo C. Une action pénale à l'encontre du prêtre Petrus, pour le chef de la diffamation et de la calomnie, n'est pas exclue.* (n. 1).

accusation contre le Rév. Petrus pour raison de diffamation. Puis, le juge notifia solennellement au prêtre Petrus le libellé du promoteur de justice, et établit un terme convenable pour la présentation des défenses. Après l'écoulement du terme fixé, on prononça la sentence du 15 juin 1921, selon laquelle le Rév. Petrus est suspendu *a divinis*, jusqu'au moment où, l'Ordinaire aura jugé rétablie la renommée du curé Angelus. Contre cette sentence, et dans le mépris total des remèdes habituels de l'appel ou de la querelle de nullité, le Rév. Petrus recourut au Tribunal de la Sacrée Rote, afin que lui soit concédée la *restitutio in integrum* par négligence des prescriptions de la loi de la part du juge.

B)- LA CONCORDANCE DES DOUTES ET LA DECISION DU TRIBUNAL ROTAL:

A l'issue de la *contestatio litis*, le Tribunal fixa la concordance des doutes en deux points:

- "*An sit locus restitutioni in integrum in casu; et quatenus Affirmative*"[392];

- "*An constet de diffamatione, ita ut sit locus reparationi et suspensionis irrogationi in casu*"[393].

Le 19 janvier 1923, les Auditeurs de tour répondirent *negative* au premier doute, et *affirmative* au second, et statuèrent l'obligation de la satisfaction par le Rév. Petrus des frais judiciaires.

Contre cette sentence le Rév. Petrus interjeta appel, et cette fois la cause est définie par le Tour Rotal suivant sous le doute habituel: "*An sententia Rotalis diei 19 ianuarii 1923 sit confirmanda vel infirmanda in casu*"[394]. La sentence définitive du 16 février 1925 répondra *affirmative* à la proposition de doute, ou "*confirmandam esse sententiam Rotalem*", et établira la même obligation du paiement par le Rév. Petrus des dépenses judiciaires[395].

---

392 - Trad.: *s'il y aurait lieu de procéder à la 'restitutio in integrum'; si oui, jusqu'à quelle mesure.*

393 - Trad.: *s'il y a diffamation, de sorte qu'il faille s'attendre à la réparation et à la suspension.*

394 - Trad.: *si dans cette affaire la sentence Rotale du 19 janvier 1923 doit être confirmée ou infirmée.*

C)- LES MOTIVATIONS DE LA DECISION ROTALE[396]

Pour motiver la Sentence, A. Jullien consacre l'ensemble de la partie *in iure* à la *restitutio in integrum*; ce qui a comme conséquence de ne considérer le *dolus* que dans la partie *ad factum*[397], tout en émaillant cette dernière de quelques considérations *in iure*. Néanmoins, -en dépit de ce qui pourrait apparaître comme une confusion- cette Sentence révèle une grande richesse interne, comme nous allons nous en rendre compte à travers l'étude de deux grands axes: la présomption et la certitude du dol, et les raisons qui fondent celui-ci.

I- Présomption ou Certitude du *Dolus*?[398]

Le Juge rapporteur de la Sentence expose tout d'abord l'objection de l'appelant (Rév. Petrus), selon laquelle la principale violation de la loi réside dans le fait de la confusion par le Juge diocésain -dont la Sentence fut confirmée par le Tribunal Rotal- des notions de diffamation et de dol. Dans son rapport, l'avocat de l'appelant tente de justifier les allégations de son protégé. Selon l'avocat, donc, les paroles et gestes injurieux induisent une présomption de dol, non une certitude; et c'est pourquoi le Juge diocésain ne pouvait émettre une sentence de condamnation à l'encontre du Rév. Petrus, pour le seul chef de la présomption de dol; mais il était tenu de s'assurer, à travers une investigation judiciaire, si réellement ce dernier avait agi de mauvaise foi ou de manière injurieuse. Ayant omis cette investigation par laquelle le crime pouvait être découvert, le Juge diocésain aurait agi contre la justice.

Le rapporteur de la Sentence admet la pertinence de l'objection, mais seulement dans la mesure où le dol s'appliquerait aux négoces juridiques considérés sous l'angle de

395 - Cf. le n. 9 de la *Decisio*.

396 - Notre intérêt pour la Sentence de A. Jullien se limite principalement à la deuxième partie de la controverse, à savoir l'existence ou non de la diffamation, de sorte qu'il faille s'attendre ou non à la réparation et à la suspension. C'est en effet dans cette partie qu'est analysée l'attitude dolosive de la diffamation que le Rév. Petrus s'est obstiné à opérer contre le curé Angelus, portant gravement atteinte à la renommée de celui-ci.

397 - Les nn. 3-6, et 8 de la *Decisio*.

398 - Cf. le n. 4 de la *Decisio*.

l'acte rescisoire. Il en va tout autre lorsque le dol est vu dans son rapport avec l'Imputabilité des délits en matière criminelle[399]. Car, insiste-t-il, tout homme a le droit de défendre sa renommée contre une offense injuste ou diffamation. Cette diffamation peut revêtir deux formes: soit la simple détraction, qui consisterait à révéler, sans raison suffisante, un délit occulte; soit la calomnie, qui reviendrait à accuser quelqu'un d'un délit qu'il n'a pas commis. Or, souligne-t-on dans la Sentence, l'atteinte injuste à la renommée d'autrui est prohibée non seulement par le droit divin, mais aussi par les lois humaines, et dans le for canonique par le canon 2355[400]. lorsque donc, il est établi qu'un tel a porté atteinte à la bonne renommée d'un autre par des écrits ou des paroles, le juge, par la force du canon 2200, par. 2 est tenu de présumer que l'acte ignominieux ait été commis par volonté dolosive[401]. Il appartient au même juge, après l'écoulement du laps de temps fixé pour la présentation des preuves, de rompre la présomption[402].

L'argument suivant, qui s'interroge sur les raisons fondant le dol, devrait nous plonger -contrairement aux thèses plutôt théoriques du point précédent- dans le vif

---

399 - Pour cela, le rapporteur de la Sentence réclame tour à tour le can. 2200, par. 1 et 2, sur la définition et sur la présomption du dol, et le can. 1747, n. 2, sur la preuve du dol. Il cite également certains classiques, tels Reiffenstuel, Lib. II, tit. 23, De Praesumptionibus, n. 84, 95, 125; et Schmalzgrueber, Lib. V, tit. 36, De Iniuriis, n. 8. Nous aurions bien sûr préféré que A. Jullien transférât toutes ces citations à la partie *in iure* des motivations de la Sentence.

400 - Ce canon récite: "*Si quis non re, sed verbis vel scriptis vel alia quavis ratione iniuriam cuiquam irrogaverit vel eius bonam famam laeserit...*": suivent les menaces de peines ou de pénitences auxquelles s'expose le calomniateur ou le diffamateur.

401 - En d'autres termes: de mauvaise foi, ou par volonté de nuire.

402 - Ici encore, comme pour une argumentation *in iure*, l'auteur cite de nouveau les auteurs ci-haut, et renvoie à deux Sentences exprimant la doctrine de la Sacrée Rote Romaine en la matière: 1) S.R.Rota, vol. IV, dec. XLII, 30 decembris 1912, c. Lega,M., n. 7, où nous lisons: "*Diffamatio comprehendit tum detractionem, tum calumniam, sive alterius fama laedatur viva voce, sive signis, veluti risu, cachinnis, sive figuris pictis aut sculptis. Si vero diffamatio patretur per scripturam vel etiam per descriptas figuras, habetur 'libellus famosus'*"; 2) S.R.Rota, vol. VI, dec. VII, c. Mori,I., n. 11: "*Iniuria, iuxta moderni iuris principia, quae magis respondere praesumuntur hodiernis temporibus, quam antiquae leges romanae, ... dispescitur in simplicem iniuriam stricte sumptam, seu contumeliam quae est obiectio probrosa qua debitus proximo honor violatur, et regulariter in absentem non cadit; et in diffamationem quae est iniusta laesio famae alterius iniuste facta, sive narrando quae vera sunt, sed occulta (diffamatio stricte sumpta seu detractio), sive quae falsa (calumnia). Si diffamatio fiat scripto, pictura vel aliis latioris publicationis mediis, habetur libellus famosus*". Ces Sentences, en donnant, d'une part, un aperçu des différentes formes que peut revêtir le délit de diffamation (de vive voix, ou par des signes, comme le rire ou les railleries, ou par des figures dessinées ou sculptées), et d'autre part, en spécifiant celui de diffamation par écrit (*libellus famosus*), illustrent également par cette dernière forme l'attitude de l'accusé, et confirment sa pleine Imputabilité par dol. vol. VI, dec. XII, 21 februarii 1914, c. Lega, p. 85 sq.

des faits qui ont provoqué le procès canonique, pour aboutir, sous l'éclairage du Droit, à la résolution du doute.

II- Raisons qui fondent le *Dolus*

1. Les Rapports signés et transmis à la Curie:

La première idée qui a été avancée concerne l'existence dans les actes processuels de la Curie diocésaine de 28 rapports signés par le Rév. Petrus, et transmis au Vicaire Général et à la Curie diocésaine. Dans ces rapports on relève de nombreuses affirmations contre le Curé Angelus, qui par leur nature portent gravement atteinte à la renommée de ce dernier. En plus, ces affirmations, loin d'être présentées comme se référant à des rumeurs circulant dans la région, sont plutôt de vraies accusations montées contre le curé, et qui manifestement outrepassent les chefs d'accusation que devait prouver le Rév. Petrus, conformément à un décret de la Curie, du 22 juillet 1920.

A propos de ces rapports, les avocats de l'appelant ont qualifié d'erronée la thèse de la diffamation. Il s'est plutôt agi, selon eux, de dénonciation, puisqu'il manquait l'aspect public du fait[403]. A cette objection A. Jullien apporta deux éléments de réponse:

- d'abord, le Rév. Petrus ne fut pas condamné par le décret de l'Ordinaire pour cause de dénonciation, mais parce qu'à l'issue de l'enquête (que lui-même avait demandée), non seulement les accusations qu'il avait formulées ne furent pas prouvées, mais il ne voulut pas se désister pour autant. Le décret de l'Ordinaire mentionne explicitement que le Rév. Petrus a maintenu toutes ses accusations, même après la confrontation et la tentative de réconciliation devant le Vicaire Général. Ce jour-là, il ne sut rien opposer à la force des documents qui furent mis en sa présence[404].

- ensuite, concernant la Sentence diocésaine, elle ne condamne pas le Rév. Petrus pour les dites lettres, mais pour les nombreuses accusations, certainement très graves, contre le curé Angelus, et dont le Rév. Petrus n'a pu démontrer le fondement.

2. Le Rapport lu en public:

---

403 - Le n. 6: "*Verum, alio ex capite quidem errarunt appellati iudices tum tribunalis tum superioris Turni, nam in casu, non agitur de diffamatione, sed de denuntiatione...*"; n. 6 A: "*In eiusmodi epistolis, quae argumentum praecipuum accusationis, constituunt, deest prorsus crimen diffamationis, quia deest facti publicitas. Sac. Petrus enim facta non communicavit cum pluribus personis, sed ea tantum Superiori denuntiavit...*"

404 - Le n. 6 A: "*Tutti questi appunti vennero mantenuti dal Sac. Pietro...(che) non ha saputo opporre nulla a la forza dei documenti che gli vennero mostrati il giorno 10 giugno...*"

Il y a également le rapport composé par le même Rév. Petrus, et publiquement lu par ce dernier, au cours d'une assemblée, le 8 mai. L'Ordinaire estima que de graves suspicions étaient formulées dans ce rapport contre le curé Angelus, en dehors du mandat de la Commission.

Mais là encore, les avocats de l'appelant rétorquèrent qu'il s'agissait d'une fausse affirmation du promoteur fiscal. Ils rappelèrent, par ailleurs, qu'en l'année 1923, un certain rapport sur l'administration du curé Angelus avait été produit sous forme privée, à la demande du Rév. Petrus, par l'expert D. Bosius[405]; ce à quoi A. Jullien répond par la reconnaissance d'une erreur de jugement de la part du Juge diocésain, et non pas d'une négligence des prescriptions de la loi. De ce fait, ce dernier principe ne pouvait être invoqué pour l'obtention de la *restitutio in integrum* près le Tribunal d'appel[406]. Au demeurant, et selon l'estimation du Juge, l'accusé n'ajouta aucun argument par lequel ses paroles ignominieuses contre le curé Angelus pourraient être excusées du dol; il ne porta aucune exception aux accusations du promoteur de justice; au contraire, il déclara: "*E superfluo che io entri nel merito pauroso e straziante della causa...*"[407].

D)- UNE BRÈVE SYNTHÈSE:

Deux raisons principales nous ont poussé à choisir cette cause de diffamation par dol comme objet d'étude de la Jurisprudence Rotale en matière pénale:

. la première raison s'explique par les péripéties et les rebondissements qu'a connus la cause, après trois instances judiciaires: le for diocésain, et les deux Tours du for Rotal. Cette discussion successive a pu, en effet, apporter à la cause une grande richesse thématique.

. la deuxième raison est que malgré les soubresauts consécutifs au passage du Juge diocésain aux Auditeurs de la Rote Romaine, la Sentence du premier n'a subi aucune contradiction: elle a été confirmée, puis reconfirmée, et même élargie en terme de rigueur (à travers l'obligation faite au Rév. Petrus de payer la totalité des frais judiciaires); ce qui

405 - Cf. le n. 8 C.

406 - Cf. ibid.

407 - Trad.: *il est superflu que j'entre dans le mérite effrayant et déchirant de cette affaire...*

démontre la validité des arguments avancés par le Tribunal diocésain, convainquant et imputant ce dernier de diffamation par dol contre le curé Angelus.

. Par ailleurs, tous les éléments sont réunis pour affirmer l'existence du délit *ex dolo* et sa commission par une personne ayant toutes les capacités d'entendre et de vouloir, et déterminée à créer par tous les moyens un scandale. On peut seulement regretter que l'auteur de la Sentence Rotale ne se soit pas préoccupé des raisons secrètes ayant sous-tendu l'obstination du Rév. Petrus dans ses accusations contre le curé Angelus. D'autre part, on ne sait pas l'état d'âme du curé Angelus, s'il a essayé de se défendre, et par quels moyens. Mais ces silences ne réduisent en rien la profondeur de cette Sentence que A. Jullien a voulu rendre synthétique en sacrifiant quelques détails pour aller à l'essentiel: confirmer ou non la Sentence précédente.

. Enfin, il nous plaît de mentionner l'écho solidaire que trouve le principe (énoncé au can. 2355, CIC 1917, et cité par A. Jullien) de la prohibition de l'atteinte injuste ou illégitime à la bonne renommée d'autrui, dans le can. 220 du CIC de 1983, qui proclame, par la même occasion, le droit de tout un chacun à préserver son intimité[408].

La prochaine et dernière étude jurisprudentielle aura comme objet le système juridique de la *Common Law*. Ceci aura comme avantage d'établir un rapprochement entre le principe de la présomption d'innocence de la *Common Law* et celui de la présomption d'Imputabilité *nisi aliud appareat* du canon 1321, par. 3.

408 - "*Nemini licet bonam famam, qua quis gaudet, illegitime laedere, nec ius cuiusque personae ad propriam intimitatem tuendam violare*", can. 220, CIC 1983. Voici enfin, pour renforcer la Sentence de Jullien, deux autres Sentences à propos du *dolus*: 1) Dec. XXII, c. Grazioli, diei 2 iunii 1924, in S.R.Rotae Decisiones seu Sententiae, vol. XVI (1924), 183-209: le Tribunal Rotal, convaincu du dol, confirme la Sentence du Tribunal Diocésain condamnant les prêtres Davus et Laelius de grave diffamation orale contre le prêtre Aenea; 2) Dec. XXXIV, c. Solieri, diei 30 iulii 1924, in ibid., pp. 294-303: le Promoteur de Justice s'est constitué acteur en premier grade de jugement auprès de la Rote, dans une affaire de diffamation et de calomnie; le Tribunal Rotal a répondu négativement aux doutes proposés: le prêtre Rufus n'était donc pas imputable de diffamation et de calomnie, en raison de l'*exceptio veritatis* soulevée par lui, et qui a révélé l'insuffisances de preuves en faveur du dol.

ARTICLE III: SUR LE RAPPORT ENTRE LA PRÉSOMPTION D'IMPUTABILITÉ '*NISI ALIUD APPAREAT*' ET LA PRÉSOMPTION D'INNOCENCE: JURISPRUDENCE DE LA *COMMON LAW*[409]

Cet Article est développé en trois points: le premier est une interrogation sur le pourquoi du choix de la jurisprudence de la *Common Law*; le second expose les faits dans l'affaire du meurtre perpétré par un certain Woolmington; le troisième point concerne la Sentence elle-même, suivie en dernier lieu par la synthèse habituelle.

A)- POURQUOI LA JURISPRUDENCE DE LA *COMMON LAW*?

De par son histoire, ses principes et sa méthode, la tradition juridique de la *Common Law* est à l'opposé de la tradition juridique canonique. Alors que cette dernière, en effet, tire son origine du Droit Romain qui, par essence, est un droit codifié, et par rapport auquel le Juge occupe une position d'interprète, la *Common Law* est un droit non codifié, aux origines anglo-saxonnes assez récentes, et au sein duquel le Juge occupe, par le moyen de la Jurisprudence, une véritable fonction législative[410].

Toutefois -et c'est ce qui explique notre choix de ce type de Jurisprudence- malgré cette incompatibilité féroce, nous avons pu découvrir dans le système pénal de la *Common Law* et dans celui canonique une ressemblance non négligeable, au point de vue

---

409 - L'affaire Woolmington, qui se trouve dans les Archives de la Cour d'Assises de la '*Court of Criminal Appeal*' ('*Assizes Court*' ou A.C., 1935, pp. 481-482). Par ailleurs, cette affaire est reprise et commentée par M. Hugues, The Presomption of Imputability in canon 1321, § 3, Studia Canonica, 21 (1987) 24-36. Cf. aussi K. Smith,-D.J. Keenan, English Law, Sir Isaac Pitman and Sons, London 1963, 202-218 (Chapter X: *Criminal Law*); W. Geldart, Elements of English Law, 4. ed., Oxford University Press, London - New York - Toronto 1948, 21-46 (Chapter II: *Common Law and Equity*).

410 - Cf. G. Dalla Torre, Istituzione di Diritto Civile (dispense), P.U.U., Roma 1992: "*In Common Law system the judge is a creator of the norm whereas in the civil law system he is the interpreter of the norm. In this aspect, the Common Law approach is more closely allied with the Canon Law tradition than the Civil Law system*", p. 9; dans la même page, G. Dalla Torre explique la qualification de droit non codifié, attribuée à la *Common Law*, par la primauté de la Jurisprudence. Par rapport à celle-ci, la loi positive n'aurait qu'une fonction subsidiaire. Dans ce système, le législateur intervient dans les cas où manque la Jurisprudence, ou pour changer la Jurisprudence et orienter la loi vers une direction différente; il nous renvoie enfin à l'oeuvre de R. David, Les Grands Systèmes de Droit Contemporains, 7ème ed., Paris 1977; cf. W. Geldart, Elements of Engish Law, op. cit., pp. 1-20 (Chapter I: *Statute law and Common Law*); A. Bachi, I poteri del giudice in un sistema di codice 'judge made law' e di equità, Rivista Internazionale di Filosofia del Diritto, 1925, p. 247 sq.

jurisprudentiel, de leurs principes respectifs de présomption d'innocence et de présomption d'Imputabilité '*nisi aliud appareat*', par lesquels l'accusé de délit est davantage protégé de l'aléatoire du procès, d'une éventuelle erreur judiciaire, ou simplement d'une imputation prédéterminée[411].

Nous avons emprunté à la Jurisprudence anglaise de la *Common Law* une affaire de meurtre, dont nous évoquerons les faits, avec une particulière attention au mode d'application de la présomption d'innocence. Comme nous le disions plus haut, l'utilité de cette analyse pour notre Thèse réside dans l'avantage que nous en tirerons pour justifier la présomption d'Imputabilité établie par le can. 1321.

B)- LA DESCRIPTION DES FAITS[412]:

Reginald Woolmington et sa femme, Violet, étaient mariés le 25 août 1934. Il était un fermier et avait bon caractère. Il était âgé de 21 ans et demie, et sa femme avait quatre années de moins. Ils habitaient à Castleton, près de Sherborne, à la ferme d'un fabricant de fromage, employeur de Woolmington. Le 22 novembre 1934, la femme de Woolmington quitta son mari, et alla vivre avec sa mère, Lilian Smith, une veuve, au N° 24 Newton, Milborne Port. Woolmington voulut qu'elle retourne près de lui et fit tout pour cela, mais en vain. Au N° 25 habitait Mme Brine, une soeur de Mme Smith et tante de la fugitive. Voici ce qui ressort de la description des faits dont elle fut témoin:

---

411 - De ce point de vue, on aurait tendance à croire que les autres systèmes pénaux (de source germanique et napoléonienne) privilégient davantage le principe d'une présomption de culpabilité. E.g., dans la législation pénale italienne existent les mesures de précaution personnelles coercitives, telles la *custodia cautelare*, dont l'exagération de la pratique par les Juges de l'opération *mani pulite* ("mains propre") dans les délits relatifs à l'administration publique, ou à caractère 'mafieux', avaient suscité le décret-loi de juillet 1994, tant contesté et finalement reconverti en un projet de loi; l'intention du gouvernement ayant été de mettre fin à une certaine pratique consistant à garder des accusés en prison, souvent pendant de longs mois, en attendant leur procès; ce qui revenait pratiquement à considérer comme coupables de potentiels innocents. La même chose existe dans la pratique pénale sénégalaise: e.g., en février 1994, des dirigeants de l'opposition politique soupçonnés d'avoir commandité le meurtre, après un meeting politique, de cinq gardiens de la paix, furent détenus sans jugement, dans une prison de droit commun, avant d'être relâchés cinq mois plus tard, en vertu d'un non-lieu. Or, l'ensemble du système juridique de l'Etat sénégalais n'est que la reproduction (souvent déformée) de celui français -en raison de la colonisation- qui est lui-même de source napoléonienne.

412 - Cf. M. Hugues, op. cit., p. 25-26.

* le matin du 10 décembre 1934, Mme Brine qui était dans la cour intérieure du N° 25, entendit la voix de Woolmington: "*Vas-tu retourner ou non?*", et "*Où est ta mère?*". Ensuite, elle entendit la porte intérieure du N° 24 se refermer, puis un coup de fusil. Elle regarda par sa fenêtre d'en face et vit Woolmington. Elle l'appela; il ne répondit pas, mais monta sur sa bicyclette et s'en alla. Elle alla au N° 24 et trouva sa nièce étendue sur le
sol, une balle dans la poitrine.

Woolmington pour sa part décrit ainsi sa version des faits:

* Après avoir passé une mauvaise nuit du 9-10 décembre, il pensa qu'il devait forcer sa femme à l'obéissance, en menaçant de se tuer lui-même. Le 10 décembre, il alla à la ferme jusqu'à 8 h. 20., revint à la maison pour son petit déjeuner, puis retourna à la ferme et prit un fusil appartenant à Mr. Cheeseman. Il attacha au fusil du fil pour transporter le courant électrique, et à l'aide du fil il suspendit le fusil à son épaule droite et sous son
manteau; ainsi équipé, il monta sa bicyclette en direction de chez Mme Smith. Il frappa à la porte; sa femme ouvrit; elle lavait les habits dans la cuisine.
Ils allèrent dans la chambre du fond. Il dit: "*Vas-tu retourner ou non?*", mais n'eut aucune réponse. Sa femme referma la porte intérieure, et ils allèrent dans la chambre à l'avant. Sa femme dit qu'elle ne retournerait pas. Il dit qu'il se tuerait si elle ne retournait pas auprès de lui; et pour expliquer comment, il déboutonna son manteau et fit passer le fusil le long de sa veste. Le coup partit; il ne savait pas qu'il était pointé sur sa femme. Elle tomba sur le sol. Il ne savait pas quoi faire. Il sortit de la maison et alla chez lui.
Là, il vit sa mère et lui dit qu'il était allé là-bas et qu'il avait tué sa
femme. Il jeta le fusil sur le banc, alla chez Mr. Cheeseman et lui dit: "*Je ne viendrai plus travailler, puisque j'ai tué ma femme*".

C)- LA SENTENCE DÉFINITIVE DE LA '*HOUSE OF LORDS*':

Cette affaire a connu plusieurs rebondissements. D'abord, le jury du premier procès ne réussit pas à donner un verdict. Mais le second procès, sous la direction d'un nouveau Juge, conclut à un verdict de culpabilité. Woolmington saisit la Cour Criminelle d'Appel; mais son appel ne fut pas pris en compte. Par bonheur, le Procureur Général certifia qu'un élément de loi d'importance publique exceptionnelle était en jeu; ce qui amena la '*House of Lords*' à entendre l'appel de Woolmington.

Le procès de Woolmington fut clôturé par une Sentence d'acquittement au bénéfice du doute, prononcée par la '*House of Lords*'.

Parmi les faits qui ont joué en faveur de Woolmington, il faut signaler le billet trouvé dans la poche de son manteau, et qui contenait ces adieux signés de sa main:

"*Good bye all.*

It is agonies to carry on any longer. I have kept true hoping she would return this is the only way out (...) May God forgive me for doing this but it is the Best thing (...) Forgive me for all trouble cause.

Good bye all.

I love Violet with all my heart.

***Reg.*(inald)"[413].**

Woolmington affirmait avec persistance que ce billet avait été écrit après la mort de sa femme. En effet, il avait pris la décision de se suicider, et en avait parlé à son père qui le lui déconseilla. La police était arrivée à temps pour l'arrêter.

Par ailleurs, d'après M. Hugues[414], la condamnation de Woolmington, dans le second procès, était rejetée par la '*House of Lords*', à cause de la directive donnée par le nouveau Juge au jury. L'erreur de cette directive se trouvait dans la dérogation au principe de la présomption d'innocence; ce qui revenait à décharger le Procureur du devoir d'apporter la preuve, pour l'imposer à l'accusé. Pour la '*House of Lords*', cette pratique était contraire à la *Common Law*, selon laquelle il ne revient pas à l'accusé d'établir son innocence, mais à l'accusant d'établir la culpabilité de l'accusé. Alors que le Procureur doit prouver la culpabilité de l'accusé, aucune charge d'apporter la preuve de son innocence ne s'impose à ce dernier; c'est suffisant pour lui de faire surgir un doute à propos de sa culpabilité.

Et c'est parce que, précisément, sa version du drame a fait naître un doute raisonnable et très sérieux, remarque un lecteur[415], que Woolmington devait être libéré au bénéfice du doute[416].

---

413 - Ibid., p. 26.

414 - Cf. ibib., p. 26-27.

415 - dont M. Hugues (op. cit., p. 29) nous rapporte le témoignage.

416 - Nous mentionnons ici une Sentence similaire de la '*Court of Criminal Appeal of England*', à propos de l'affaire *Lobell* (R. v. Lobell, 1957, 1 '*Queen Bench*', ou Q.B., pp. 547-552), dont les faits se sont déroulés comme suit: *L'appelant, Harry Lazarus Lobell, était accusé à la Manchester Crown Court de blessures avec intention de porter un grave dommage physique. Il y avait eu mésentente et inimitié entre l'appelant -qui était un boucher et avait un comptoir dans un marché- et le plaignant, un certain Evans. Il était prouvé que des menaces avaient été proférées par Evans contre l'appelant. Ce dernier avait, à une occasion précédente, dit, le couteau à la main, qu'il tuerait Evans, qui avait rétorqué que si l'appelant bougeait la bras il le lui briserait. A propos du jour de la blessure, tel qu'allégué dans les actes, il était dit qu'Evans s'est approché de l'appelant en prononçant des menaces, que ce dernier jeta une brique à Evans qui, cependant, continuait d'avancer sur lui de manière menaçante; à ce moment, l'appelant se saisit d'un couteau, qu'il avait apporté -dit-il- pour sa protection, et le poignarda.*

D)- UNE BRÈVE SYNTHÈSE:

. A travers le principe de la présomption d'innocence de la *Common Law*[417], et le principe canonique de la présomption d'Imputabilité '*nisi aliud appareat*', se dessine la volonté de deux systèmes juridiques différents, voire opposés, de protéger les accusés de délits contre un possible arbitraire des procès pénaux, qui dans les tribunaux civils a fait subir à plus d'un innocent une condamnation injuste. Ces deux systèmes offrent au Juge les garanties d'une plus grande certitude morale; et dans le cas d'un défaut de certitude, ne vaudrait-il pas mieux absoudre un coupable que punir un innocent?

. Pour revenir à la version de Woolmington, il ne nie pas le fait qui lui est reproché. Au contraire, conscient de l'irréparabilité du meurtre fortuit de sa femme, il s'est résigné à dire toute la vérité, en racontant dans les moindres détails les circonstances et les gestes qui ont précédé le coup fatal. Faute de n'avoir pu exécuter son intention de se suicider, il savait qu'il aurait pour toujours dans l'âme le remords d'avoir tué sa femme. C'est pourquoi, bien au-delà de plaider innocent, le but du recours en appel de Woolmington était surtout une invitation à la compréhension devant le désespoir d'un homme trop tôt ruiné par l'abandon de sa jeune femme du domicile conjugal.

. A la lumière de tout ce qui a été dit, la réponse à la question de M. Hugues, de savoir comment Woolmington aurait été jugé dans un style canonique[418], devient presque

---

Ensuite, il monta dans sa voiture et alla au poste de police où il déclara qu'il avait poignardé un homme par légitime défense.
Au procès, l'unique défense alléguée par l'appelant fut qu'en infligeant la blessure il avait agi en état de légitime défense. Lobell fut reconnu coupable par la 'Manchester Crown Court'; mais la condamnation fut annullée par la 'Court of Criminal Appeal', pour deux raisons: 1) l'instruction erronée du juge selon laquelle il incombait à l'accusé d'apporter les preuves de sa défense; 2) le juge n'indiqua pas au jury que le degré de preuve demandé à la défense était moins important que celui demandé à l'accusation. Cf. encore, le cas R. v. Meade, (1909), 1 *King's Bench*, ou K.B., 895, pour une affaire d'intoxication involontaire; et le cas R. v. Dudley and Stephens, (1884), 14 *Queen Bench's Division*, ou Q.B.D, 273, à propos d'un meurtre commis par nécessité.

417 - Cf. R. Pound, The Spirit of The Common Law, 2. ed., Boston 1966 (trad. italiana di G. Buttà, Milano 1970; A. Sarfatti, La nozione del torto nella Dottrina e nella Giurisprudenza inglese, Milano 1903.

418 - Cf. M. Hugues, op. cit., p. 35.

une évidence: comme au for de la *Common Law,* il aurait été présumé innocent, en raison du doute posé, jusqu'à ce qu'on mette en évidence sa culpabilité; une fois démontrée la culpabilité, il lui resterait la possibilité d'ajouter quelques éléments qui mettraient moins en évidence la pleine Imputabilité, dans l'espoir de bénéficier de circonstances atténuantes; dans tous les cas, il devrait abandonner la décision finale au Juge canonique qui, sur la base de l'ensemble des preuves et des circonstances, doit se former une certitude personnelle, et déclarer soit l'Imputabilité soit l'innocence de la personne accusée.

CONCLUSION DU CHAPITRE TROISIÈME

Avec le Chapitre Troisième, nous avons voulu effectuer une importante ouverture de notre Thèse sur les sciences comparative et jurisprudentielle. La comparaison du can. 1321 du CIC de 1983 avec le can. 1414 du CCEO poursuivait un double objectif: permettre une interprétation plus large du can. 1321, et donner à notre Thèse une vraie dimension de catholicité. Et qui dit catholicité dit universalité de l'Eglise, dans la diversité des traditions juridiques de ses membres. D'un côté, l'universalité de la loi canonique est garantie par l'existence d'un unique Législateur, en la personne du Pontife Romain qui, en tant que premier garant de la catholicité, veille à ce que les lois promulguées par lui soient obligatoires pour tous les catholiques, *ubique terrarum*; de l'autre, cette universalité ne fait pas obstacle à l'expression légitime de sensibilités juridiques diverses, pour autant que ces dernières ne menacent pas l'unité entre les catholiques. Au demeurant, deux grandes Traditions -Latine et Orientale- au sein desquelles s'expriment une multitude de sensibilités, sont les témoins de l'expérience pluriséculaire de l'universalité de l'Eglise.

Le Droit Canonique est un élément principal de cette expérience historique. Le Droit pénal codifié -en particulier à travers les canons que nous avons comparés- en constitue un repère important. Cette comparaison a été rendue plus facile et plus objective, grâce au parcours (auquel nous nous sommes astreints) de l'*iter* de la formation respective des deux canons[419], qui, en permettant l'accès aux différents Schémas, nous ont donné l'occasion de nous faire une idée précise de leur configuration successive et de leur évolution vers la forme actuelle.

L'étude jurisprudentielle, quant à elle, s'est appuyée sur des Sentences plus ou moins anciennes. Qu'importe cependant, si après tout, l'expérience démontre que les choses anciennes ont souvent beaucoup plus de consistance que les nouvelles! L'intérêt des deux Sentences Rotales que nous venons d'étudier réside moins dans le prestige de leurs auteurs (Seraphino Many et Andreas Jullien) que dans la profondeur de leurs argumentations. Etaient en question les principes du *dolus* et de la *culpa*. L'une et l'autre Sentence furent le creuset dans lequel ces deux principes (analysés en détail au Chapitre Deuxième) se sont vus confrontés à la réalité, respectivement dans une affaire de banqueroute du patrimoine de causes pieuses advenue par manque de diligence, par

419 - Pour l'*iter* de la formation du can. 1321 (CIC 1983), cf. Chapitre 2, Section A, Article 2.

négligence et par mollesse (*culpa*), et dans une affaire de diffamation par action délibérée (*dolus*).

La troisième Sentence appartient à la Jurisprudence de la *Common Law*, et concerne la présomption d'innocence. Nous ne l'aurions pas introduite dans cette étude jurisprudentielle canonique, si nous n'avions constaté la coïncidence entre la Présomption d'Innocence de la *Common Law* et la Présomption d'Imputabilité '*nisi aliud appareat*' du can. 1321 du CIC de 1983. Un tel rapprochement est d'autant plus heureux qu'il se passe entre deux grands systèmes juridiques qui, apparemment, ne sont liés ni par l'histoire ni par la géographie.

Avec ce Chapitre, nous venons de franchir une autre étape importante vers une connaissance plus enracinée du principe de l'Imputabilité. Le dernier Chapitre abordera la question du contexte pastoral du can. 1321, et des lieux parallèles dans le CIC pour l'intelligence et la fondation juridique du même canon.

CHAPITRE QUATRIÈME:

CONTEXTE PASTORAL ET LIEUX PARALLÈLES DANS LE CODE DE DROIT CANONIQUE, POUR L'INTELLIGENCE ET LA FONDATION JURIDIQUE DU CANON 1321

INTRODUCTION AU CHAPITRE QUATRIÈME

L'analyse du principe de l'Imputabilité que nous avons menée jusqu'ici, en nous appuyant sur le can. 1321 du CIC de 1983, nous amène enfin à considérer le même canon dans sa position juridique à l'intérieur du Code, sa relation et son influence par rapport à certaines situations juridiques analogues du CIC en général et de sa partie pénale en particulier; notre objectif étant de justifier, en quelque sorte, le caractère incontournable de ce canon pour l'interprétation des délits, de leur imputabilité, et de leur imputation *coram iudicem vel superiorem*, sans perdre de vue l'originalité pastorale du Droit Canonique dont la finalité, la *salus animarum*, constitue également la raison d'être du Droit pénal. C'est pourquoi nous avons intitulé le Quatrième et dernier Chapitre de notre Thèse: *CONTEXTE PASTORAL ET LIEUX PARALLELES DANS LE CIC POUR L'INTELLIGENCE ET LA FONDATION JURIDIQUE DU CANON 1321*. Le can. 1321 se situe dans un contexte pastoral bien défini, que nous expliquerons à travers quelques autres canons le précédant ou lui faisant suite. Ce contexte pastoral se résume à une série d'initiatives nouvellement introduites au moment de la révision du CIC, ou au renforcement d'initiatives déjà existantes, dans le sens d'une interprétation plus favorable au délinquant de la loi ou du précepte, et d'une meilleure intelligence de la peine canonique comme moyen extraordinaire auquel on ne recourt qu'après avoir épuisé tous les moyens pacifiques indiqués par la loi. Quant aux lieux parallèles dans le CIC, ils nous permettrons de tester le can. 1321 à l'examen de quelques cas analogiques à l'intérieur comme à l'extérieur du Livre VI, de sorte à lui donner un plus ample enracinement juridique, et à justifier la dynamique du principe de l'Imputabilité. Le Chapitre comptera naturellement deux Sections: 1) Le Contexte Pastoral du can. 1321 dans le *Liber VI: De Sanctionibus in Ecclesia*; 2) Lieux parallèles ou Analogies avec la Culpabilité dans l'ensemble du CIC.

SECTION A: CONTEXTE PASTORAL DU CANON 1321 DANS LE *LIBER VI DE SANCTIONIBUS IN ECCLESIA*

Cette Section comporte cinq Articles, représentant autant de nouveautés ou au moins de nouvelles approches et systématisations des divers stades du Droit pénal

canonique, et qui fondent le caractère éminemment pastoral de celui-ci. Il convient d'évaluer la teneur et la finalité du can.
1321 du CIC de 1983, avec un souci constant de replacer ce canon dans son contexte pastoral, marqué par la réduction des peines *latae sententiae*, par la remise en valeur et des circonstances atténuantes de l'Imputabilité et de l'usage de la *correctio-correptio*, par la primauté de la procédure judiciaire dans l'irrogation des peines canoniques, et par l'ample discrétionnalité du juge dans l'application de ces dernières. Fidèle à notre méthodologie de départ, nous appuierons chacune de nos analyses sur l'analyse-synthèse d'un auteur sur la question.

ARTICLE I: REDUCTION DES PEINES *LATAE SENTENTIAE* (can. 1318)

Bien que le législateur du CIC n'ait pas opté en faveur de la suppression complète des peines automatiques ou *latae sententiae*, il en a réduit très substantiellement le nombre, les réservant aux délits plus graves, et qui autrement passeraient impunis. Par rapport au CIC de 1917, cette réduction marque une avancée significative dans le sens d'une plus grande pastoralité du Droit pénal de l'Eglise. Notre analyse de ce contexte nouveau, également nécessaire à l'interprétation du can. 1321, aura comme point de départ une synthèse de R. Castillo Lara sur la question.

A)- ANALYSE-SYNTHESE DE R. CASTILLO LARA[420]

La première observation de l'auteur concerne la surabondance, dans le CIC de 1917, des peines *latae sententiae* en comparaison des peines *ferendae sententiae*[421]. Ce qui pousse l'auteur à formuler les considérations suivantes:

---

420 - R. Castillo Lara, Algunas Reflexiones Sobre la Futura Reforma del Libro V CIC, Salesianum, 23 (1961) 317-338.

421 - *"En el CIC se pueden contar alrededor de 46 excomuniones 'latae sententiae' y solo 5 'ferendae sententiae'"*, ibid., p. 324, nota 32; cf. A. Bride, Chronique de droit pénal. L'évolution du droit pénal depuis le Code. Doctrine et Jurisprucence, L'Année Canonique, 2 (1953) 305-308.

- L'existence de peines *latae sententiae*, qui s'encourent *ipso facto commisi delicti*[422], est une particularité de la législation canonique, car seule l'Eglise peut lier les consciences juridiquement au-delà des limites de l'extérieur contrôlable[423].

- Ces peines offrent à l'autorité ecclésiastique un moyen efficace pour punir rapidement certains délits, surtout lorsque le scandale actuel ou imminent, ou la gravité même de la violation exigent une prompte réparation.

- Dans les peines *latae sententiae*, la sentence est donnée par anticipation. Une sentence en quelque sorte abstraite, qui ne peut considérer si le fait délictueux intègre totalement le type juridique (la *factispecies* pénale), avec les requis de l'Imputabilité. Ce 'subjectivisme' des peines *latae sententiae*, si abondantes dans la législation de 1917, restreint son efficacité.

- En conclusion, R. Castillo Lara estime qu'on doive prudemment restreindre l'abondance des peines *latae sententiae* aux cas strictement nécessaires, et donner en échange plus d'amplitude aux peines *ferendae sententiae*.

B)- L'EVOLUTION DU PROBLEME AVEC LE CIC DE 1983

Le canon 1318[424] récite:

"Latae sententiae poenas ne comminetur legislator, nisi forte in singularia quaedam delicta dolosa, quae vel graviori esse possint scandalo vel efficaciter puniri poenis ferendae sententiae non possint; censuras autem, praesertim excommunicationem, ne constituat, nisi maxima cum moderatione et in sola delicta graviora".

Pour une juste compréhension de ce canon, il faudrait d'abord se reporter au can. 1314 qui décrit avec précision les deux modalités juridiques d'application des

---

422 - Can. 2217, CIC 1917.

423 - Cf. E. Fogliasso, Teologia e Diritto Canonico, Salesianum, 13 (1951) 401. Bien que certains auteurs, principalement avant le Code de 1917, attribuent aussi à l'autorité civile le pouvoir de donner des peines *latae sententiae*: e.g. Suarez, De legibus, l. V, cap. 7, n. 6; id. De Censuris, disp. III, sect. II, n. 8.

424 - Qui se trouve au *Titulus II: De lege poenali ac de praecepto poenali*, de la *Pars I: De Delictis et Poenis in Genere*, précède de peu le can. 1321 qui est le premier canon du *Titulus III: De subiecto poenalibus sanctionibus obnoxio*.

peines canoniques: *ferendae sententiae* et *latae sententiae*[425]. Ainsi, la peine *latae sententiae*, contrairement à celle *ferendae sententiae* qui ne s'encourt qu'à la suite d'un procès, est une peine qui tient son efficacité du fait même ('*ipso facto*') de la violation de la loi ou du précepte, sans intervalle de temps ni l'intervention du juge ou du supérieur[426]. En d'autres termes, c'est une peine automatique, en tant qu'elle n'admet pas de distinction entre sa constitution ('*momento costitutivo*') et son application ('*momento applicativo*')[427]. Toutefois, d'après le can. 1314, la violation de la loi ou du précepte n'oblige la peine *latae sententiae* que si la loi ou le précepte l'établit expressément[428].

Ensuite, il faut tenir compte des différentes opinions qui ont circulé avant la Révision du CIC, et pendant les travaux de la Commission Pontificale, à propos de l'existence et de l'utilité des peines en général et des peines

---

425 - Can. 1314: "*Poena plerumque est ferendae sententiae, ita ut reum non teneat, nisi postquam irrogata sit; est autem latae sententiae, ita ut in eam incurratur ipso facto commissi delicti, si lex vel praeceptum id expresse statuat*".

426 - Cf. L. Ferraris, Bibliotheca canonica Iuridica Moralis Theologica necnon Ascetica Polemica Rubricistica Historica, op. cit., p. 94, n. 37: "*Lex poenalis latae sententiae in iis, quae aliam exsecutionem externam non requirunt, obligat in conscientia ante sententiam declaratoriam iudicis*"; l'auteur renvoie à F. Suarez, lib. 5 De Legibus, cap. 5; T. Sanchez, De Matrimonio, disp. 27, n. 2, et disp. 30, n. 2; A. Reiffenstuel, lib. 1, Decr., tit. 2, n. 226.

427 - Cf. F. Nigro, : "*Nella pena 'ferendae sententiae' il momento costitutivo è distinto dal momento applicativo, che richiede il ministero del giudice o del superiore, mentre per quella 'latae sententiae' con unico atto si costituisce la pena e condizionalmente si pronunzia la sentenza inflitta della pena, che resta sospesa; però automaticamente diviene efficace appena viene commesso il delitto*", *De Sanctionibus in Ecclesia*, in Commento al Codice di Diritto Canonico, P.V. Pinto (a cura di), op. cit., p. 753; pour J. Arias, "*la peine 'latae sententiae' est toujours 'a iure', tandis que la peine 'ferendae sententiae' est 'a iure' dans son moment constitutif mais devient 'ab homine' au moment où elle est imposée*", *Commentaire aux canons 1311-1399*, in Code de Droit Canonique, Université de Navarre - Université St. Paul, ed. bilingue et annotée, Wilson et Lafleur Limitée, Montréal 1990, p. 765.

428 - L. Ferraris décrit cinq règles à partir desquelles on peut savoir si la peine est *latae sententiae* ou *ferendae sententiae*. La 5ème règle concerne la peine *latae sententiae*: lorsque la loi utilise des mots qui n'admettent aucun écart de temps, v.g. '*mox*', '*statim*', '*illico*', '*ex tunc*', '*ipso facto*'; de même lorsque le législateur fait accompagner la loi par des expressions telles que: '*auctoritate nostra*', '*virtute praesentium*', '*ipso iure subiaceat tali poenae*'; enfin lorsque le verbe est employé au mode indicatif, au temps présent ou parfait, comme par exemple: '*excommunicamus*', '*suspendimus*', '*interdicimus*', '*sciat se esse excommunicatum*', '*sciat se excommunicationem incurrisse*', '*noverit suspensionem, interdictum, seu excommunicationem se incurrisse*', Bibliotheca Canonica Iuridica Moralis Theologica necnon Ascetica Polemica Rubricistica Historica, op. cit., t. 5, p. 94, n. 35. Les nn. 28-34 concernent la peine *ferendae sententiae*, c'est-à-dire tous les autres cas qui ne présentent pas les formes énumérées plus haut à propos de la peine *latae sententiae*.

latae sententiae en particulier au sein de l'Eglise et de son système juridique[429]. Or, le Code pio-bénédictin contenait effectivement une quantité impressionnante de peines, parmi lesquelles un bon nombre de peines *latae sententiae*. Cet aspect pléthorique des peines fut mentionné de façon quasi unanime dans les Projets ou *Vota* envoyés par les Evêques et les Organismes de consultation à la Commission Préparatoire du Concile Vatican II. De nombreux voeux furent émis dans le sens de la réduction des peines canoniques en général, et de la réduction ou suppression des peines *latae sententiae* en particulier, afin de restaurer la vocation pastorale du Droit pénal de l'Eglise, de garantir les droits individuels, et de mettre fin à d'interminables confusions[430].

Le Concile ne s'étant pas prononcé sur le Droit pénal, il a fallu

---

429 - D'après P. Ciprotti, l'opportunité de réduire au minimum les peines *latae sententiae* devrait s'entendre seulement pour les peines infligées par mode de loi, qui, lorsqu'elles sont trop nombreuses, sont ignorées et par le fait même deviennent inapplicables et inefficaces. Par contre, en ce qui concerne les peines infligées par précepte, il ne voit aucun motif pour lequel elles ne pourraient ou ne devraient pas être *latae sententiae*. P. Ciprotti, Il Diritto Penale della Chiesa dopo il Concilio, (relazione al Congresso internazionale di Diritto Canonico, Roma 19 gennaio 1970), Ephemerides Iuris Canonici, 26 (1970), p. 103.

430 - Nous avions déjà cité (au Chap. 2, Sect. B, Art. I) les *Vota* de quelques Evêques, dans la phase anté-préparatoire du Concile Vatican II, à propos de la réduction quantitative du Livre VI: *De Delictis et Poenis*. Voici quelques-uns qui ont écrit en faveur de la réduction (parfois de la suppression), des peines *latae sententiae*: Acta et Documenta Concilio Oecumenico Vaticano II apparando. Series I (Ante-Praeparatoria), vol. II, pars I, p. 616: "*Proponitur ut distinctio inter poenas latae sententiae et poenas ferendae sententiae adhuc valida eo affectu abrogetur, ut iam non sint nisi poenae ferendae sententiae, quae a iudice vel a superiore infliguntur. Ausa est: praxis satis docet poenas latae sententiae non raro incertitudinem iuris efficere, utrum poena re vera contracta sit necne. Atque etiam in hac probatio difficilis redditur. Praeterea distinctione illa suppressa ius poenale simplificaretur. Ad effectum per poenam latae sententiae intentum nostris temporibus certe non minus bene, immo plerumque melius per poenam ferendae sententiae perveniri potest*" (Exc.mi I. FRINGS, Archiepisc. Coloniensis); vol. II, pars II, p. 665: "*Diminuendus est numerus excommunicationum latae sententiae... Poenae interdicti latae sententiae sunt abolendae*" (Exc.mi A. BARANIAK, Archiepisc. Posnaniensis); vol. II, pars III, p. 344: "*Novo examini subiiciatur Liber V Codicis de delictis et poenis: poenae ipsae, praecipue illae latae sententiae, ad casus graviores reducantur*" (Exc.mi T.V. BENEDETTI, Episc. Laudensis); vol. II, pars V, p. 90: "*Que l'infamie de droit pour la bigamie soit supprimée; qu'il n'y ait plus qu'une infamie de fait, afin qu'elle ne soit pas perpétuelle sans recours au Saint-Siège*" (Rev.mi S. COURTOIS, Prefectus Ap. Kayesensis); vol. II, pars VI, p. 311: "*Redigatur Codex poenalis clarius manifestans spiritum caritatis et conformior spiritui correctivo systematum poenalium hodiernorum*" (Exc.mi E.C. DALY, Episc. Desmoinensis); vol. II, pars VII, p. 544: "*Recognitio totalis Iuris poenalis fiat simul ac simplificatio poenarum 'in specie'*" (Em.mi A.M. Card. BARBIERI, Archiepisc. Montividei; vol. III, Proposita et Monita SS. Congregationum Curiae Romanae, p. 143: "*Attenta natura poenarum 'latae sententiae', quae quamplurimos admittunt excusationis titulos, quo fit ut earumdem effectus ut plurimum nullus in praxis evadat, quaeque in Ecclesiastica disciplina minori efficacia gaudent relate ad poenas 'ferendae sententiae' quae respectum quoque socialem exhibent, petitio commendatur, ut numerus poenarum 'latae sententiae' minuatur, utque eiusmodi poenae gravioribus delictis reserventur*" (S. Congregatio Concilii).

attendre la Commission Pontificale pour la Révision du CIC, qui, au 9ème Principe directeur de la Révision, énonce sa position concernant les deux points principalement controversés:

- elle se prononce contre la suppression de toutes les peines canoniques; car cela reviendrait à nier à l'Eglise un droit reconnu à n'importe quelle autre société parfaite. Elle ne refuse pas, toutefois, le principe de leur réduction:

"In recognitione iuris poenalis Ecclesiae, principium reducendi poenas in Codice stabilitas, nemo est qui non acceptet;

***Verum suppressionem omnium poenarum ecclesiasticarum, cum ius coactivum, cuiuslibet societatis perfectae proprium, ab Ecclesia abiudicari nequeat, nemo canonistarum admittere videtur"*[431].**

- tout en reconnaissant la primauté de l'irrogation et de la rémission *ferendae sententiae* des peines au for externe, et consciente de l'opposition d'un certain nombre aux peines *latae sententiae*, la Commission a jugé utile d'en maintenir un minimum symbolique, pour les délits les plus graves:

***"Mens est ut poenae generatim sint ferendae sententiae et in solo foro externo irrogentur et remittentur. Quod ad poenas latae sententiae attinet, etsi a non paucis earum abolitio proposita sit, mens est ut illae ad paucos omnino casus reducantur, imo ad paucissima eaque gravissima delicta"*[432].**

L'actuel canon 1318 -que nous avons cité au tout début de cet Article- est en tout semblable au can. 8 du Schéma *De Delictis*, sauf qu'il ne contient ni l'expression "*vel in*

431 - Pontificia Commissio CIC Recognoscendo, Principia quae Codicis Iuris Canonici Recognitionem dirigant, p. 84-85.

432 - Ibid.; plus tard, le *Coetus Studiorum de Iure Poenali (Adunatio II)* se penchera sur le can. 5 du premier Schéma *De Delictis*, ainsi formulé: "*Poena per se ferendae sententiae, ita ut reum non teneat, nisi postquam irrogata sit; incurritur autem ipso facto commisi delicti, si in lege vel praecepto expresse dicatur esse latae sententiae*", Comm. 8 (1976), p. 170; lors de la discussion, certains reviennent sur la question de l'abolition comme moyen de distinguer complètement les deux fors: "*Nonnulli animadvertunt poenas latae sententiae esse abolendas; praeter alia argumenta id quoque praebetur, quod, si eiusmodi poenae serventur, iam non completa distinctio est inter utrumque forum*", Comm. 8 (1976) 170-171; ce à quoi les Consulteurs répondent en rappelant ce qui avait été dit dans le 9ème principe de la Révision: "*Consultores cessent unanimiter poenas latae sententiae, quamvis restringi possint ad paucos tantum casus, uti factum est in schemate, non posse penitus supprimi in Ecclesia, quia unicum praebent medium aptum ad tutandum bonum animarum quod in discrimen venire potest per quaedam delicta occulta*". Comm. 8 (1976), p. 171.

recidivos" du can. 8, ni la dernière phrase de celui-ci: "*Neque in delicta generali lege punita aliam poenam, nisi ex gravissimam necessitate, constituat*"[433]. Sont à remarquer et à souligner les expressions "*singularia quaedam delicta*", "*delicta dolosa*", "*graviori scandalo*", et "*efficaciter puniri poenis ferendae sententiae non possint*", qui déterminent les conditions sans lesquelles le législateur ne peut absolument pas menacer de peines *latae sententiae*. En outre, des censures comme l'excommunication ne seront constituées "*nisi maxima cum moderatione*", et "*in sola delicta graviora*"[434]. Les délits commis *ex culpa* n'entrent pas en ligne de compte dans les sanctions *latae sententiae*, mais seulement les délits délibérés, présupposant la volonté et la pleine liberté de l'agent.

Ainsi, la réduction des sanctions *latae sententiae* à un strict minimum découle d'une volonté de l'Eglise catholique latine de réconcilier le Droit et l'usage pastoral

433 - Canon 8 du premier Schéma *De Delictis et Poenis*: "*Latae sententiae poenas ne comminetur legislator, nisi forte in singularia quaedam delicta dolosa, quae vel graviori esse possint scandalo vel efficaciter puniri poenis ferendae sententiae, non possint; censuras, praesertim excommunicationem, ne constituat, nisi maxima cum moderatione et in sola delicta graviora vel in recidivos. Neque in delicta generali lege punita aliam poenam, nisi ex gravissima necessitate, constituat*", Comm. 8 (1976), p. 173. Certains Pères ont fait remarquer que ce canon restreignait trop le pouvoir des Evêques; ce à quoi les Consulteurs ont répondu qu'il est opportun que le pouvoir pénal des Evêques soit modéré par la loi commune, comme c'est le cas dans le can. 8: "*Consultores censent opportunum esse ut potestas poenalis Episcoporum moderetur a lege communi, prout in canone factum est*", Comm. 8 (1976), p. 173. D'autres dirent que la faculté de constituer des censures '*in recidivos*', comme le suggère le can. 8, pouvait offrir aux Evêques l'occasion de constituer des censures '*in recidivos*' même pour les délits les moins graves. A cela les Consulteurs concordent dans la volonté de retirer du can. 8 les mots "*vel in recidivos*", ibid.: "*Consultores concordant ut expungantur e canone verba 'vel in recidivos'*".

434 - Cf., pour les commentaires, F. Aznar, *Comentario Libro VI: cann. 1311-1399*, in Codigo de Derecho Canonico, Universidad Pontificia de Salamanca, 10. ed. bilingue comentada, Biblioteca de Autores Cristianos, Madrid 1991, p. 630; F. Nigro, *De Sanctionibus in Ecclesia*, in Commento al Codice di Diritto Canonico, P.V. Pinto (a cura di), op. cit., p. 756, qui indique clairement la visée pastorale du législateur: "... *viene sollecitato questo comportamento pastorale...*"; V. De Paolis, *Le Sanzioni nella Chiesa (cann. 1311-1399)*, in Il Diritto nel Mistero della Chiesa, t. 3, op. cit., 460-461, qui affirme que le scandale très grave causé par ces délits dolosifs et l'impossibilité de les punir efficacement par des peines *ferendae sententiae* ne vont pas nécessairement ensemble; il suffit qu'une des deux conditions soit remplie: "*La prima ipotesi si verifica per esempio nel caso della consacrazione episcopale senza il mandato del Romano Pontefice (cf. can. 1383 o il can. 1370, par. 1), la seconda nel caso della violazione diretto del sigillo sacramentale (can. 1388) o per il delitto di assoluzione del proprio complice (can. 1378, par. 1). In verità è particolarmente questa seconda ragione che induce la Chiesa a conservare l'istituto delle pene latae sententiae*"; J. Arias, *Commentaire aux canons 1311-1399*, in Code de Droit Canonique, op. cit., p. 766; cf. aussi l'évaluation que fait P. Ciprotti, Qualche Punto Caratteristico della Riforma del Diritto Penale Canonico, Ephemerides Iuris Canonici, 46 (1990), p. 123-124.

du Droit. Pour les Eglises orientales catholiques, le législateur les a simplement supprimées, maintenant l'unique forme *ferendae sententiae* pour l'irrogation des peines[435]. Toujours dans le cadre de la contextualisation du can. 1321, notre prochain Article examinera les circonstances excusantes et atténuantes de l'Imputabilité.

ARTICLE II: CIRCONSTANCES EXCUSANTES ET ATTENUANTES DE L'IMPUTABILITÉ DES DELITS (cann. 1323, 1324)[436]

Les circonstances excusantes et atténuantes des délits sont un domaine bien connu du Droit Canonique comme du Droit Civil. Le Code pio-bénédictin aussi avait des normes en la matière, qui cependant se caractérisaient par un manque d'organicité dû à leur collocation à travers plusieurs canons dispersés. L'avantage du CIC de 1983 réside dans le fait de les avoir recueillies et classées dans un ordre qui facilite la consultation et l'étude, et

435 - Cf. Pontificia Commissio Codici Iuris Canonici Orientalis Recognoscendo, Schema Canonum de Sanctionibus Poenalibus in Ecclesia. *Praenotanda*, 2) *De poenis 'latae sententiae' in ius orientalium non introducendis*, Nuntia, 13 (1981), p. 62; id. Lo Schema dei Canoni riguardanti le Sanzioni Penali nelle Chiese Orientali Cattoliche, Nuntia, 4 (1977), p. 73; id. 'Schema Canonum de Sanctionibus Poenalibus in Ecclesia' nella nuova Revisione, *Osservazioni Generali*, Nuntia, 20 (1985) 4-5. Cf. R. Metz, Le nouveau Code des Eglises Orientales Catholiques, op. cit., p. 116; T.J. Green, Reflections on the Eastern Code Revision Process, op. cit., pp. 30-31.

436 - Can. 1323: "*Nulli poenae est obnoxius qui, cum legem vel praeceptum violavit: 1° sextum decimum aetatis annum nondum explevit; 2° sine culpa ignoravit se legem vel praeceptum violare; ignorantiae autem inadvertentia et error aequiparantur; 3° egit ex vi physica vel ex casu fortuito, quem praevidere vel cui praeviso occurrere non potuit; 4° metu gravi, quamvis relative tantum, coactus egit, aut ex necessitate vel gravi incommodo, nisi tamen actus sit intrinsece malus aut vergat in animarum damnum; 5° legitimae tutelae causa contra iniustum sui vel alterius aggressorem egit, debitum servans moderamen; 6° rationis usu carebat, firmis praescriptis cann. 1324, §1, n. 2 et 1325; 7° sine culpa putavit aliquam adesse ex circumstantiis, de quibus in nn. 4 vel 5*"; can. 1324: §1 "*Violationis auctor non eximitur a poena, sed poena lege vel praecepto statuta temperari debet vel in eius locum poenitentia adhiberi, si delictum patratum sit: 1° ab eo, qui rationis usum imperfectum tantum habuerit; 2° ab eo qui rationis usu carebat propter ebrietatem aliamve similem mentis perturbationem, quae culpabilis fuerit; 3° ex gravi passionis aestu, qui non omnem tamen mentis deliberationem et voluntatis consensum praecesserit et impedierit, et dummodo passio ipsa ne fuerit voluntarie excitata vel nutrita; 4° a minore, qui aetatem sedecim annorum explevit; 5° ab eo, qui metu gravi, quamvis relative tantum, coactus est, aut ex necessitate vel gravi incommodo, si delictum sit intrinsece malum vel in animarum damnum vergat; 6° ab eo, qui legitimae tutelae causa contra iniustum sui vel alterius aggressorem egit, nec tamen debitum servavit moderamen; 7° adversus aliquem graviter et iniuste provocantem; 8° ab eo, qui per errorem, ex sua tamen culpa, putavit aliquam adesse ex circumstantiis, de quibus in can. 1323, nn. 4 vel 5; 9° ab eo, qui sine culpa ignoravit poenam legi vel praecepto esse adnexam; 10° ab eo, qui egit sine plena imputabilitate, dummodo haec gravis permanserit*"; §2 "*Idem potest iudex facere, si qua alia adsit circumstantia, quae delicti gravitatem deminuat*": §3 "*In circumstantiis, de quibus in §1, reus poena latae sententiae non tenetur*".

surtout d'en avoir rendu plus concrète et plus décisive l'expression juridico-pastorale. Toutefois, dans l'impossibilité de commenter les cann. 1323 et 1324, à cause de leur longueur et des nombreux cas qu'ils soulèvent[437], nous prendrons comme base de réflexion l'analyse-synthèse d'un auteur à propos de ces circonstances, avant d'examiner l'évolution générale de la problématique à travers les discussions du Groupe de Travail *De Delictis et Poenis*, pour les circonstances excusantes d'abord, et ensuite pour les circonstances atténuantes de l'Imputabilité des délits.

A)- ANALYSE-SYNTHESE DE O. ECHAPPE[438]

C'est au n. IV de son Article que l'auteur, O. Echappe, aborde les circonstances affectant l'Imputabilité. En définissant l'objet et l'extension de sa contribution, il rappelle: "*L'Imputabilité de l'acte délictueux ne s'apprécie bien évidemment jamais uniquement 'in abstracto' mais, bien sûr, 'in concreto'. A cet égard doivent être prises en compte toutes les circonstances concrètes qui viennent affecter l'Imputabilité soit en l'excluant, soit en la modifiant, soit en l'augmentant ou la diminuant*"[439]. Le choix que nous avons opéré, en conformité avec le titre de cet Article III se limite aux circonstances excusantes et atténuantes, et sur l'examen par O. Echappe de leurs sources romaines et médiévales.

D'après l'auteur[440], "*les romains et les canonistes médiévaux ne sont jamais parvenus à la distinction, assez élaborée, de notre Droit Canonique contemporain, entre l'incapacité de commettre un délit, et l'absence de punition attachée, pour telle ou telle raison, à la commission d'un délit. Mais ils ont bien dégagé, des cas concrets qui les préoccupaient, des hypothèses dans lesquelles ils ont voulu voir des raisons d'exclure*

437 - Et la liste n'est pas exhaustive, comme le rappelle F. Nigro: "*L'elenco che viene presentato in questo gruppo di canoni non è da ritenersi tassativo ed esaustivo, come si rileva dal can. 1327 e perciò vi è spazio per i legislatori particolari*", *De Sanctionibus in Ecclesiae*, in Commento al Codice di Diritto Canonico, P.V. Pinto (a cura di), p. 768. De fait, le can. 1327 est clair là-dessus, qui stipule: "*Lex particularis potest alias circumstantias eximentes, attenuantes vel aggravantes, praeter casus in cann. 1323-1326, statuere, sive generali norma, sive pro singulis delictis. Item in praecepto possunt circumstantiae statui, quae a poena praecepto constituta eximant, vel eam attenuent vel aggravent*".

438 - O. Echappe, L'Imputabilité de l'acte délictueux, L'Année Canonique, 30 (1987) 115-132.

439 - Ibid., p. 127.

440 - Ibid., p. 128.

totalement ou de diminuer l'Imputabilité". Puis, il relève quelques-unes de ces circonstances[441]:

- L'âge: en Droit Romain, les *infantes* (moins de sept ans) étaient exclus de l'Imputabilité[442], tandis que les *impuberes pubertati proximi* connaissaient la *miseratio aetatis*[443], lorsque leur capacité de dol était reconnue. Cette solution devait être reprise par les canonistes médiévaux à la suite de Gratien[444].

- La folie: les juristes romains concevaient la folie comme une cause d'exclusion de l'Imputabilité, par assimilation du *furiosus* à l'*infans*[445], bien qu'ils distinguaient le *demens*[446], l'*insanus*[447] et l'*amens*. Par la suite, les canonistes médiévaux reconnaîtront également la folie comme cause d'exclusion de l'Imputabilité[448].

- L'erreur de fait: elle était admise en Droit Romain comme cause excluante[449], et parfois comme cause atténuante si elle portait sur un élément secondaire du délit[450].

---

441 - ibid., pp. 128-130.

442 - D. 44, 4, 4, 26.

443 - D. 50, 17, 111; D. 4, 4, 37, 1. Cf. A. Lebigre, Quelques aspects de la Responsabilité Pénale en Droit Romain classique, Paris, PUF, 1967, p. 1.

444 - C. 15, q. 1, c. 3. (Cf. O. Echappe, p. 128).

445 - D. 47, 10, 3: "*Qui doli capax non est*".

446 - E.g., D. 24, 3, 2, 2.

447 - E.g., D. 48, 4, 7. Malgré les différents types de folies admis par la doctrine, celles-ci enlèvent toujours l'Imputabilité. Mais, les juristes romains confirmaient l'Imputabilité de l'acte délictueux commis par un dément au cours d'intervalles lucides: e.g., D. 1, 18, 14: "*Nec morbo eius danda est venia*". Cf. A. Lebigre, op. cit., p. 33.

448 - E.g., C. 15, q. 1, c. 2, où Gratien reprend ce qui a été dit dans D. 47, 10, 3. Par contre, les juristes médiévaux n'envisageront pas la question de l'acte délictueux commis par un dément dans un intervalle de lucidité. (Cf. O. Echappe, op. cit., p. 129).

449 - D. 3, 2, 11, 4.

450 - Cf. A. Biscardi, L'Imputabilità dell'Atto Delittuoso in Diritto Romano, Apollinaris, 50 (1970) 162-163. Mais, le Droit Canonique, contrairement au Droit Romain, étendra le champ d'application de l'erreur au droit lui-même (*error iuris*). (Cf. O. Echappe, op. cit., p. 129).

- La contrainte (*vis et metus*): elle était connue du Droit Romain comme cause d'exclusion de la responsabilité[451]. Dans le *Corpus Iuris Canonici* elle deviendra aussi cause d'excuse et d'atténuation[452].

- La légitime défense: elle était assez tôt et largement présente dans le Droit Romain, qui avait toutefois déterminé les conditions et les limites de son exercice[453]. Comme avec les principes plus haut cités, le Droit Canonique héritera du droit Romain celui de la légitime défense[454], tout en essayant, par la voix des décrétistes et des décrétalistes, de le concilier avec les valeurs chrétiennes[455].

B)- DES CIRCONSTANCES EXCUSANTES DE L'IMPUTABILITÉ

I- Présentation et Discussion du canon 12[456]:

Le can. 12[457], qui avait été préparé par la Commission Pontificale de Révision du CIC, et présenté à l'examen du *Coetus specialis* au début de l'*Adunatio V*, comportait les trois paragraphes suivants:

par. 1. "*Si qua adsit circumstantia, quae delicti gravitatem deminuat, dummodo tamen gravis adhuc sit delicti imputabilitas, iudex poenam lege vel praecepto statutam temperare debet*";

par. 2. "*Quod si delinquens, vel usum rationis imperfectum tantum habuerit, vel delictum ex metu vel necessitate vel passionis aestu vel in ebrietate aliaque simili mentis*

451 - D. 4, 2, 1 sq.

452 - D. 50, c. 32; X. 1, 40, 2. (Cf. O. Echappe, op. cit., p. 129-130).

453 - La légitime défense était déjà connue par la *Lex Duodecim Tabularum*. Sa doctrine s'est développée dans les *Digesta* (D. 9, 2, 45, 4; D. 43, 16, 1, 27) et le *Codex* (C. 8, 4, 1) de Justinien.

454 - D. 1, c. 7: "*Ius naturale... est violentiae per vim repulsio*".

455 - Cf. R. Metz, La Responsabilité Pénale dans le Droit Canonique Médiéval, in Annales de la faculté de Droit de Strasbourg, Paris 1961, 108-115. (Cf. O. Echappe, op. cit., p. 130).

456 - Coetus Studiorum De Iure Poenali, Adunatio V, Comm. 8 (1976) 177-179.

457 - Ibid., p. 177.

perturbatione patraverit, iudex potest etiam a qualibet punitione irroganda abstinere, si censeat aliter posse melius consuli eius emendationi";

par. 3. "*Nulli autem poenali sanctioni est obnoxius, qui, cum legem vel praeceptum violavit, duodevigesimum aetatis annum non expleverit, etiamsi rationis usum plenum habuerit et delictum dolo patraverit*".

Ce canon laissa perplexes la plupart des Consulteurs, qui proposèrent que soient clairement détaillées les circonstances qui excusent de la peine, et celles qui atténuent par contre la responsabilité pénale.

Il s'ensuivit une discussion, à l'issue de laquelle les Consulteurs s'accordèrent sur l'opportunité de recenser les circonstances soit excusantes, soit atténuantes, soit aggravantes.

En plus, un Consulteur exprima le désir qu'au-delà de la recension de ces circonstances on propose un principe général où il sera dit que toute circonstance excusant, atténuant, ou aggravant le dol, a comme effet d'excuser, d'atténuer, ou d'aggraver la faute; et qu'au moment de la rédaction des canons, on énumère les circonstances par lesquelles il est admis qu'un schéma de base a été préparé par le Groupe de Travail lors d'une précédente session[458].

II- Schéma des Circonstances Excusantes, et Discussion[459]

Ainsi se présente le texte du Schéma *de circumstantibus eximentibus*[460]:

§1. *A poena eximitur:*

1. *qui legem vel praeceptum ignoravit, nisi ignoratio fuerit affectata vel crassa vel supina; ignorantiae autem inadvertentia et errore aequiparatur;*

2. *qui egit ex vi phisica vel ex casu fortuito, qui praevideri, vel cui praeviso occurri non potuit;*

3. *qui metu gravi, etsi relative tantum, coactus, aut ex necessitate aut gravi incommodo legem violavit, nisi delictum sit intrinsece malum aut vergat in contemptum fidei aut ecclesiasticae auctoritatis vel in publicum animarum damnum;*

---

458 - Cf. Ibid., pp. 177-178.

459 - Ibid., pp. 178-179.

460 - Ibid., p. 178.

4. *qui legitime tutelae causa contra iniustum sui vel alterius aggressorem egit, si debitum servavit moderamen;*

5. *qui aliter a gravi imputabilitate excusatur.*

§2. *Lex particularis potest alias circumstantias statuere, quae a poena eximant.*

Voici un bref rapport de la discussion qui a suivi l'exposé des circonstances excusantes[461]:

1. 4. sur l'ignorance de la loi ou du précepte, et sur la légitime défense, tous les Consulteurs sont d'accord;

2. sur la circonstance dont il est question au n. 2, un Consulteur pense qu'elle peut être omise, parce qu'il s'agit seulement de la déclaration d'un principe qui est évident;

3. sur la circonstance évoquée au n. 3, les Consulteurs sont d'accord. Toutefois, la majeure partie d'entre eux veulent supprimer la clause "*in contemptum fidei aut ecclesiasticae auctoritatis*";

5. le Rapporteur pense qu'il serait mieux que la circonstance évoquée au n. 5 soit placée parmi les circonstances atténuantes.

En outre, un Consulteur propose que dans ce canon soit établi l'âge dans lequel quelqu'un ne peut être soumis à une peine. D'autres sont d'accord avec le Consulteur, et proposent qu'on établisse l'âge de 16 ans; un seul Consulteur propose l'âge de 18 ans.

Du *Corpus Iuris Canonici* au can. 1323 du CIC de 1983, nous pouvons donc relever quelques changements importants, en raison de l'équité canonique: quant à l'âge, le can. 1323 exclut la responsabilité pénale du délit commis par le mineur de moins de seize ans; le problème de la folie, ou privation habituelle de l'usage de la raison, trouve une solution plus équitable au can. 1322: les personnes qui en sont victimes, même si elles ont commis un délit alors qu'elles paraissaient saines d'esprit, sont tenues pour incapables de délit[462]; quant à l'erreur, elle est équiparée à l'ignorance et l'inadvertance. Enfin, si les

---

461 - Cf. ibid., pp. 178-179.

462 - Cf. W. Baldassare, Corso di Medicina Legale, P.U.U. 4320, Urbaniana University Press, Roma 1987, pp. 37-42 et 55-61, pour la distinction entre les perturbations psychiques (névroses et psycho-névroses, personnalités psychopatiques, boderline) et les psychoses proprement dites (schizophrénie ou démence précoce, psychose maniaco-dépressive, psychose exogène, épilepsie, psychose sénile, oligophrénie ou phrénasténie); éléments bibliographiques supplémentaires: J.R. Lion, Personality Disorders, Williams and Wilkings, Baltimore 1974; D. Offer, The Psychological World of the Teenagers, Basic Books, New-York 1969; H. Kohut, The Analysis of the Self, Internat. Univ. Press, New York 1971; id., The Restauration of the Self, New York 1977; R. Antonelli, *La Sindrome Boderline*, in Contributi a Problemi Psichiatrici, ed. Callieri, Roma 1974; A. Gemelli, La Personalità del Delinquente nei suoi Fondamenti Biologici e Psicologici, A. Giuffrè ed., Milano 1946 (Capitolo VIII: *Responsabilità*

circonstances excusantes enlèvent totalement l'Imputabilité, les circonstances atténuantes, quant à elles, la tempèrent seulement, comme nous allons le voir à présent.

C)- DES CIRCONSTANCES ATTÉNUANTES DE L'IMPUTABILITÉ[463]:

Le texte du Schéma *de circumstantibus attenuantibus*, préparé par la Commission, se présente ainsi[464]:

§1. Iudex poenam lege vel praecepto statutam temperare debet, aut in eius locum paenitentiam adhibere, si delictum patratum sit:

1. 2. 3.: ces situations correspondent à celles des nn. 1. 3. 4. du Schéma des circonstances excusantes, sauf qu'elles accusent un manque de diligence de la personne concernée, qui lui vaut une circonstance atténuante;

4. ab eo qui per errorem, ex gravi tamen sua culpa, putavit adesse unam ex circumstantiis de quibus in can. x, §1, n. 3-4;

5. adversus aliquem graviter et iniuste provocantem;

6. ex gravi passionis aestu, qui non omnem tamen mentis deliberationem et voluntatis consensum praecesserit et impedierit, et dummodo passio ipsa ne fuerit voluntarie excitata vel nutrita.

§2. Idem potest iudex facere, si qua alia adsit circumstantia, quae delicti gravitatem deminuat, dummodo tamen gravis adhuc sit delicti imputabilitas.

§3. In casibus, de quibus in §1, nn. 2 et 6, iudex potest etiam a qualibet punitione irroganda abstinere, si videat aliter melius consuli posse delinquentis emendationi.

La présentation de ce texte fut suivie d'une discussion très pointilleuse, dont voici la synthèse[465]:

---

ed Imputabilità, pp. 235-322. Mais, en dépit des progrès actuels des sciences psycho-pathologiques, il est 6parfois difficile de faire entrer une anomalie psychique concrète dans les classifications habituelles. Dans les procès, il revient au juge d'évaluer les résultats des expertises faites sur le délinquant.

463 - Coetus Studiorum De Iure Poenali, Adunatio VI, Comm. 8 (1976) 179-180.

464 - Ibid., p. 179.

465 - Cf. ibid., p.180.

Ad §1.: **Un Consulteur propose d'écrire au début: "*non eximi a poena sed poena statuta temperari debet si...*"**

Un autre Consulteur pense qu'il serait mieux de dire: "*imputabilitatem non tolli, poena autem temperari debet si...*"

Quant aux nn. 1-6, les Consulteurs s'accordent sur la nécessité d'ajouter d'autres numéros à propos de ceux qui, de manière coupable, manqueraient de l'usage de la raison pour cause d'ébriété ou d'une autre perturbation similaire, ainsi qu'à propos des mineurs qui auraient atteint l'âge de 16 ans, et généralement lorsqu'il n'y a pas eu pleine imputabilité, pourvu toutefois qu'elle demeure encore grave.

Ad §2.: **Tous conviennent que cette norme doit être retenue. Ensuite, le Rapporteur demande s'il ne convient pas de concéder au droit particulier la faculté d'établir d'autres circonstances atténuantes. Mais un Consulteur pense qu'on peut difficilement configurer d'autres circonstances générales atténuantes, au-delà de celles qui existent dans le droit commun. A supposer qu'il y ait une circonstance spécifique pour un singulier délinquant, elle doit être examinée par le juge.**

Toutefois, le Rapporteur et d'autres Consulteurs croient opportun que le droit particulier puisse établir d'autres circonstances[466].

---

466 - Il n'est pas rare de trouver chez les commentateurs du CIC de 1917, une longue liste de ces causes: e.g. F. Roberti, De Delictis et Poenis, vol. I, pars 1, *De Delictis in genere*, nn. 76-82, causes personneles diminuant l'Imputabilité chex les personnes saines (ignorance, erreur et inadvertance; âge; sexe, condition, science et instruction du délinquant); nn. 83-121, causes personnelles diminuant l'Imputabilité chez les personnes malades (maladies mentales de provenance toxique endogène ou exogène; troubles mentaux provenant de maladies aiguës ou chroniques; psychoses congénitales; démence précoce; paranoïa; manie, mélancolie, et psychose maniaco-dépressive; épilepsie; hystérie, neurasténie, maladies provenant de lésions organiques du système nerveux); nn. 122-123, causes réelles diminuant l'Imputabilité (crainte; nécessité, incommodité grave; défense immodérée; provocation; passion). Mais F. Roberti ne fait aucune mention des causes excusantes. G. Michiels, par contre, met sous un même titre les causes excluant et diminuant la culpabilité criminelle, De Delictis et Poenis. Commentarius Libri V Codicis Iuris canonici, vol. 1, *De delictis*, op. cit., pp. 156-250. Dans le Droit Romain, au moins à l'époque impériale, étaient reconnues comme causes pouvant exclure ou diminuer l'Imputabilité du fait criminel: l'*infantia*', la '*furia*', le '*sexus femineus*', la '*necessitas*', l'*ignorantia facti*', l'*ignorantia iuris*', etc..., cf. ibid, p. 156. Le même auteur renvoie à Ferrini, Diritto Penale Romano, Milano 1899, pp. 130, 133, 136, 138, 140, 144, et 149; cf. F.X. Wernz, Ius Decretalium, t. 6, *Ius Poenale Ecclesiae catholicae*, op. cit., p. 45, selon lequel le Droit de l'Eglise a étendu l'évaluation et l'utlisation de ces circonstances: "*Quamquam ius Romanum iam statuerat principium (L. 16. D. 48. 19) delicta variis modis esse consideranda,... quae sunt totidem circumstantiae, unde eorum gravitas et consequens inde imputatio crescit aut minuitur; tamen consideratio circumstantiarum, tum relate ad legem poenalem definientem delictum et poenam, tum relate ad delicti imputabilitatem et moderandam per iudicem poenae applicationem, maxime fuit promota per ius ecclesiasticum*".

Ad §3.: Un Consulteur pense que cette norme peut être supprimée, étant donnée la présence du can. 27 du Schéma du nouveau droit pénal[467]. Quant au Rapporteur, il propose que cette norme soit absorbée dans le can. 30,b[468]. Les autres Consulteurs, excepté un seul, sont d'accord avec le Rapporteur. Il n'y a pas de doute que les circonstances excusantes et atténuantes de l'Imputabilité sont particulièrement reconnues par la loi pénale, et de ce fait appellent l'attention du juge ou du supérieur ecclésiastique, en déterminant leur attitude pastorale au moment de la
décision, qui doit être appliquée en conformité avec la règle de l'équité canonique[469]. Si même les Codes de Procédure pénale des Etats admettent certaines formes de circonstances atténuantes, on ne doit pas s'étonner alors de voir le Droit pénal canonique faire davantage. Pour cela, nous nous intéresserons, dans le prochain Article, à un autre phénomène marquant également (et de manière très originale) le contexte pastoral du can. 1321:
il s'agit des principes de *correctio* et *correptio*.

467 - Can. 27: "*Ordinarius poenas irrogandas vel declarandas tunc tantum curet, cum perspexerit neque fraterna correctione neque aliis pastoralis sollicitudinis viis satis posse scandalum reparari, iustitiam restitui, reum emendari, idque praevideat poenis efficacius posse obtineri*", Coetus Studiorum De Iure Poenali, Adunatio XII: De Poenis Applicandis, Comm. 9 (19779), p. 160. C'est un canon fondamental, sur lequel nous reviendrons au n. III de la Section A.

468 - Can. 30,b: "*a poena irroganda abstinere vel poenam mitiorem irrogare aut paenitentiam adhibere, si reus emendatus sit et scandalum reparaverit, aut si perspiciatur punitionem ei datam vel dandam a civili auctoritate, Ecclesiae quoque necessitatibus satisfacere*", ibid., p. 163.

469 - Cf. le can. 221, par. 2: "*Christifidelibus ius quoque est ut, si ad iudicium ab auctoritate competenti vocentur, iudicentur servatis iuris praescriptis, cum aequitate applicandis*". Cf. R. Bidagor, El espiritu del Derecho Canonico, Rivista Espagnola de Derecho Canonico, 1958, pp. 5-30; A. Vermeersch, Pro iustitia et aequitate, Gregorianum, 1930, pp. 371-380; F.Lopez, De Aequitqte in iudiciis ea generalia quae in decisionibus S.R.Rotae iacent, Periodica de re morali, canonica, liturgica, 1970, pp. 485-494; W. Witters, Equité et opportunité dans le Code de Droit Canonique, L'Année Canonique, 1984, pp. 49-56; F. Zanchini Di Castiglionchio, Codificazione ed aequitas canonica, Concilium, 1973, pp. 172-183.

ARTICLE III: L'USAGE DE LA *CORRECTIO* ET DE LA *CORREPTIO* (can. 1341)

Le Droit pénal met les deux moyens de la *correctio* et de la *correptio* entre les mains du Pasteur, lui permettant ainsi d'entrer en dialogue avec le délinquant (ou le délinquant virtuel), pour le persuader de s'amender et d'éviter l'irrogation de la peine. C'est avec une synthèse de P. Ciprotti que nous engagerons, cette fois-ci, notre réflexion à propos de l'adéquation du can. 1321 à ce contexte pastoral particulier.

A)- ANALYSE-SYNTHESE DE P. CIPROTTI[470]

Selon P. Ciprotti[471], l'innovation introduite par le can. 1341 -même si elle se fonde, pour ainsi dire, sur les suggestions du Code de 1917[472]- est vraiment fondamentale. Elle part du présupposé qu'il n'est pas indispensable de punir dans chaque cas de violation de loi ou de précepte, à supposer même qu'il s'agisse d'une violation configurée par la loi ou par le précepte comme un délit. Ce canon, en fait, établit que l'Evêque ne doit pas mettre en mouvement la machine de la justice pénale (judiciaire ou administrative) chaque fois qu'un délit a été commis; mais il doit d'abord voir si les autres moyens pastoraux sont suffisants à assurer la réparation du scandale, l'amendement du coupable, la restauration de la justice violée; et c'est seulement après constatation de l'insuffisance de ces moyens qu'il devra organiser la procédure judiciaire ou administrative pour la punition du coupable[473].

Par ailleurs, P. Ciprotti voit dans le can. 1341 -nonobstant le silence du Concile Vatican II en matière pénale- une des plus belles transfusions de l'esprit du Concile en formule juridique.

Dans son analyse, malheureusement, il ne fait aucune mention de la

---

470 - P. Ciprotti, Elementi di novità nel Diritto Penale Canonico vigente, Monitor Ecclesiasticus, 114 (1989) 17-28.

471 - Ibid., n. 8, p. 22.

472 - Cf. cann. 1947 et 2214 §2.

473 - P. Ciprotti affirme avoir été lui-même à la base du can. 1341: "*Il canone fu da me proposto in un appunto del 12 marzo 1969 (con formulazione quasi identica a quella che è passata nel testo definitivo solo aggiungendovi in fine: 'idque praevideat poenis efficacius posse obtineri'), per tener conto dell'esigenza, fatta presente da un prelato inglese, che nella Chiesa l'applicazione di pene dovesse esser considerata come uno strumento del tutto eccezionale di governo*" (nota 20).

correctio et de la _correptio_, en tant que moyens pastoraux explicitement proposés par le législateur, aux fins d'éviter l'irrogation des peines canoniques.

B)- *CORRECTIO* ET *CORREPTIO*: DEUX VOIES PASTORALES POUR EVITER LES PEINES

Le canon 1341 récite:

> **"_Ordinarius proceduram iudicialem vel administrativam ad poenas irrogandas vel declarandas tunc tantum promovendam curet, cum perspexerit neque fraterna correctione neque correptione neque aliis pastoralis sollicitudinis viis satis posse scandalum reparari, iustitiam restitui, reum emendari_"[474].**

Ce canon est celui qui exprime le plus explicitement la volonté du législateur de privilégier la voie pastorale comme attitude envers le délinquant, afin d'amener ce dernier à s'amender, et éviter ainsi à l'Ordinaire le désagréable recours à une procédure judiciaire ou administrative en vue de l'irrogation d'une peine. Deux moyens concrets sont proposés à l'ordinaire: la correction fraternelle ('_correctio_'), et la réprimande ('_correptio_'). Mais, dans le souci de donner au délinquant toutes les chances de se repentir, le législateur recommande à l'Ordinaire de faire usage de tous les autres moyens que lui inspire sa sollicitude pastorale[475]. Et en cela, le can. 1341 est demeuré fidèle aux recommandations du Concile de Trente (entre autres cooptées par le Code pio-bénédictin, pour former le par. 2 de son can. 2214):

> **"Meminerint Episcopi aliique Ordinarii se pastores non percussores esse, atque ita praeesse sibi subditis oportere, ut non in eis dominentur, sed illos tanquam filios et fratres diligant elaborentque ut hortando et monendo ab illicitis deterreant, ne, ubi deliquerint, debitis eos poenis coercere cogantur; quos tamen si quid per humanam fragilitatem peccare contingerit, illa Apostoli**

---

474 - "*L'Ordinaire aura soin de n'entamer aucune procédure judiciaire ou administrative en vue d'infliger ou de déclarer une peine que s'il est assuré que la correction fraternelle, la réprimande et les autres moyens de sa sollicitude pastorale ne peuvent suffisamment réparer le scandale, rétablir la justice, amender le coupable*", trad. J. Arias, *Commentaire aux cann. 1311-1399*, in Code de Droit Canonique, op. cit., p. 781.

475 - La même sollicitude pastorale est invoquée au can. 1348, lorsqu'un accusé est absous d'une accusation, ou bien lorsqu'aucune peine ne lui est infligée; cela dans l'intérêt du coupable et pour le bien public.

est ab ei servanda, praeceptio ut illos arguant, obsecrent, increpent in omni bonitate et patientia, cum saepe plus erga corrigendos agat benevolentia quam austeritas, plus exhortatio quam comminatio, plus caritas quam potestas; sin autem ob delicti gravitatem virga opus erit, tunc cum mansuetudine rigor, cum misericordia iudicium, cum lenitate severitas adhibenda est, ut sine asperitate disciplina, populis salutaris ac necessaria, conservetur et qui correcti fuerint, emendentur aut, si resipiscere noluerint, ceteri, salubri in eos animadversionis exemplo, a vitiis deterreantur"[476].

F. Nigro regrette, avec raison, qu'un texte d'une telle sagesse et d'une telle actualité, malgré sa longueur, n'ait pas été conservé dans le texte définitif[477].

A notre avis, la première partie de ce texte correspondrait davantage à la *correctio* évoquée par le can. 1341, puisque:

. d'abord, elle exhorte les *Episcopi aliique Ordinarii* à ne pas se comporter en dominateurs devant leurs sujets, mais à les aimer comme des fils et des frères, et à s'efforcer, par des exhortations et des monitions, de les éloigner du mal, afin qu'ils ne courent pas le risque de commettre des actes délictueux, et donc d'encourir des peines;

. ensuite, si par fragilité humaine,il arrivait à quelqu'un de commettre un délit, les *Episcopi aliique Ordinarii* devront corriger avec plus de bienveillance que de rigidité, faire davantage prévaloir l'exhortation à la menace, la charité à la force du pouvoir.

---

476 - Concilium Tridentinum, De Reformatione, cap. 1, in J.D. Mansi, Sacrorum Conciliorum nova et amplissima Collectio, op. cit., vol. 33, col. 86. Le même J.D. Mansi met en marge du texte des citations de l'Ecriture: 1 Tm. 3 (l'Episcope), Tt., 1 P. 5 (Avertissements aux Anciens), 1 Tm. 4 (les faux docteurs).

477 - F, Nigro: "*Siamo rammaricati che tale testo non sia stato conservato nel testo definitivo della legge nuova. Anche se è lungo, è di tale sapienza e di tale attualità...*", *Le Sanzioni nella Chiesa come Tutela della Comunione Ecclesiale*, in La Nuova Legislazione Canonica, op. cit., p. 434; id., *De Sanctionibus in Ecclesia*, in Commento al Codice di Diritto Canonico, P.V. Pinto (a cura di), op. cit., p. 784: "*... si è avuta l'occasione di ricordare il monito del Concilio Tridentino ai Vescovi, perché nei confronti dei fedeli si comportino come pastori, esortandoli, ammonendoli, riproverandoli, con ogni pazienza e bontà, e solo nell'ipotesi in cui tanto zelo pastorale non fosse riuscito ad ottenere la loro conversione ed emendazione, sarebbe giustificato il ricorso al rigore delle pene. Il presente canone (can. 1341) in maniera essenziale fa suo tale spirito ed invita l'Ordinario ad usare prima tutti i mezzi, che nella sua prudenza di pastore d'anime, ritiene idonei ad evitare il ricorso alle pene, quali la correzione fraterna e canonica o altri simili. Se con questi mezzi egli può ottenere la riparazione dello scandalo, il ristabilimento della giustizia e l'emendazione del reo, non dovrà fare uso delle pene. Se però, per l'insensibilità del reo, tali mezzi risultino inefficaci, egli dovrà adempiere il suo dovere pastorale applicando le pene, sempre nella prospettiva che offrano al reo l'occasione e lo stimolo per rimuovere gli ostacoli che gli impediscono di agire salvificamente*".

La deuxième partie du texte du Concile de Trente, qui émet des recommandations aux *Episcopi aliique Ordinarii*, en cas de délit grave de la part de leurs sujets, correspondrait, quant à elle, à la *correptio*:

. la punition devient alors une nécessité; mais la rigueur devra être tempérée par la mansuétude, la justice par la miséricorde, la sévérité par la douceur;

. cette punition poursuit un triple but: 1) conserver intacte la discipline nécessaire et salutaire à la communauté, 2) favoriser l'amendement de ceux qui auront été ainsi corrigés, 3) au cas où ces derniers ne veulent pas se ressaisir, afin que la punition serve aux autres d'exemple.

Comme on le voit, ce texte ne répond pas à une logique purement juridique. L'aspect juridique, même s'il y est présent, est plus ou moins mitigé. En effet, autant la structure que le contenu du texte révèlent une préoccupation davantage spirituelle et pastorale[478], qui nous informe de façon précise sur l'esprit du Droit pénal canonique.

Ce qui dans le CIC de 1983, au-delà de sa physionomie pastorale, donne à la *correptio* une configuration résolument juridique, c'est, la solennité qui l'accompagne[479]: l'obligation de la faire figurer dans un acte formel qui sera conservé dans les archives secrètes de la curie[480]. Sans nul doute, une telle mesure résulte du fait de la similitude de la *correptio* avec la peine canonique, à la différence qu'elle a comme vocation de prévenir et d'aider à éviter cette dernière; ce qui explique sa nature moins sévère.

---

478 - Cf. F. Nigro, ibid., p. 435: "... *non bisogna dimenticare che (il testo) è stato redatto in un momento in cui particolarmente era sentito il bisogno di restaurare la disciplina ecclesiastica, che attraversava un momento di crisi*". Une preuve de la présence (limitée) de l'aspect juridique dans l'exhortation du Concile de Trente: un certain vocabulaire appartenant au Droit pénal, comme "*delinquere*", "*coercere poenis*", "*gravitas delicti*", "*emendatio*". T.G. Barberena n'est pas de cet avis, qui qualifie péremptoirement ces recommandations "*de orden no juridico, sino espiritual y pastoral*", Comentarios al Codigo de Derecho Canonico, t. 4, op. cit., p. 284; G. Di Mattia: "*In questo clima emerge e brilla il senso della maternità della Chiesa e la premura dei suoi Pastori nella cura del gregge e nella ricerca della pecorella smarrita*", Pena e Azione Pastorale nel Diritto Penale della Chiesa, Monitor Ecclesiasticus, 114 (1989), p. 40.

479 - Solennité pas nécessairement publique, comme on peut le comprendre à travers l'incise: "...*modo peculiaribus personae et facti condicionibus accommodato*", can. 1339, par. 2. Il en est ainsi de la '*monitio*', qui se fait généralement en présence de témoins, ou par écrit, et de toute manière doit toujours figurer dans les Archives de la Curie. Cf. pour les paroles '*monitio*' et '*monitus*', in X. Ochoa, Index verborum ac Locutionum Codicis Iuris Canonici, op. cit., p. 283.

480 - Can. 1339, par. 3: "*De monitione et correptione constare semper debet saltem ex aliquo documento, quod in secreto curiae archivio servetur*".

Nous comprenons mieux l'esprit pastoral du can. 1341[481], manifesté dans l'intention du législateur qui, par souci d'éviter au délinquant les désagréments de la peine canonique, recommande aux Ordinaires d'avoir soin de n'entamer aucune procédure en vue d'infliger ou de déclarer une peine, avant de s'assurer que ni la correction fraternelle, ni la réprimande, ni les autres moyens de leur sollicitude pastorale peuvent suffisamment réparer le scandale, rétablir la justice, et amender le coupable.

Sur la droite ligne du contexte pastoral dans lequel le can. 1321 a trouvé sa collocation, il nous faut également mentionner la primauté qui a été attribuée à la voie procédurale judiciaire dans l'application des peines canoniques: ce sera l'objet du prochain Article.

ARTICLE IV: PRIMAUTE DE LA PROCÉDURE JUDICIAIRE DANS L'IRRIGATION DES PEINES CANONIQUES (can. 1342)

Si nous parlons de primauté de la procédure judiciaire dans l'irrogation des peines canoniques, c'est bien par rapport à la procédure administrative. Cet Article IV nous montrera une autre facette, sans doute plus contrastée, mais non moins réelle de la pastoralité du système pénal canonique, dans laquelle s'enracine le can. 1321.

A)- ANALYSE- SYNTHESE DE L.M. DE BERNARDIS[482]

L'auteur rappelle la réalité sous-entendue et présupposée par tous les Canonistes du lien naturel du Droit à la Théologie[483]. Puis, il pose son attention sur les conditions et les

---

481 - Il correspond au can. 27, dans le premier Schéma *De Poenis*, élaboré par la Commission Pontificale de Révision, et discuté par le Coetus Studiorum De Iure Poenali, IV. De Poenis Aliisque Punitionibus, *Adunatio XII: De Poenis Applicandis*. Le can. 27 récitait: "*Ordinarius poenas irrogandas vel declarandas tunc tantum curet, cum perspexerit neque fraterna correctione neque correptione neque aliis pastoralis sollicitudinis viis satis posse scandalum reparari, iustitiam restitui, reum emendari, idque praevideat poenis efficacius posse obtineri*", Comm. 9 (1977), p. 160. Ce canon avait reçu à son temps les louanges unanimes du Groupe de Travail, à cause du fait qu'il transparaissait en quelque sorte le nouvel esprit du Droit pénal, cf. ibid.: "*De canone hoc multae laudationes factae sunt cum maxime perfusus sit spiritu novi iuris poenalis ut nempe omnia alia media experiantur antequam ad poenas deveniatur*". En dehors de quelques changements, on y avait maintenu l'essentiel qui compose l'actuel can. 1341.

482 - L.M. De Bernardis, Via Giudiziale e Via Amministrativa nell'Irrogazione delle Pena, Monitor Ecclesiasticus. 114 (1989) 146-148.

limites auxquelles est subordonnée l'option de la voie administrative par l'autorité ecclésiastique. Ce sont:

1. "*Per decretum irrogari vel declarari non possunt... poenae quae lex vel praeceptum eas constituens vetet per decretum applicari*" (can. 1342, §2);

2. "*Per decretum irrogari vel declarari non possunt poenae perpetuae*" (can. 1342,§2);

3. "*Quoties iustae obstent causae ne iudicialis processus fiat, poena irrogari vel declarari potest per decretum extra iudicium*" (can. 1342, §1).

D'après L.M. De Bernardis, les deux premières limites ne se réfèrent pas au droit substantiel. La première est tellement évidente que sa mention explicite apparaît même superflue. La seconde limite, bien que n'étant pas aussi évidente, n'en est pas moins claire, puisqu'elle interdit l'application de peines perpétuelles par décret administratif. Le thème devient brûlant lorsque l'on aborde la troisième limite, qui se réfère au droit processuel, et met l'interprète devant la nécessité de répondre à une bien difficile requête: quand *obstent causae ne iudicialis processus fiat?*[484]. La norme, conclut L.M. De Bernardis, est donc formulée en des termes qui concèdent un champ illimité à la totale discrétionnalité de l'Ordinaire.

Cette série de limites accompagnant la procédure administrative démontre un certain 'scepticisme' du législateur par rapport à cette procédure, et met en valeur l'autre procédure (judiciaire).

---

483 - Cf. l'ample bibliographie citée à ce propos par V. Del Giudice, Nozioni di Diritto Canonico, Milano 1970, p. 13; et surtout l'analyse de P. Fedele, Discorso generale sull'Ordinamento Canonico, Padova 1941.

484 - Le même auteur explicite les raisons de sa perplexité: "*L'espressione è talmente generica, da lasciare libero il varco ad innumeri risposte, che possono spaziare dall'ambito ordinamentale (quando, per esempio, non esista un tribunale diocesano in conseguenza dell'applicazione del can. 1424, §1, e la natura del reato risulti incompatibile con la giuridizione delegata di un tribunale interdiocesano) ad una semplice valutazione discrezionale dell'Ordinario concernente il grado gerarchico dell'imputato in rapporto a quello dei giudici, o ad altre valutazioni ancor più generiche*", ibid., p. 147.

B)- AVANTAGES ET INCONVÉNIENTS DE LA PROCÉDURE JUDICIAIRE

Comme nous l'avons vu plus haut, seuls les deux premiers paragraphes du can. 1342 constitueront l'objet de la présente analyse:

par. 1: "*Quoties iustae obstent causae ne iudicialis processus fiat, poena irrogari vel declarari potest per decretum extra iudicium; remedia poenalia autem et poenitentiae applicari possunt per decretum in quolibet casu*";

par. 2: "*Per decretum irrogari vel declarari non possunt poenae perpetuae, neque poenae quas lex vel praeceptum eas constituens vetet per decretum applicare*".

La Révision du Droit pénal avait été marquée par un débat assez houleux au sein du Groupe de Travail *De Iure Poenali*, à propos du can. 28 proposé par la Commission Pontificale. En effet, certains membres du Groupe étaient absolument contraires au principe de l'irrogation des peines par voie administrative, et à toutes causes qui pourraient excuser de l'institution du procès judiciaire en vue de l'application des peines[485]. Les Consulteurs, bien que n'ignorant pas que le but de cette proposition fut d'assurer une plus grande justice dans l'application des peines, firent savoir que la proposition était contraire à la réalité qui exige un instrument souple et léger, comme l'est la voie administrative. Toutefois, la rédaction du canon, pensent les mêmes Consulteurs, est telle qu'elle laisse clairement apparaître la préférence du législateur pour la voie judiciaire[486].

---

485 - Cf. Coetus Studiorum De Iure Poenali, De Poenis Aliisque Punitionibus, (Adunatio XII) *De Poenis Applicandis*, p. 161, a): "*Nonnulli proposuerunt ut poena numquam irrogetur via administrativa ideoque ne admittantur causae quae excusent a processu iudiciali instituendo pro applicandis poenis*"; V. De Paolis, *Le Sanzioni nella Chiesa: cann. 1311-1399*, in Il Diritto nel mistero della Chiesa, op. cit., p. 491: "*In occasione della Revisione del Codice si è discusso a lungo sulla via da preferire per l'applicazione della pena. La storia del cammino di redazione del can. 1342 ci dice quanto accesa sia stata la discussione anche all'interno della Commisione*"; cf. G. Di Mattia, Pena e Azione Pastorale *nel Diritto Penale della Chiesa*, op. cit., p. 53, nota 40: "*L''iter' di formulazione di questo canone è stato particolarmente laborioso, subendo delle variazioni, rispetto alla stessura originaria, can. 28 dello 'Schema '73, decisamente sostanziali, al punto che vi è chi scorge in esse una diminuita garanzia di tutela dei diritti di difesa dell'imputato in corrispondenza di un rilevante aumento di potere dell'Ordinario*".

486 - Cf. ibid.: "*Consultores, quamvis non ignorent finem huius propositionis ut maior scilicet iustitia assequatur in applicandis poenis, censent tamen propositionem ipsam esse contra realitatem quae exigit instrumentum agile et expeditum sicut est via administrativa. Ceterum redactio canonis talis est ut clare appareat praeferentia legislatoris pro via iudiciali*".

Mais tous ne seront pas de cet avis, comme le témoigne ce Consulteur qui désire un changement substantiel dans la rédaction du canon, de sorte que disparaisse la préférence pour la voie judiciaire, afin de permettre une utilisation égalitaire de la voie judiciaire ou de la voie administrative dans l'application des peines. Une telle proposition ne rencontra pas l'assentiment des autres Consulteurs[487].

En donnant la primauté à la voie procédurale judiciaire[488], dans l'application des peines canoniques, la *mens legislatoris* n'est autre que de donner au délinquant toutes les chances d'être traité avec les meilleures garanties de justice et de légalité, comme il convient chaque fois qu'il s'agit de restreindre la liberté individuelle ou la dignité personnelle, par l'irrogation ou la déclaration d'une peine. De plus, cette procédure garantit mieux le droit de défense (personnelle ou par l'entremise d'un avocat), et le droit d'appel au Tribunal supérieur[489]. Ici réside essentiellement la pastoralité du can 1342[490].

Il existe, cependant, deux inconvénients à la voie judiciaire: son inévitable longueur, et surtout son caractère public[491]. Or, il ne convient pas que les actes d'un procès pénal -lorsque surtout les faits, à cause de leur délicatesse, devraient requérir une particulière

487 - Cf. ibid.: "*Unus Consultor vellet redactionem canonis mutare ita ut dispareat illa praeferentia pro via iudiciali et appareat sive viam iudicialem sive viam administrativam aequo iure sequi posse in applicandis poenis. Haec tamen propositio aliis Consultoribus non placet*".

488 - Parler de procédure judiciaire revient à se placer dans le domaine du can. 1400, par. 1, n. 2: "*Obiectum iudicii: delicta, quod spectat ad poenam irrogandam vel declarandam*"; et des cann. 1717-1728, De Processu Poenali, qui constitue la *Pars IV* du *Liber VII*: De Processibus. Le CCEO, par contre, a placé sa partie processuelle pénale (*Tit. XXVIII*, De Procedura in Poenis irrogandis) immédiatement après le De Sanctionibus Poenalibus in Ecclesia (*Tit. XXVII*).

489 - Cf. T.J. Green, *Book VI: Sanctions in the Church (cann. 1311-1399)*, in The Code of canon Law. A text and commentary, J.A. Coriden, T.G. Green, D.E. Heintschel (Hrsg), London 1985, p. 912: "*There is a proportion between the seriousness of the penalty and the seriousness of the procedure declaring or inflicting it. When the consequences of a penalty are so weighty, every effort should be made to provide maximal legal protection for the accused, e.g., services of advocate, access to all relevant documentation for self-defense purposes, possible appeal of adverse decision to higher court*"; déjà lors de la Révision du CIC, P. Ciprotti affirmait: "*Un altro problema fondamentale... è quello della necessità od opportunità che nel diritto penale canonico venga rispettato il principio di legalità*", Il Diritto Penale della Chiesa dopo il Concilio, op. cit., p. 1; cf. G. Fiandaca, La Legalità nel Diritto Penale, Rivista di Filosofia neo-scolastica, 27 (1993) 67-72, en ce qui concerne le principe de légalité dans le Droit pénal des Etats en général.

490 - Cf. F. Nigro, *De Sanctionibus in Ecclesia*, in Commento al Codice di Diritto Canonico, P.V. Pinto (a cura di), op. cit., p. 785: "*Anche questo canone... fa emergere la pastoralità del diritto penale nella Chiesa, in quanto ribadisce che la via ordinaria per infliggere le pene è quella giudiziaria*".

discrétion- soient traités de la même manière que les causes contentieuses, ou *causae iurium* du can. 1400, par. 1, n. 1. Voilà qui explique le maintient par le législateur de la procédure administrative, que les Consulteurs du Groupe de Travail *De Iure Poenali* avaient qualifiée d'"*instrumentum agile et expeditum*". On peut recourir à la procédure administrative pour l'irrogation de la peine, chaque fois qu'une juste cause s'oppose à la célébration du procès judiciaire, à moins qu'il ne s'agisse d'une peine perpétuelle[492] ou d'une peine que la loi ou le précepte pénal interdit d'appliquer par décret. Par contre, la voie administrative constitue une voie ordinaire pour l'application des remèdes pénaux et des pénitences.

Toujours dans le cadre de notre argumentation à propos du contexte pastoral du canon 1321, nous présenterons, au prochain et ultime Article de cette Section, la discrétionnalité pastorale du juge dans l'application des peines.

ARTICLE V: DISCRETIONNALITE PASTORALE DU JUGE DANS L'APPLICATION DES PEINES CANONIQUES (cann. 1343-1350)

Pour légiférer sur une telle matière, il a fallu que le législateur promulgue sept canons. C'est dire l'importance qu'il accorde à la liberté du juge[493] de décider, dans toutes circonstances et conditions, l'attitude à prendre face au délinquant: appliquer la peine à celui-ci, l'absoudre, ou mitiger la peine. Voici les trois points autour desquels s'articule le Titre V de cette Section: 1) l'analyse-synthèse de V. De Paolis 2) l'étendue de la

491 - Pour V. De Paolis, d'un point de vue théorique et doctrinal on ne peut ne pas conclure que la voie judiciaire offre de meilleures garanties pour l'établissement de la vérité et pour la sauvegarde des droits du fidèle et de la justice. Mais à considérer le problème dans son aspect concret, et l'évaluer en relation avec d'autres éléments, comme celui de la réserve, de la bonne renommée, de la célérité, du scandale, etc., la préférence à la voie judiciaire perd beaucoup de son poids, cf. *Le Sanzioni nella Chiesa: cann. 1311-1399*, in Il Diritto nel mistero della Chiesa, loc. cit, p.491.

492 - E.g.: la démission de l'état sacerdotal, ou l'excommunication.

493 - Ce qui est dit du juge dans la loi ou le précepte, et qui touche l'irrogation ou la déclaration d'une peine dans un jugement, doit être appliqué au Supérieur qui infligerait ou déclarerait une peine par décret extra-judiciaire, à moins qu'il n'en aille autrement ou qu'il ne s'agisse de dispositions concernant seulement la procédure. (Cf. can. 1342, par. 3).

Discrétionnalité du Juge, et 3) l'attitude d'Equité canonique envers les délinquants: le cas des Clercs.

A)- ANALYSE-SYNTHESE DE V. DE PAOLIS[494]

La synthèse de V. De Paolis sur la discrétionnalité pastorale du juge dans l'application de la peine intervient après une analyse de la pastoralité en tant que réalité connaturelle à l'action de l'Eglise, et nécessaire à son ordre juridique. C'est dans ce sens qu'il a évoqué le n. 4 de la *Lumen gentium*[495], le 3ème principe de la Révision du CIC[496], et les *Praenotanda* du Schéma de 1973[497].

La pastoralité du Droit, indique donc V. De Paolis, n'a rien de commun avec le jugement personnel que l'on se fait en dehors de la norme canonique. La justice ne s'instaure pas avec les bonnes intentions, mais dans le respect par tous de la norme. Ces principes concernent aussi l'ordre pénal, en particulier pour ce qui regarde l'irrogation de la peine, en vue de laquelle l'actuel ordre pénal canonique accorde une importante marge de discrétionnalité au juge et au supérieur. Cette dicrétionnalité a été présentée comme une caractéristique qui souligne la note de pastoralité du Droit pénal. Le risque de confondre discrétionnalité et arbitraire, si l'on ne procède pas avec prudence et avec un sens profondément pastoral, est réel et pourrait porter à deux dangers extrêmes: le relâchement dans la discipline ecclésiastique, là où les supérieurs ne procèdent pas à l'application de la

---

494 - V. De Paolis, L'Applicazione della Pena Canonica, Monitor Ecclesiasticus, 114 (1989) 69-94.

495 - *Lumen Gentium*, n. 4: "*... Sic apparet universa Ecclesia sicuti de unitate Patris et filii et Spiritus Sancti plebs adunata*".

496 - Comm., 1 (1969), p. 77: "*Ad curam pastoralem animarum quam maxime fovendam, in novo iure, praeter virtutem iustitiae, ratio habeatur etiam caritatis, temperantiae, humanitatis, moderationis, quibus aequitati studeatur non solum in applicatione legum ab animarum pastoribus facienda, sed in ipsa legislatione, ac proinde normae nimis rigidae seponantur, immo ad exhortationes et suasiones potius recurratur, ubi non adsit necessitas stricti iuris servandi propter bonum publicum et disciplinam ecclesiasticam generalem*".

497 - Pontificia Commissio CIC Recognoscendo, Schema Documenti quo Disciplina Sanctionum seu Poenarum in Ecclesia Latina denuo ordinatur, T.P.V., Romae 1973, p. 5: "*Christianae misericordiae maximus datus est locus, pastorales rationes summopere promotae sunt atque totis viribus curatum est ut punitio numquam noceat, et humanae personae dignitas et iurium tuitio omnino observentur*".

peine, même si cela s'avérait nécessaire ou au moins opportun; ou bien une rigueur injustifiée, sans garanties juridiques suffisantes, et qui pourrait générer des injustices[498].

B)- ETENDUE DE LA DISCRETIONNALITE DU JUGE

Les cann. 1343, 1344, et 1349 dont il est question ici, correspondent respectivement aux cann. 29, 30, et 33 du premier Schéma *De Delictis et Poenis* qui n'auront subi aucune modification substantielle tout au long de la Révision du Droit pénal[499]. Ils indiquent les modalités d'action du juge devant la nécessité d'infliger une peine facultative ou obligatoire, ou une peine indéterminée.

Les canons que nous venons de mentionner accordent au juge une très ample marge de discrétionnalité pour appliquer ou non la peine, ou pour la substituer, la différer ou la suspendre[500]. Il faut cependant reconnaître que ces prérogatives absolues du juge ne furent introduites qu'avec beaucoup d'embarras dans les Schémas de ces canons. En effet, lors de la discussion du can. 29 par le Groupe de Travail *De Iure Poenali*, certains se sont lamentés de la trop grande discrétionnalité du juge dans le nouveau Droit pénal; discrétionnalité qui s'étend jusqu'à l'application ou non de la peine[501]. A cela, les Consulteurs répondent que la discrétionnalité du juge n'est pas un fait arbitraire, comme si ce dernier pouvait de son propre gré appliquer la peine ou non; mais que c'est la loi qui,

---

498 - Cf. V. De paolis, L'Applicazione della Pena Canonica, op. cit., pp. 70-72.

499 - Sauf la fin du par.2 du can. 30, qui a vu la suppression de "*Ecclesiae quoque necessitatibus satisfacere*", cf. la discussion par le Coetus Studiorum De Iure Poenali, De Poenis Aliisque Punitionibus, (Adunatio XII) *De Poenis Applicandis*, p. 163, a.

500 - Les expressions employées sont très explicites à ce sujet: '*iudex, pro sua conscientia et prudentia, potest...*" (cann. 1343 et 1344); cf. aussi V. De Paolis, *Le sanzioni nella Chiesa: cann. 1311-1399*, in Il Diritto nel mistero della Chiesa, loc. cit., p. 492.

501 - "*Nonnulli conquesti sunt de nimia discretionalitate iudicis, in novo iure poenali, quae se extendit usque ad applicandam vel non applicandam poenam*", Coetus Studiorum De Iure Poenali, De Poenis Aliisque Punitionibus, (Adunatio XII) *De Poenis Applicandis*, loc. cit., p. 162. P. Ciprotti, qui fut l'un des principaux protagonistes de l'extension de ce pouvoir discrétionnel, disait lors d'un Congrès: "*Ampliati dovrebbero pure essere i poteri discrezionali che il Codice vigente attribuisce al giudice e al superiore per quanto riguarda la punizione o meno del colpevole, non solo nel caso, già accennato, di pene facoltative, ma anche nel caso di pene obbligatorie, e per quanto riguarda il differimento della punizione, la sospensione condizionale della pena, e simili, soprattutto nei casi di imputabilità diminuità*", P. Ciprotti, Il Diritto Penale della Chiesa dopo il Concilio, (relazione tenuta al Congresso internazionale di Diritto Canonico, il 19 gennaio 1970), Ephemerides Iuris Canonici, 26 (1970), p. 96.

selon la physionomie du délit, donne au juge le pouvoir d'appliquer ou de ne pas appliquer la peine[502].

Pour nous, cette discrétionnalité attribuée *ex iure* au juge, et que d'aucuns -à raison- ont tenu pour excessive, démontre encore une fois 'une certaine répugnance de l'Eglise dans l'application de la peine'[503], et constitue une preuve supplémentaire de la pastoralité que le législateur a voulu insuffler au Droit pénal canonique, en faisant du juge l'un des protagonistes de cette pastoralité[504].

Nous n'insisterons pas sur les cann. 1345-1348, qui vont tous dans le même sens que les canons cités plus haut, et qui, dans une certaine mesure, les explicitent. Rappelons seulement qu'en ce qui concerne le contenu des cann. 1345-1346 -sur certaines circonstances atténuantes et sur le cumul de peines *ferendae sententiae*, à propos desquels le juge avait aussi la faculté d'exercer sa discrétionnalité et d'étendre sa bienveillance-, il

---

502 - "*Consultores respondent discretionalitatem iudicis non esse arbitrariam quasi ipse ex suo arbitrio possit poenam applicare vel non; sed est lex quae iuxta entitatem delicti dat iudici potestatem applicandi vel non appliandi poenam*", Coetus Studiorum De Iure Poenali, De Poenis Aliisque Punitionibus, (Adunatio XII) *De Poenis Applicandis*, loc. cit., p. 162. Cette réponse ne semble pas très convaincante, d'après F. Nigro, qui explique que le choix qui a été fait ne profite ni aux fidèles, qui pourraient croire à une certaine impunité, ni à la société ecclésiastique elle-même, qui pourrait ne pas être adéquatement protégée dans l'hypothèse d'un juge trop généreux. Et notre auteur de terminer par cette conviction: "*Penso che si deve sapere coniugare la carità con la giustizia, altrimenti è inevitabile il collasso della disciplina ecclesiastica*", in Commento al Codice di Diritto Canonico, P.V. Pinto (a cura di), op. cit., p. 786.

503 - V. De Paolis, *Le Sanzioni nelle chiesa*, in Il Diritto nel mistero della Chiesa, loc. cit., p. 492: "*Tale normativa dimostra ancora una volta una certa renitenza della Chiesa nell'applicazione della pena*".

504 - Commentant l'Allocution du Pape Jean-Paul II à la Rote Romaine, le 18 janvier 1990 (*La Solenne Inaugurazione*, in Insegnamenti di Giovanni Paolo II, XIII,1 (1990) 109-115), F. Della Rocca insiste sur le caractère indispensable de l'union inséparable de la dimension juridique et de la dimension pastorale, car, selon les termes mêmes du Pontife, "*vi è una loro armonia derivante dalla comune finalità: la savezza delle anime*", Giuridicità e Pastoralità nel Diritto canonico, op. cit., p. 79; l'auteur poursuit en explicitant sa pensée: "*La pastoralità, però, resta il connotato maggiore e straordinariamente peculiare della Giustizia della Chiesa. E quindi in virtù della sua pastoralità che questa Giustizia può armonizzarsi con la misericordia e può vivificarsi al massimo lo straordinario criterio dell''aequitas' che è del tutto imprescindibile per la funzionalità della legge e della giustizia della Chiesa*", (ibid., p. 80). L'entière discrétionnalité du juge signifie avant tout fidélité aux lois procédurales qui vont conduire à la preuve de l'Imputabilité et de la culpabilité, et respect du droit de l'imputé d'user des moyens que lui offre la loi pour sa défense personnelle. Une mesure pastorale du juge en faveur du coupable résulterait inutile si le juge ne respectait pas la loi; et également si cette mesure devait créer un autre dommage à la communauté, ou empêcher le coupable de s'amender. Cf. la valutation de P. Fedele, Qualche Punto Caratteristico della Riforma del Diritto Penale Canonico, op. cit., p. 120.

avait été suggéré qu'ils fussent inclus dans le can. 30 (actuel can. 1344)[505]. Cette volonté, comme on peut le constater, a été réalisée autrement, et de manière plus satisfaisante, à notre avis, par l'introduction des deux canons faisant suite au can. 1344.

Jusqu'à maintenant nous avons analysé le contexte pastoral du canon 1321, tel qu'il apparaît avant et pendant l'irrogation de la peine. Cette pastoralité, qui doit continuer à se manifester après la peine, coincide le plus souvent avec l'équité canonique, comme nous allons le voir à propos de l'irrogation à un clerc d'une peine canonique.

C)- ATTITUDE D'ÉQUITÉ CANONIQUE ENVERS LES DÉLINQUANTS: LE CAS DES CLERCS (can. 1350)

L'équité est une mesure prévue par le Droit, afin de mitiger la rigueur de la loi[506]. Lorsqu'elle est invoquée par la loi canonique pour être appliquée à un cas particulier, nous avons alors la figure de l'équité canonique, définie par Hostiensis comme la '*iustitia dulcore misericordiae temperata*', et qui, d'après l'enseignement de Paul VI, confère au Droit de l'Eglise sa physionomie propre et son caractère pastoral[507].

505 - Cf. Coetus Studiorum De Iure Poenali, De Poenis Aliisque Punitionibus, (Adunatio XII) *De Poenis Applicandis*, loc. cit., p. 163: "*Praeterea hic inserenda est, opportune accommodata, norma quae in schemate iuris poenalis est sub can. 12, §2, scilicet de applicatione poenae delinquentibus qui rationis usum imperfectum habuerunt vel qui, in circumstantiis attenuantibus constituti, delictum patraverunt. Praeterea addi debet norma qua iudex possit poenas ferendae sententiae intra aequos terminos moderari, si reus plura delicta commiserit et nimius videatur poenarum cumulus*".

506 - Cf. can. 221, par. 2: "*Christifidelibus ius quoque est ut, si ad iudicium ab auctoritate competenti vocentur, iudicentur servatis iuris praescriptis, cum aequitate applicandis*".

507 - Hostiensis, Summa Aurea, lib. V, *De Dispensationibus*; cf. P.V. Pinto, *Le Norme Generali del Nuovo Codice*, in La Nuova Legislazione Canonica, (Corso sul Nuovo Codice di Diritto Canonico, 14-25 febbraio 1983), Studia Urbaniana 19, P.U.U., Roma 1983, où l'auteur reprend sous le titre '*Visione pastorale del diritto canonico*' (pp. 47-48) deux importants discours de Paul VI: 1) aux Auditeurs de la S.R.Rota, le 8 février 1973, dans lequel le Pape affirmait: "*L'equità rappresenta una delle aspirazioni più alte dell'uomo. Se la vita sociale impone le determinazioni della legge umana, tuttavia le sue norme, inevitabilmente generali ed astratte, non possono prevedere le circostanze concrete nelle quali le leggi verranno applicate. Di fronte a questo problema, il diritto ha cercato di emendare, di rettificare e anche di correggere il 'rigor iuris'(...) E questo lavoro dello Spirito che noi vorremmo ora rilevare nella evoluzione di questa 'aequitas canonica' che conferisce al diritto della Chiesa la sua fisionomia propria, il suo carattere pastorale*", in Insegnamenti di Paolo VI, vol. XI, 1973, 126-135; 2) au Congrès International de Droit Canonique tenu à la Grégorienne le 19 février 1977, où le même Pontife déclarait à propos de la pastoralité du Droit Canonique: "*... est enim ius suapte natura pastorale cum sit manifestatio atque instrumentum muneris apotolici nec non elementum constitutivum Ecclesiae Verbi Incarnati*", in ibid. vol. XV, 1977, p. 176.

C'est dans un tel contexte, marqué par l'idéal de la pastoralité du Droit Canonique et par la concrétisation de cette pastoralité à travers l'équité canonique, que le législateur cherche à situer le Droit pénal. C'est ainsi qu'en évoquant le clerc frappé d'une peine canonique, le can. 1350 demande que l'on veille à ce qu'il ne manque pas des ressources nécessaires à une honnête subsistance:

> **can. 1350, par. 1: "*In poenis clerico irrogandis semper cavendun est, ne iis quae ad honestam sustentationem sunt necessaria ipse careat, nisi agatur de dimissione e statu clericali*".**

Au demeurant, en plaidant pour le maintien de l'*honesta sustentatio*, malgré la peine canonique, le législateur ne fait que confirmer une préoccupation qui a été constante tout le long du Code[508]. L'*honesta sustentatio*, en effet, est un droit fondamental des clercs, qui, "*puisqu'ils se consacrent au ministère ecclésiastique, méritent une rémunération qui convienne à leur condition, qui tienne compte autant de la nature de leur fonction que des circonstances de lieux et de temps, et qui soit telle qu'ils puissent subvenir à leurs propres besoins et assurer une rétribution équitable à ceux dont les services leur sont nécessaires*" (can. 281, par. 1)[509].

Toutefois, l'Ordinaire n'est techniquement plus lié par le devoir de pourvoir à la subsistance du clerc, après que ce dernier ait été démis (ou renvoyé) de l'état clérical[510]. Or, même dans cette situation, le législateur oblige l'Ordinaire à porter secours au clerc qui, à cause de la peine canonique, se trouverait dans l'indigence:

---

508 - Cf. can. 222, par. 1: "*Christifideles obligatione tenentur necessitatibus subveniendi Ecclesiae, ut eidem praesto sint quae ad cultum divinum, ad opera apostolatus et caritatis atque ad honestam ministrorum sustentationem necessaria sunt*"; can. 281, par. 2: "*Item providendum est ut gaudeant illa sociali assistentia, qua eorum necessitatibus, si infirmitate, invaliditate vel senectute laborent, apte prospiciatur*"; can. 384: "*Episcopus dioecesanus... curet ut eorum honestae sustentationi atque assistentiae sociali, ad normam iuris, prospiciatur*"; pour compléter la liste, cf. X. Ochoa, Index Verborum ac Locutionum Codicis Iuris Canonici, ed. secunda et completa, Libreria Editrice Lateranense, Romae 1984, p. 482.

509 - Cf. aussi Presbyterorum Ordinis, nn. 20 et 21; Lc 10,7; 1 Co 9,14.

510 - T.J. Green, *Book VI: Sanctions in the Church: cann. 1311-1399*, in The Code of canon Law. A text and commentary, J.A. Coriden, T.J. Green, D.E. Heintschel (Hrsg), op cit., p. 914: "*Only formal dismissal from the clerical state technically extinguisches such a right*". La perte de l'état clérical entraîne également la dispense de toutes les obligations liées à cet état, cf. can. 292: "*Clericus qui statum clericalem ad normam iuris amittit, cum eo amittit iura statui clericali propria, nec ullis iam adstringitur obligationibus status clericalis...; eo ipso privatur omnibus officiis, muneribus et potestate qualibet delegata*".

can. 1350, par. 2: "*Dimisso autem e statu clericali, qui propter poenam vere indigeat, Ordinarius meliore quo fieri potest modo providere curet*".

C'est donc la question de l'équité canonique même qu'évoque le can. 1350, bien que l'expression '*aequitas canonica*' n'y figure pas explicitement.

En avançant ce principe, le Droit ne prétend pas rendre inutile la peine canonique, mais il plaide pour un adoucissement de celle-ci, en tenant compte de la personne du délinquant, du service qu'il a rendu, des sacrifices qu'il a consentis, de sa probité morale, et du danger que représenterait pour lui la peine si elle était exécutée dans toute sa rigueur[511].

Nous concluons cette Section en rappelant la Cinquième Synthèse du Chapitre Premier, qui établissait une autre fonction de l'équité canonique: celle de s'opposer parfois à l'application stricte du principe '*nulla poena sine lege*', mais pour une raison identique:

"*Il existe* (donc) *un autre principe de droit ecclésial, qui dans certains cas pourrait s'opposer à l'application stricte de la 'nulla poena sine lege': il s'agit de l''aequitas canonica', qui joue le rôle de 'mitigatio iuris', c'est-à-dire d'atténuation de la 'rigor iuris', guidée en cela par l'idéal de 'charité', et visant l'unique et ultime finalité qu'est la 'salus animarum'. Ces considérations enlèvent au principe de 'nulla poena sine lege' le caractère absolu dont il jouit dans le système juridique civil*"[512].

Enfin, après cette étude du contexte pastoral du can. 1321 dans le Livre VI: *De Sanctionibus in Ecclesia*, nous présenterons, dans la prochaine Section, quelques lieux

---

511 - Cf. Dec. XXX, diei 27 maii 1913, coram Many, S.R.Rota Decisiones seu Sententiae, loc. cit., (c'est la Sentence qui nous avait servi à illustrer la l'Imputabilité *ex culpa*: Chap. III, Sect. B, Art. I). Au n. 31, l'Avocat du Rev. Odo invoque l'équité canonique en faveur de ce dernier, pour deux raisons: 1) "*deliquit potius omissione quam commissione, potius defectu prudentiae, diligentiae et vigoris, quam positiva voluntate, et ideo eius bona fides ab omnibus in tuto posita est*"; 2) "*toto tempo quo rexit parochiam loci X. (annis 1890-1906), semper egregie et liberaliter se gessit ambo pia opera, praesertim erga gerontocomium*". A cause du bien fondé de ces raisons, la Sentence tint compte de l'équité canonique: ainsi le Rev. Odo est condamné à restituer aux oeuvres pieuses les sommes perdues par sa faute; mais, en vertu de l'équité canonique, qui demande de tenir compte du dévouement et des services rendus, il est exempté de la restitution des intérêts échus depuis la disparition des titres. Cf. aussi, P. Andrieu-Guitancourt, Introduction Sommaire à l'Etude du Droit en Général et du Droit Canonique en particulier, Sirey, Paris 1963, qui évoquant les conditions d'application des règles d'équité, cite la même Sentence coram Many, pp. 1192-1193.

512 - Chap. I, Sect. B, Art. I, B) CINQUIEME SYNTHESE, sur l'étude de la Dissertation de F. Derek intitulée: "'Nulla poena Sine Lege'. A Study of canon 1399 in the Light of Canonical Equity".

parallèles ou analogies avec la culpabilité, dans le but de consolider la fondation juridique du can. 1321 à l'intérieur du CIC de 1983.

SECTION B: LIEUX PARALLELES OU ANALOGIES DU CAN. 1321 AVEC LA CULPABILITE DANS L'ENSEMBLE DU CODE DE DROIT CANONIQUE

A travers cette Section, nous voulons démontrer comment le can. 1321 peut aider à individuer les causes de certains cas de trouble de la société ecclésiale, et à trouver le juste moyen d'en fixer les responsabilités: c'est-à-dire, l'Imputabilité *ex dolo* ou *ex culpa* de celui par qui arrive le trouble, et sa culpabilité qui justifie soit l'irrogation d'une peine, soit une mesure de rétorsion administrative. Le moins qu'on puisse dire est que la capacité de configuration du can. 1321 à ces situations analogues de trouble, due autant à la généralité qu'à l'abstraction du même canon, confirme la nécessité de ce dernier pour le Droit pénal canonique et son utilité pour l'ensemble du CIC, et donc justifie pleinement sa fondation juridique. Nous analyserons trois lieux parallèles qui nous semblent les plus aptes à illustrer le titre de la Section B, et qui correspondent à ses trois Articles: 1) Analogie avec la Culpabilité dans les Délits contre la Pleine Communion avec l'Eglise Catholique; 2) Analogie avec la Culpabilité pour la Démission d'un Religieux; 3) Analogie avec la Culpabilité dans la Révocation des Curés.

ARTICLE I: ANALOGIE DU CAN. 1321 AVEC LA CULPABILITE DANS LES DELITS CONTRE LA PLEINE COMMUNION AVEC L'EGLISE CATHOLIQUE (can. 751)

L'expression '*pleine communion avec l'Eglise catholique*' nous vient du can. 205, qui est un canon fondamental pour la juste interprétation du can. 751. Le can. 205, en effet, établit *in positivo* les conditions de la réalisation de la pleine communion: par les liens de la profession de foi, des sacrements, et du gouvernement ecclésiastique[513]. Le can. 751, qui fait partie des canons préliminaires du *Liber III*: De Ecclesiae Munere Docendi, fixe et définit *in negativo* les comportements en contradiction avec la pleine communion de l'Eglise catholique: l'apostasie, l'hérésie, et le schisme:

can. 751: "*Dicitur haeresis, pertinax, post receptum baptismum, alicuius veritas fide divina et catholica credendae denegatio, aut de eadem pertinax dubitatio; apostasia, fidei christianae ex toto repudiatio; schisma, subiectionis Summo Pontifici aut communionis cum Ecclesiae membris eidem subditis detrectatio*".

L'hérésie est définie comme la négation obstinée ('*pertinax denegatio*'), ou le doute obstiné ('*pertinax dubitatio*') d'une vérité qui doit être crue de foi divine et catholique; l'apostasie comme le rejet total ('*ex toto repudiatio*') de la foi chrétienne; et le schisme comme refus ('*detrectatio*') de soumission au Pontife Suprême, ou de communion avec les membres de l'Eglise qui lui sont soumis.

Les expressions '*pertinax denegatio*', '*ex toto repudiatio*', et '*detractatio*' méritent d'être soulignées. Elles recouvrent, en effet, un élément essentiel de l'Imputabilité, contenu au can. 1321 de notre Thèse: la violation de la loi gravement imputable par dol ('*violatio legis graviter imputabilis ex dolo*'). Qui nie une vérité de la foi, ou rejette l'ensemble de la foi chrétienne, ou refuse de se soumettre au Souverain Pontife, ne peut le faire que délibérément, c'est-à-dire en pleine connaissance et liberté: d'où l'Imputabilité *ex dolo*, qui se traduit ici par une volonté délibérée de transgresser la loi commandant à tout baptisé d'oeuvrer dans le sens de l'unité de l'Eglise et de la pleine communion avec elle.

Quant à la gravité de l'Imputabilité, elle est rendue présente grâce surtout à l'usage du qualificatif '*pertinax*', qui exprime l'obstination, la persistance-persévérance, et même

---

513 - Can. 205: "*Plene in communione Ecclesiae catholicae his in terris sunt illi baptizati, qui in eius compage visibili cum Christo iunguntur, vinculis nempe professionis fidei, sacramentorum et ecclesiastici regiminis*". Le canon précédent (can. 204), en fixe le soubassement ecclésiologique. Cf. aussi Y.I. Sarraf, qui retrace les éléments de l'unité essentielle: "*1) Unità di fede e dei sacramenti: tutti i fedeli credano e confessino gli stessi articoli di fede che il Magistero infallibile della Chiesa definisce e propone come verità rivelata da Dio: Magistero vivo, autentico, tradizionale della Chiesa; 2) Unità di regime supremo: la soggezione di tutti i battezzati all'autorità suprema del Romano Pontefice, Vicario di Gesù Cristo e Successore di Pietro nel Primato, L.G. 22-23; 3) Unità di Comunione: spirituale - affettiva, effettiva. Offrendo a Dio lo stesso Sacrificio e usando gli stessi mezzi essenziali (specialmente Battesimo, Penitenza e Eucarestia segno di unità e vincolo di carità: un solo Corpo mistico, giuridico e sociale*". Chiese Orientali (dispense), op. cit., p. 11.

une certaine complaisance dans la négation, le rejet, ou le refus de la pleine communion avec l'Eglise. La gravité constitue ainsi l'arrière-fond moral de l'Imputabilité.

En ce qui concerne l'extériorité de la violation, le canon 751 n'en fait aucune mention. On peut présumer qu'il la considère comme une évidence, en raison de la matière elle-même: l'apostasie, l'hérésie, et le schisme sont, par nature, des phénomènes externes, dont les conséquences les plus habituelles sont un état et un comportement positifs externes d'apostat, d'hérétique, ou de schismatique. Et c'est à ce titre que l'extériorité engage la culpabilité[514]. Cette dernière doit être rapportée à la norme pénale du can. 1364, par. 1, qui fait encourir à l'apostat, à l'hérétique, ou au schismatique la censure la plus sévère: l'excommunication *latae sententiae*[515], restant sauve la prescription du can. 194, par. 1, n. 2 du *liber I*: De Normis Generalibus, où il est question de l'abandon 'public' de la foi catholique ou de la communion de l'Eglise, comme l'une des raisons pouvant entraîner la révocation *ipso iure* de tout office ecclésiastique. Mais, comme l'explique P.V. Pinto, à la

514 - Les requis de gravité et d'extériorité en vue du dol sont typiques du 'cas Mgr. Marcel LEFEVRE' (ancien Vicaire Apostolique, puis Archevêque de Dakar -Sénégal- en 1955) -pour ne prendre que ce cas-, que la '*Nota informativa*' de la 1ère page de l'O.R. du 17 juin 1988 exposa avec force détails: c'est, en effet, le 15 juin 1988 que le prélat, fondateur de la Fraternité Saint Pie X, rendit publique sa décision de procéder le 30 juin 1988 à l'ordination de 4 évêques de son choix, sans le mandat pontifical nécessaire, et en contradiction avec le Protocole qu'il avait signé avec le Saint-Siège à la suite de la visite apostolique du Card. Gagnon à la Fratemité Saint Pie X sur ordre du Souverain Pontife et en présence du Card. Préfet de la Congrégation pour la Doctrine de la Foi. Avant de mettre à exécution sa décision, Mgr. LEFEVRE avait envoyé, le 2 juin 1988, une lettre de motivations et d'information au Souverain Pontife, à laquelle ce dernier répondit par un lettre du 9 juin 1988 lui enjoignant de renoncer à son idée qui serait "*un acte schismatique*", avec toutes les "*conséquences théologiques et canoniques*" de celui-ci. A la date fixée, le prélat consommait le Schisme. Dans cette affaire, nous pouvons relever 4 éléments importants qui militent en faveur de la culpabilité: 1) une importante action pastorale a été déployée par le Saint-Siège, grâce notamment au Protocole qui accordait à Mgr. LEFEVRE et à sa Fratemité toutes les concessions et les facilitations compatibles avec la foi et la discipline ecclésiastique; 2) la négation explicite et sans préavis du Protocole signé avec le Saint-Siège; 3) le rejet obstiné des conclusions du Concile Vatican II qu'il accusait d'avoir détruit la foi, la doctrine et la discipline traditionnelles de l'Eglise, notamment en ce qui concerne la formation sacerdotale et la vie religieuse; 4) le scandale causé aux yeux du monde par cette division. (Cf. encore, la publication de la *Nota informativa* in La Civiltà Cattolica, 1988-III, pp. 60-65; et le commentaire précédent, in ibid., pp. 3-16).

515 - Can. 1364, par. 1: "*Apostata a fide, haereticus vel schismaticus in excommunicatione latae sententiae incurrit, firmo praescripto can. 194, par. 1, n. 2; clericus praeterea potest poenis, de quibus in can. 1336, par. 1, nn. 1, 2 et 3, puniri*". Selon L. Gerosa, en effet, "*... l'excommunication est, de par sa nature, une pure 'declaratio'. En est une preuve le fait que l'excommunication 'latae sententiae' est maintenue même dans les cas de ce qu'on appelle délits d'apostasie, d'hérésie et de schisme, mettant en lumière les fondements théologiques de la nature déclarative de l'excommunication. Celle-ci n'est pas infligée par la volonté de l'autorité ecclésiastique, mais la constatation d'une situation de fait: celle de non-communion où se met le fidèle lui-même par son attitude d'opposition à l'Eglise... L'autorité ecclésiastique, par son intervention, ne constitue pas la situation de rupture de la 'communio', mais la constate et éventuellement la déclare afin que celle-ci émerge à la conscience du fidèle et à celle de toute l'Eglise*", L. Gerosa, Droit Pénal et Réalité Ecclésiale. L'applicabilité des sanctions pénales prévues par le nouveau Code de l'Eglise", Concilium, 205 (1986), p. 81.

suite du n. 3, cette révocation ne peut urger que si elle est établie par une déclaration de l'autorité compétente[516]. Le canon n'écarte pas l'ajout de peines expiatoires pour les clercs. L'excommunication pour raison d'apostasie, d'hérésie, ou de schisme, est bien l'une des rares peines *latae sententiae* que nous trouvons dans le CIC de 1983. Elle a été rendue nécessaire par la gravité de la violation, et par les risques que l'autorité n'en soit pas informée, ou étant informée ne soit pas en mesure d'y opposer une réplique efficace[517].

Enfin, à la question de savoir si les hommes et les femmes qui, aujourd'hui, naissent et appartiennent de fait aux Eglises et Communautés ecclésiales séparées doivent être imputés de schisme vis-à-vis de l'Eglise catholique, le Concile Vatican II avait répondu négativement. Ceux-là, en fait, sont victimes des graves dissensions théologiques au sein de l'Eglise, dont les responsabilités sont à partager par tous. C'est pourquoi:

"*Qui nunc in talibus Communitatibus nascuntur et fide Christi imbuuntur, de separationis peccato argui nequeunt, eosque fraterna reverentia et dilectione amplectitur Ecclesia catholica*"[518].

Au-delà du simple optimisme oecuménique[519], ce que dit le Concile s'accorde avec les principes juridiques du can. 1321: ceux qui aujourd'hui se trouvent de fait séparés de

---

516 - P.V. Pinto: "*La perdita dell'ufficio è automatica, e però si richiede comunque l'intervento dell'autorità con atto dichiarativo, che confermi la vacanza dell'ufficio*", *Liber I: De Normis generalibus*, in Commento al Codice di Diritto Canonico, P.V. Pinto (a cura di), op. cit., p. 105. Cf. aussi le can. 316, par. 1, où il est question de l'abandon 'public' de la foi catholique ou de la communion ecclésiastique, avec la menace de l'excommunication infligée ou déclarée, comme cause de l'incapacité à être admis en tant que membre des associations publiques, ou d'y demeurer inscrit après la censure.

517 - Cf. Chap. IV, Sect. A, Art. I. Le CCEO, ausi sanctionne l'apostasie avec la peine la plus sévère: l''*excommunicatio maioris*': "*Qui aliquam veritatem fide divina et catholica credendam denegat vel eam in dubium ponit aut fidem christianam ex toto repudiat et legitime monitus non resipiscit, ut haereticus aut apostata excommunicatione maiore puniatur, clericus praeterea allis poenis puniri potest non exclusa depositione*", can. 1436, par. 1, CCEO; can. 1437: "*Qui subiectione supremae Ecclesiae auctoritati aut communionem cum christifidelibus eidem subiectis detrectat et legitime monitus oboedientiam non praestat, ut schismaticus excommunicatione maiore puniatur*". Relever (dans les deux canons) l'expression '*legitime monitus*', qui témoigne de la non existence des peines *latae sententiae* dans le CCEO. Et puis, le schisme est désobéissance à l'autorité suprême de l'Eglise: c'est-à-dire le Pontife Romain et le Concile Oecuménique (cf. Tit. III: De Suprema Ecclesiae Auctoritate).

518 - Concilium Vaticanum Secundum, decr., Unitatis Redintegratio, (*de Oecumenismo*), 21 novembris 1964, AAS, 57 (1965), p. 92.

519 - Ibid.: "*Profecto, ob discrepantias variis modis vigentes inter eos et Ecclesiam catholicam tum in re doctrinali et quandoque etiam disciplinari tum circa structuram Ecclesiae, plenae ecclesiasticae communioni opponuuntur impedimenta non pauca, quandoque graviora, ad quae superanda tendit motus oecumenicus. Nihilominus, iustificati ex fide in baptismate, Christo incorporantur, ideoque christiano nomine iure decorantur et a filiis Ecclesiae catholicae ut fratres in Domino merito agnoscuntur*".

l'Eglise catholique, ne sont imputables de ce 'délit' ni *ex dolò* ni *ex culpa*. De ce fait, ils n'encourent aucune responsabilité pénale au sens du can 1364, par. 1.

ARTICLE II: ANALOGIE DU CAN. 1321 AVEC LA CULPABILITE POUR LA DEMISSION-RENVOI D'UN RELIGIEUX (can. 696)

Dans cet Article, nous aborderons un autre lieu parallèle ou élément d'analogie avec le can. 1321: la situation spécifique de la démission-renvoi d'un religieux. Le can. 696, qui règle cette matière, contient dans sa formulation les requis de *dolus* et de *culpa* pouvant coopérer à l'individuation et à la fixation de la transgression par le Religieux de certaines normes liées à son état, et de l'Imputabilité de cette transgression, pouvant entraîner le renvoi du coupable de son Institut. A ce titre, il représente pour nous un canon idéal, en vue d'une synthèse analogique avec le can. 1321. Il est clair qu'en raison de l'analogie, des expressions telles que 'Imputabilité', 'dol' et 'faute juridique', dans cet Article et dans le prochain, font l'objet d'un usage tout-à-fait impropre. Nous verrons donc, dans un premier temps, les requis de l'Imputabilité des causes de renvoi d'un Religieux; ensuite, nous exposerons les quelques exemples tirés du can. 696, en indiquant pour chacun -sous l'éclairage du can. 1321 et du canon précédemment étudié- la preuve de la culpabilité.

A)- REQUIS DE L'IMPUTABILITE DES CAUSES DE DEMISSION-RENVOI D'UN RELIGIEUX

Ces requis sont à chercher dans la première partie du par. 1 du can. 696:
"Sodalis dimitti etiam potest ob alias causas, dummodo sint graves, externae, imputabiles et iuridice comprobatae..."[520]

520 - Le can. 696 fait état de la démission *ab homine* possible et facultative. Mais, il est à mettre en relation avec les deux canons précédents qui s'occupent des cas de démission *ipso facto*, et de démission *ex officio* ou *ab homine* obligatoire. Cf. G. Girotti: "*Il Codice, recependo sostanzialmente i nuovi orientamenti, prevede tre modalità di dimissione: 1) i casi nei quali la dimissione si effettua 'ipso facto', per il fatto stesso della colpa commessa (can. 694, par. 1, nn. 1-2; 2) i casi in cui si deve procedere 'ex officio', per decreto (can. 695, par. 1-2); 3) i casi in cui la dimissione è 'facoltativa' (can. 696)*", *De Institutorum eorumque Sodalium Obligationibus et Iuribus*, in Commento al Codice di Diritto Canonico, P.V. Pinto (a cura di), op. cit., p. 435.

Ainsi, les causes du renvoi d'un Religieux de son Institut doivent résulter graves, externes, imputables et juridiquement prouvées; mais aussi exister cumulativement dans chaque cause de transgression[521].

- Causes graves: la gravité de l'infraction pouvant entraîner le renvoi du Religieux est à mettre en rapport avec le scandale provoqué par le fait même de l'infraction et par les dommages dérivant du scandale. De ce point de vue, la gravité de l'infraction commise par le Religieux à vœux définitifs

ou perpétuels sera d'autant plus ressentie que le scandale et les dommages en dérivant seront importants. Le scandale et les dommages causés par le profès à voeux temporaires sera moins important, ce qui entraînera l'atténuation de la gravité de l'infraction. Mais, bien qu'étant de moindre intensité, la gravité est tout de même requise pour le renvoi du profès à vœux temporaires[522].

- Causes externes: ces causes excluent les faits regardant le for de la conscience ou for interne. D'autre part, qu'elles se distinguent par leur extériorité ne signifie pas nécessairement qu'elles soient publiques ou notoires, mais seulement constatables et mesurables extérieurement, comme nous l'avons vu à propos du can. 1321 ("*externa legis vel praecepti violatio*"), où le caractère externe de la violation apparaît comme un élément constitutif du délit et de son Imputabilité[523].

- Causes imputables: . imputabilité juridique: on dirait, pour reprendre la terminologie du can. 1321, "*imputabilis ex dolo vel ex culpa*". L'Imputabilité juridique advient *ex dolo*, ou délibérément, lorsque l'infraction de la part du Religieux est commise en pleine connaissance et liberté[524]; elle advient *ex culpa*, par omission de la diligence requise et de la

---

521 - Cf. D.J. Andrés, El Derecho de los Religiosos. Comentario al Codigo, Publicationes Claretianas, CpR, Madrid 1983; versione italiana: id.,Il Diritto dei Religiosi, ed. CpR, Roma 1984: "*1) con causa grave, però interna; 2) con causa esterna, però leggera; 3) con causa grave e esterna, però non imputabile; 4) con causa imputabile, però leggera e/o interna; 5) con causa non giuridicamente comprovata, sebbene sia esterna, grave e imputabile, ossia solamente una di queste tre ultime cose, il Superiore non può procedere ad iniziare il processo di dimissione, ne, 'a fortiori', il supremo Moderatore o il Vescovo diocesano possono sentenziarla*", p. 515, n. 956.

522 - Cf. Ibid.; G. Girotti, op. cit., p. 437.

523 - Chap. 2, Sect. B, Art. II, C; cf. D.J. Andrés, loc. cit., p. 515, n. 956; G. Girotti, loc. cit., p. 437.

524 - Cf. Chap. 2, Sect. B, Art. III, A.

prudence commune[525]. - imputabilité morale: si moralement, un acte n'est pas imputable à une personne qui en est l'auteur matériel, elle ne peut l'être juridiquement; et la personne ne devrait pas être sanctionnée pour un tel acte1.- Causes juridiquement prouvées: D.J. Andrés[526] pose ici deux distinctions: 1) en général, pour démontrer juridiquement ces causes, on se base sur la confession du coupable, la notoriété des faits, les témoignages dignes de foi, et les documents. La coexistence de plusieurs de ces instruments facilite la démonstration irréfutable de la preuve juridique[527].

2) en particulier, la démonstration se fait à travers le fonctionnement des admonestations ('*monitiones*') successives, de la menace ('*comminatio*') explicite de renvoi, de la constatation de l'incorrigibilité ('*incorrigibilitas*') du sujet, de l'insuffisance de sa défense, et de sa communication avec le Modérateur suprême[528].

525 - Cf. Chap. 2, Sect. B, Art. III, B.

526 - Ibid.

527 - G. Girotti intervient dans le même sens, en affirmant que "*non sono sufficienti gli indizi o la presunzione di colpevolezza*", loc. cit., p. 437.

528 - Les cann. 697-698 détaillent l'ensemble de cette procédure, que le Supérieur Majeur est obligé de respecter, si après avoir entendu son conseil, il estime devoir entreprendre la procédure de renvoi. D.J. Andrés considère ce dernier aspect comme le moyen qui offre le plus de garantie pour vérifier juridiquement les faits, loc. cit., p. 516.

B)- EXEMPLES DE CAUSES DE CULPABILITE ET DE DEMISSION- RENVOI D'UN RELIGIEUX

Le législateur, qui ne veut laisser planer aucun doute sur une matière aussi délicate, énumère des situations concrètes en contradiction avec les valeurs fondamentales, la discipline, et les finalités de la vie religieuse.

Quant à nous, nous essayerons de déceler, à travers cette étude, les causes de culpabilité, propres à motiver le renvoi légitime du Religieux de l'Institut auquel il appartient:

- La négligence habituelle des obligations de la vie consacrée, et la violation répétée des liens sacrés:

A cause de leur similitude, nous avons voulu mettre sous le même sigle ces deux situations. Dans les deux cas, c'est l'attitude du Religieux qui détermine la culpabilité. Ainsi, aux obligations de la vie consacrée s'oppose la négligence habituelle ('*habitualis neglectus*')[529]. On serait encore dans l'aire de l'infraction *ex culpa*, si la négligence était qualifiée d'occasionnelle[530]; mais, le caractère habituel nous fait plutôt penser à une infraction intentionnelle, dont la gravité serait aussi liée à l'objet de l'infraction: les obligations de la vie consacrée, qui se trouvent généralisées dans la *Sect.* I *De Institutis Vitae Consacratae* (*Pars* III, *Liber* II du CIC).

Aux liens sacrés, ou conseils évangéliques de chasteté, de pauvreté et d'obéissance[531] (contenus dans les obligations générales de la vie consacrée), s'opposent les violations répétées ('*iteratae violationes*'). A noter le qualificatif '*iteratae*', qui exprime une tendance à la récidive, par insuffisance d'amendement personnel. La gravité et l'extériorité des infractions sont ensemble liées au scandale causé, et à la qualité de l'objet de l'infraction: les liens sacrés professés à travers des vœux publics.

- La désobéissance obstinée aux prescriptions légitimes des Supérieurs en matière grave:

le titre de ce paragraphe indique trois conditions nécessaires:

---

529 - D.J. Andrés traduit le mot latin '*neglectus*' par '*disprezzo*' (en français: dépréciation), au lieu de '*negligenza*', cf. op. cit., p. 516, n. 958.

530 - Ibid.: "*Non si includono le trasgressioni occasionali, sebbene possano essere gravi o gravissimi, salvo che incidano nelle aree coperte dai cann. 694, 695 e 703*".

531 - Cann. 599-601.

. la première est une prescription légitime du Supérieur, c'est-à-dire un commandement fondé sur le droit commun ou particulier; ce qui suffit à lui conférer un caractère externe, voire public;

. la deuxième condition concerne une prescription en matière grave, qui requiert l'obéissance sans condition du sujet;

. la troisième condition fait état de la désobéissance obstinée du sujet à cette prescription: à noter ici le même qualificatif '*pertinax*', employé au can. 751 étudié précédemment à propos de l'hérésie ('*pertinax denegatio*')[532]. La seule différence par rapport au contenu de ce canon, est qu'il s'agit ici de la désobéissance à un commandement du Supérieur. Dans les deux cas, au demeurant, la violation est délibérée, et la culpabilité établie.

- Le grave scandale causé par le comportement coupable du sujet:

Suivant la logique proposée par D.J. Andrés, voici énumérées les trois conditions requises pour que le comportement scandaleux puisse motiver le renvoi du Religieux de son Institut:

. la gravité du scandale: celui-ci doit effectivement avoir endommagé l'image de l'Institut, ou causé des maux graves à d'autres personnes;

. le scandale doit avoir comme base des motivations objectives, graves; non relatives, ni subjectives, ni légères;

. enfin, le scandale doit avoir une connexion directe avec le comportement du sujet, lequel est imputé et coupable du scandale.

---

532 - Nous disions, à propos du qualificatif '*pertinax*', qu'il exprimait "*l'obstination, la persistance-persévérance, et même une certaine complaisance dans la négation, le rejet, ou le refus de la pleine communion avec l'Eglise*". Chap. IV. Sect. B. Art. I.

Ces trois conditions confirment la gravité dans sa qualité d'un des quatre éléments constitutifs des causes de renvoi des Religieux, comme nous l'avons analysé plus haut[533]. De quoi fonder davantage le can. 1321, qui mentionne explicitement cette gravité.

- La défense ou la diffusion obstinée de doctrines condamnées par le magistère de l'Eglise, et l'adhésion publique aux idéologies infectées de matérialisme ou d'athéisme:

. dans le premier cas, il s'agit soit de défendre ('*sustentatio*'), soit de diffuser ('*diffusio*') des doctrines condamnées par le magistère de l'Eglise, et de le faire avec obstination ('*pertinax sustentatio vel diffusio*').

Le caractère dolosif de tels comportements (contraires à l'obligation du can. 754[534]) est tellement évident qu'il serait inutile de chercher à le démontrer davantage.

. dans le second cas, il s'agit d'adhérer publiquement ('*publica adhaesio*') aux idéologies infectées de matérialisme ou d'athéisme[535]. Une adhésion seulement occulte,

---

533 - Chap. IV, Sect. 2, Art. II, A) Requis de l'Imputabilité des Causes de Démission d'un Religieux - *Causes Graves*. Les cas de renvoi des Religieux nous font penser à une autre analogie: celle concernant la démission pénale de l'état clérical, 1° pour délit d'apostasie, d'hérésie ou de schisme, "*si diuturna contumacia vel scandali gravitas postulet*" (can. 1364, par. 2); 2° pour la profanation des espèces consacrées (can. 1367); 3° pour la violence physique contre le Pontife Romain (can. 1370, par. 1); 4° dans les cas plus graves du délit de sollicitation (can. 1387); 5° pour le délit d'attentat de mariage, même seulement civil, si le clerc, après avoir reçu une monition "*non resipuerit et scandalum dare perrexerit*" (can. 1394, par. 1); 6° pour le clerc concubinaire, et le clerc qui persiste avec scandale dans une autre faute extérieure contre le sixième commandement du Décalogue, si après monition ils persistent dans leur délit (can. 1395, par. 1 et 2).

534 - Can. 754: "*Omnes christifideles obligatione tenentur servandi constitutiones et decreta, quae ad doctrinam proponendam et erroneas opiniones proscribendas fert legitima Ecclesiae auctoritas, speciali vero ratione, quae edit Romanus Pontifex vel Collegium Episcoporum*". Le can. 1371 réclame une juste peine pour celui qui "*... doctrinam a Romano Pontifice vel a Concilio Oecumenico damnatam docet vel doctrinam, de qua in can. 752, pertinaciter respuit, et ab Apostolica Sede vel ab Ordinario admonitus non retractat*".

535 - Ceci est à rapprocher au can. 2335 (CIC 1917), qui nommait explicitement la secte maçonnique parmi les associations qui conspirent contre l'Eglise et contre les pouvoirs civils légitimes, et qui les condamnait d'excommunication *ipso facto*, réservée au Siège Apostolique. On doit la première condamnation de la Maçonnerie au Pape Clément XII, lit. ap., In Eminenti, 28 aprilis 1738, in Codicis Iuris Canonici Fontes, P. Gasparri (cura), t. I, n. 299; Benedictus XIV, const., Providas, 18 maii 1751, in ibid., t. II, n. 412; Pius VII, const., Ecclesiam, 13 septembris 1821, in ibid., t. II, n. 479; Léo XII, const., Quo Graviora, 13 martii 1825, in ibid., t. II, n. 481; Pius IX, ep. encycl., Qui Pluribus, 9 novembris 1846, in ibid., t. II, n. 504, avec la première condamnation du Communisme; id., alloc., Quibus Quantisque, 20 aprilis 1849, in ibid., t. II, n. 507, avec la condamnation du Communisme et du Socialisme; id., alloc., Multiplices Inter, 25 septembris 1865, in ibid., t. II, n. 544; Léo XIII, ep. encycl., Humanum Genus, 20 aprilis 1884, in ibid., t. III, n. 591. Le can. 1374 (CIC 1983) punit d'une juste peine celui qui s'inscrit à une association qui conspire contre l'Eglise, et d'interdit celui qui y joue un rôle actif ou qui la dirige. Le can. 696 parle en général des idéologies infectées de matérialisme ou d'athéisme, étant entendu -même s'il ne le dit pas- que celles-ci s'opposent à l'enseignement de la foi et des valeurs chrétiennes.

encore moins un simple assentiment privé, ne suffiraient pas à motiver le renvoi, mais un engagement positif public, qui sanctionnerait l'Imputabilité *ex dolo*, et la pleine responsabilité et culpabilité.

- L'absence illégitime dont il s'agit au can. 665, par. 2, prolongée jusqu'à un semestre:

le can. 665, par. 2, récite:

"*Sodalis, qui e domo religiosa illegitime abest cum animo sese subducendi a potestate Superiorum, sollicite ab eisdem quaeratur et adiuvetur ut redeat et in sua vocatione perseveret*".

Une telle absence de la maison religieuse est donc caractérisée par l'intention du sujet de se soustraire au pouvoir des Supérieurs. Malgré cela, le membre sera recherché avec sollicitude et aidé à revenir. Passé un semestre, il sera considéré délibérément contumace, et donc dans une situation de pleine culpabilité, avec la possibilité de renvoi de l'Institut religieux.

Rappelons, pour conclure l'Article II, qu'en plus de ces causes de gravité fixées par le droit commun, d'autres causes de gravité semblables pourront être déterminées par le droit propre de chaque Institut. La richesse thématique du can. 696 a permis d'avoir une meilleure intelligence du canon de base de notre Thèse: le can. 1321. Dans un dernier Article, nous allons confronter le même canon à une autre situation: celle de la révocation des Curés, dont les motifs sont énumérés et décrits par le can. 1741.

ARTICLE III: ANALOGIE DU CAN. 1321 AVEC LA CULPABILITE DANS LA REVOCATION DES CURES (can. 1741)

Le principal avantage de l'examen analogique des situations pathologiques établies par le Code de Droit Canonique, au can. 1741, aptes à motiver la décision de la révocation des Curés, est d'identifier le rapport parallèle de ce canon avec la lettre et l'esprit du canon 1321. En principe, et en raison de sa collocation juridique, la révocation des Curés ne constitue pas un argument strictement pénal, mais seulement une mesure disciplinaire extraordinaire contre certains comportements coupables préjudiciables à l'office et à la

fonction du Curé, et au bien public qu'il est censé servir[536]. Dans la pratique, cependant, cette mesure disciplinaire, consécutive à la vérification et à l'établissement préalables de la culpabilité, est assimilable à une sanction pénale; ce qui renforce le point de vue analogique. Dans l'effort de fondation juridique du can. 1321, en confrontation avec la révocation des Curés, nous dégagerons trois points correspondant aux causes possibles de cette révocation, évoquées par le can. 1741: 1) l'incompétence du Curé; 2) la grave négligence ou violation des devoirs de Curé; 3) la mauvaise administration par le Curé des biens temporels ecclésiastiques.

A)- INCOMPETENCE DU CURE:

Le n. 2 du can. 1741 mentionne deux situations bien différentes: l''*imperitia*' et la '*permanens mentis vel corporis infirmitas*'[537]. Quant à nous, fidèles à la logique interne de notre argumentation, nous avons voulu retenir la première (l''*imperiria*'), qui établit une correspondance plus objective avec la *culpa iuridica*[538]. 'Incompétence' serait la traduction française du substantif latin '*imperitia*'. Et le CIC la considère comme l'une des causes possibles de la révocation du curé par l'Evêque diocésain.

Déjà, le Concile de Trente, confronté à une situation historique spécifique, avait fermement pris position contre les curés '*illiterati et imperiti*', soit pour leur inaptitude à accomplir les offices sacrés, soit pour la turpitude de leur vie qui détruisait plus qu'elle

---

536 - Cf. P.V. Pinto, *Liber I: De Normis Generalibus*, in Commento al Codice di Diritto Canonico, P.V. Pinto (a cura di), op. cit., p. 104: "*... Il motivo primario della rimoziome non è un delitto (come avviene per la privazione) ma il bene pubblico, cioè la salvezza delle anime*". L'auteur commentait ainsi le can. 192, qui récite: "*Ab officio quis amovetur sive decreto ab auctoritate competenti legitime edito, servatis quidem iuribus forte ex contractu quaesitis, sive ipso iure ad normam can. 194*". La prévalence du bien public explique bien pourquoi le législateur, au can. 1740, prévoit la révocation du Curé, '*etiam citra gravem ipsius culpam*' (même sans faute grave de l'intéressé).

537 - Can. 1741, n. 2: "*Causae, ob quas parochus a sua paroecia legitime amoveri potest, hae praesertim sunt: (...) - imperitia aut permanens mentis vel corporis infirmitas, quae parochum suis muneribus utiliter obeundis imparem reddunt*".

538 - Une infirmité permanente de l'esprit ou du corps, qui ferait que le Curé ne serait plus en état de s'acquitter efficacement de ses fonctions, ne saurait être rangée dans la catégorie d'infraction ou de violation *ex culpa*. C'est un cas indépendant de la volonté proche et lointaine, ou cas fortuit. Il en va bien autrement de l''*imperitia*'.

n'édifiait. Ainsi le Concile permettait aux Evêques de pourvoir à la déficience de ces derniers, notamment en leur assignant un coadjuteur ou vicaire[539].

Certains commentateurs définissent l'incompétence du curé comme le défaut de la science et de l'habileté requises dans l'accomplissement du *munus* paroissial[540]. Le défaut de la science et de l'habileté requises est absolu lorsqu'il rend le curé inapte à remplir l'office même de Curé, indépendamment de la paroisse dans laquelle il accomplit ponctuellement son ministère. Il est relatif dans la mesure où il se limite strictement à la paroisse actuelle du Curé[541]. La révocation ne serait, en fait, que la conséquence logique d'une incompétence absolue du curé; tandis que l'incompétence relative justifierait seulement le transfert du Curé à une autre paroisse[542].

Pour nous, l'incompétence absolue est sans nul doute une faute grave. Mais à s'en tenir à la lettre du can. 1740, la révocation du curé dépend moins de la gravité de son

---

539 - Concilium Tridentinum, Sessio XXI, can. 6, *De Reformatione*: "*Quia illiterati et imperiti parochialium Ecclesiarum sacris minus apti sunt officiis, et alii propter eorum vitae turpitudinem potius destruunt quam aedificant, episcopi, etiam tanquam apostolicae sedis delegati, eisdem illiteratis et imperitis, si alias honestae vitae sint, coadiutores aut vicarios pro tempore deputare, partemque fructuum eisdem pro sufficienti victu assignare, vel aliter providere possint, quacumque appellatione et exemptione remota...*", in J.D. Mansi, Sacrorum Conciliorum nova et amplissima Collectio, op. cit., vol. 33, col. 126.

540 - D'après P.M. Coronata, "*defectus scientiae haberi potest etiam in eo qui optimum periculum fecerit aut laurea doctorali sit decoratus. Ex defectu sensus practici in agendo poterit haberi optimus seu saltem bonus theologus qui sit miser et inhabilis parochus*", *De Processibus*, in Institutiones Iuris Canonici, vol. 3, ed. 5, Marietti, Taurini - Romae 1961, n. 1580, p. 546. Il renvoie à F.X. Wernz,- P. Vidal, Ius Canonicum, t. 6, 746.

541 - Cf. G Cocchi, *Liber IV: De Processibus*, in Commentarium in Codicem Iuris canonici, t. 7, ed. 3 recognita, Marietti, Taurini 1940, n. 376, p. 599 : "*Haec (imperitia ex parochi) contingere potest: ob defectum scientiae ad parocciale munus rite obeundum, sive absolute sive etiam relative ad parocciam quam regit; aut licet scientia non deficiat, ob defectum recti iudicii circa modum agendi, voluntatis, characteris, educationis*"; S. Sipos, Enchiridion Iuris Canonici, ed. 6, Orbis catholicus Herder, Romae 1954, n. 218, p. 798; L. De Echeverria, *Libro VII: De los Procesos*, in Codigo de Derecho Canonico, op. cit., p. 842: "*...la 'impericia', que no ha de confundirse con la ignorancia, aunque ésta puede contribuir a su existencia. Se trata de la falta de habilidad para llevar la parroquia, por falta de dotes naturales o de experiencia*"; la clause "*si iudicio Ordinarii per vicarium adiutorem bono animarum provideri nequeat*" du can. 2147, par. 2, n. 1 du Code pio-bénédictin a été supprimée dans le can. 1741 du CIC de 1983.

542 - Cf. J.F. Parizek, *Section II: Procedure in Removal and Transfer of Pastors*, in The Code of Canon Law. A Text and Commentary, op. cit., p. 1038: "*A pastor who is incompetent in one parish may be competent in a different parish. When the incompetence is relative, a transfert would better respect the pastor's human and priestly dignity. In cases in which incompetence is evident, it is the bishop's responsability to provide remedial assistance. However, if the incompetence perdures and seems absolute, the bishop may remove the pastor, who may still be eligible for an office other than a pastorate*".

omission (qu'exprime la clause "*etiam citra gravem ipsius culpam*"[543]) que des effets antijuridiques de cette omission, qui se traduisent par la nocivité ou au moins l'inefficacité de son ministère[544]. On se souvient que tout de suite après le Concile Vatican II, le Pape Paul VI avait promulgué les normes d'exécution des Décrets du même Concile, parmi lesquelles la norme concernant la révocation des Curés[545], en attendant la révision du CIC. En choisissant la conformité avec le Concile, le législateur a voulu démontrer son option en faveur de la satisfaction par les curés des nécessités publiques des âmes, à travers leur triple fonction pastorale de sanctification, d'enseignement et de gouvernement[546], qui toutefois peut leur être retirée s'ils font preuve d'incompétence dans la manière de l'exercer, et que par cette *culpa* ils portent un sérieux dommage à la *salus animarum*.

Si la cause d'incompétence est difficile à démontrer, mais aussi peu fréquente chez les curés, qui d'une manière générale, sont choisis en fonction de leur compétence à assumer une telle fonction[547], par contre la grave négligence ou violation des devoirs de curé comme cause de révocation présente davantage de certitude et de fréquence.

---

543 - Nous trouvons la même clause au can. 2147, par. 1. La différence est que la révocation était réservée, dans le Code pio-bénédictin, aux curés inamovibles.

544 - Can. 1740: "*Cum alicuius parochi ministerium ob aliquam causam, etiam citra gravem ipsius culpam, noxium aut saltem inefficax evadat, potest ipse ab Episcopo dioecesano a paroecia amoveri*".

545 - Paulus VI, lit. ap. (motu p. datae), Ecclesiae Sanctae, (*normae ad quaedam exsequenda SS. Concilii Vaticani II Decreta statuuntur*), 6 augusti 1966, AAS, 58 (1966), p. 768, Art. 20, §1: "*Episcopus potest, ... quemlibet parochum, a paroecia legitime amovere, quandocumque eius ministerium, etiam citra gravem ipsius culpam, noxium aut saltem inefficax reddatur ob aliquam ex causis in iure recensitis, aut aliam similem iudicio eiusdem episcopi, adhibita usque ad Codicem recognitum ratione procedendi statuta pro parochis amovibilibus (cann. 2157-2161, CIC 1917), ...*"; en application de Christus Dominus, n. 31. Cf. les explications de G. Lobina, Procedura per la Remozione dei Parroci, Monitor Ecclesiasticus, 105 (1980) 152-153; id., Parroci e Parrocchie, Roma 1979, 106-107.

546 - Cf. can. 519. Pour J.F. Parizek, il suffit que l'*imperitia* se manifeste dans au moins une des trois fonctions: "*Thus 'imperitia' may be better termed 'incompetence', which may be evident in one or more of the threefold aspects of the pastoral office: teaching, sanctifying, and governing*", *Section II:Procedure in Removal and tranfer of Pastors*, in The Code of Canon Law. A Text and Commentary, op. cit., p. 1037.

547 - Cf. can. 524, à propos du jugement sur l'idonéité de la personne appelée à remplir la charge pastorale de curé de paroisse.

B)- GRAVE NÉGLIGENCE OU VIOLATION DES DEVOIRS DE CURE

L'on hésiterait difficilement à parler d'Imputabilité *ex culpa* de délit, devant la limpidité de la terminologie utilisée au n. 4 du can. 1741[548]:

. grave négligence des devoirs de curé,

. ou grave violation des devoirs de curé;

ni même d'Imputabilité *ex dolo*, à condition que la négligence ou la violation persistent après une monition. Dans le dernier cas, l'infraction, ou la violation[549], est considérée comme le résultat d'une délibération interne; autrement dit, elle présuppose et laisse présumer la contemporanéité de la connaissance et de la liberté avec la violation des devoirs de curé. Dans les deux cas, l'Imputabilité existe, d'abord en raison de la gravité expressément requise de la violation (*gravis neglectus vel violatio*), se traduisant en terme de désavantage au plan des rapports publics à l'intérieur de la communauté; ensuite, en raison du caractère externe[550] de la violation, en ce sens qu'elle contient tous les requis de la preuve *ab extrinseco*. La persistance, après une monition, dans la négligence ou la violation, qu'exprime le prédicat '*persistere*', nous rappelle un autre vocable que nous avons rencontré à propos de la démission des Religieux: '*pertinax*'[551], qui indique bien l'obstination, la persévérance, et même une certaine complaisance dans le délit; ce qui implique l'Imputabilité de ce dernier par dol, et la culpabilité de son auteur. Prouvée la culpabilité de la négligence ou de la violation grave de ses devoirs, le curé risque une mesure disciplinaire de révocation de son office; ce qui, analogiquement au can. 1321, correspondrait plus ou moins à une sanction pénale.

---

548 - Can. 1741, n. 4: "*Causae, ob quas parochus a sua paroecia legitime amoveri potest, haec praesertim sunt: (...) - gravis neglectus vel violatio officiorum paroecialium quae post monitionem persistat*".

549 - Au point de vue terminologique, il y aurait une distinction à faire entre l'"infraction" (qui, selon nous, évoque une réalité de droit administratif) et la "violation" (qui évoque plutôt une réalité de droit pénal). L'une comme l'autre, dans la pratique, ont ceci de commun qu'ils se traduisent dans le manquement à une règle établie par l'autorité en vue du bien commun. Et l' usage qui en est fait ici renforce l'analogie avec le can. 1321 de notre Thèse.

550 - Non expressément mentionné, mais implicitement présent, ou par déduction: étant un personnage public de premier rang dans le cadre paroissial, le curé ne pourrait violer gravement les devoirs liés à son office, sans qu'une telle violation n'ait un caractère externe.

551 - "*Pertinax inoboedientia...*"; "*pertinax sustentatio vel diffusio doctrinarum... damnatarum*": can. 696. "*Pertinax denegatio*": can. 751. Cf. Chap. 4. Sect. B. Art. II. B.

Parmi les nombreux devoirs des Curés[552], il nous plaît d'évoquer celui spécifique du can. 535, concernant l'attention, le soin, et la protection à porter aux registres et archives paroissiaux:

. il appartient au curé notamment de veiller à ce que les registres paroissiaux soient <u>tenus convenablement</u> et <u>conservés avec soin</u>[553]. La moindre négligence de ce devoir (inexistence des transcriptions des actes, transcriptions erronées ou incomplètes, perte ou altération des registres) est toujours préjudiciable aux fidèles, à moyen ou long terme.

. il lui appartient également de veiller à ce que les archives et registres paroissiaux ne tombent pas dans les mains d'étrangers[554], de peur que soit mise en péril la renommée d'autrui, ou de provoquer le scandale si une information qui devait rester secrète venait à être sue.

Le curé qui manquerait gravement à son devoir de vigilance, provocant les désagréments que nous venons de souligner, et qui loin de s'amender persiste dans cet état, créerait *ipso iure* les conditions suffisantes de sa légitime révocation par l'Evêque diocésain.

Toujours dans le but de renforcer davantage l'intelligence du canon 1321, nous le mettrons cette fois en analogie avec le cas de mauvaise administration par le curé des biens temporels.

C)- MAUVAISE ADMINISTRATION PAR LE CURE DES BIENS TEMPORELS ECCLESIASTIQUES

L'Eglise a depuis toujours accordé une grande importance à la bonne et saine administration des biens temporels ecclésiastiques[555]. Le n. 5 du can. 1741 considère comme un motif de révocation du curé la mauvaise administration de ces biens, lorsqu'il en résulte un grave préjudice pour l'Eglise[556]. C'est donc le grave préjudice ou dommage

552 - Ces devoirs sont énuméré aux cann. 528-530; 533-535.

553 - Can. 535, par. 1: "*(...); propisciat parochus ut iidem libri accurate conscribantur atque diligenter asserventur*"; par. 5: "*Libri paroeciales antiquiores quoque diligenter custodiantur, secundum praescripta iuris particularis*".

554 - id., par. 4: "*(...); parochus caveat ne ad extraneorum manus perveniant*".

555 - Le CIC de 1983 lui a accordé son *liber V:* <u>De Bonis Ecclesiae Temporalibus</u> (cann. 1254-1310).

556 - Can. 1741, n. 5: "*Causae, ob quas parochus a sua paroecia legitime amoveri potest, hae praesertim sunt: (...) - mala rerum temporalium administratio cum gravi Ecclesiae damno, quoties huic malo aliud remedium afferi nequeat*".

causé à l'Eglise ('*cum gravi Ecclesiae damno*') qui permet d'évaluer l'Imputabilité *ex culpa* de la mauvaise administration. D'autre part, le préjudice grave recouvre aussi l'extériorité du manquement, liée au fait même d'administrer des biens temporels: le curé s'expose à l'obligation d'accomplir un certain nombre de négoces juridiques qui sont autant de prestations externes ayant généralement pour objet ou pour base le patrimoine matériel et financier de la paroisse. Cependant, le législateur, conscient du fait que le curé le plus zélé n'est pas forcément le meilleur administrateur, présente la révocation comme l'ultime recours, chaque fois qu'aucun autre remède ne peut être apporté au mal de la mauvaise administration des biens temporels paroissiaux ('*quoties huic malo aliud remedium afferi nequeat*')[557]. A notre avis, le remède le plus approprié est celui imposé par le même législateur (can. 537) à chaque paroisse: un conseil pour les affaires économiques.

La conjugaison des éléments de gravité et d'extériorité pour la vérification de l'Imputabilité *ex culpa*, ainsi que des concessions permises dans le n. 5 du can. 1741 en vue de l'amendement des curés négligents en matière d'administration des biens temporels, justifie assez bien l'analogie avec le can. 1321 qui ne punit la personne qui a violé la loi ou le précepte par omission de la diligence requise, que si la loi ou le précepte le dispose de façon expresse[558]. Cette analyse met fin au quatrième et

557 - Cf. L. De Echeverria, *Del procedimiento para la remocion y traslado de los parrocos*, in Codigo de Derecho Canonico, op. cit., p. 842: "*Como la experiencia ensena que un parroco celoso, bueno y cumplidor puede sre mal administrador, el c. preve que pueda haber otro remedio y que se pueda evitar la privacion aplicandolo (p. ej.., apartandolo del manejo de los bienes, que quede en otras manos de absoluta confianza, que acaso lo fueran las del consejo del c. 537 o algun sacerdote vecino)*".

558 - Can. 1321, par. 2: "*(...); qui egit ex omissione debitae diligentiae, non punitur, nisi lex vel praeceptum aliter caveat*". Une décision qui contraste avec ce qui était établi par le Code pio-bénédictin, aux cann. 2203, par. 1; 2229, par. 4. En effet, ces canons prévoyaient l'Imputabilité de la faute juridique -bien qu'avec des circonstances atténuantes-, et les sanctions correspondantes. Dans le canon 1321, par. 2, le délit coupable n'est frappé d'une peine que dans les cas formellement prévus par la loi ou le précepte. Nous avons comme exemple type le can. 1389, par. 2, qui punit d'une peine indéterminée celui qui, par négligence coupable, pose ou omet illégitimement au détriment d'autrui un acte relevant d'un pouvoir, d'un ministère ou d'une charge ecclésiastique ("*Qui, ex culpabili negligentia, ecclesiasticae potestatis vel ministerii, vel muneris actum illegitime cum damno alieno ponit vel omittit, iusta poena puniatur*"). Le can. 1321, par. 2 est resté fidèle à une recommandation de la Commission Pontificale pour la Révision du CIC, selon laquelle: "*Quod attinet ad imputabilitatem, praecipua mutatio proponitur, statuendo puniri posse tantummodo qui dolo egerit, nisi lex vel praeceptum aliter caveat*", De Delicto et Delinquente, Comm. 1 (1970), p. 103. La même Commission entendait attribuer à cette recommandation un caractère péremptoire, définitif et exclusif: "*Cui principio, quod codices poenales civitatum iamdudum*

dernier Chapitre de la Thèse, auquel nous joignons -comme pour les Chapitres précédents- une Conclusion récapitulative.

sequuntur, nonnullae aliae normae accommodari debuerunt". ibid.

CONCLUSION DU CHAPITRE QUATRIÈME

Le dernier Chapitre de cette Thèse visait un objectif bien précis: justifier la position du can. 1321, en démontrant sa fondation juridique non seulement à l'intérieur du *Liber VI* qui constitue son milieu naturel, mais aussi dans le cadre général du Code de Droit canonique. Nous l'avons fait à travers deux Sections. La première Section a fait ressortir le contexte résolument pastoral dans lequel baigne le can. 1321, et dont il reçoit quelque influence. Ce contexte est marqué, entre autres faits, par la réduction substantielle des peines *latae sententiae*; par l'usage préalable de la correction fraternelle ('*correctio*') et de la réprimande ('*correptio*') comme formes de dissuasion, pour éviter d'en recourir aux sanctions canoniques; par la primauté de la procédure judiciaire par rapport à celle administrative, afin de garantir le droit de défense du délinquant et une majeure légalité dans l'irrogation de la peine; et par l'ample discrétionnalité du juge dans l'application de cette dernière. Dans la seconde Section, analogique, nous avons choisi quelques situations juridiques (ou lieux parallèles) qui, à cause du caractère tragique des infractions qu'elles décrivent, et de la terminologie technico-juridique utilisée aux fins de déterminer l'Imputabilité et de conclure à la responsabilité et culpabilité des fauteurs, renforcent la validité modératrice et l'importance du can. 1321. Ainsi, dans un premier temps, nous avons soumis le can. 1321 à une évaluation analogique avec la culpabilité des délits contre la pleine communion avec l'Eglise catholique; ensuite, avec la culpabilité pour le renvoi des Religieux de leur Institut; et enfin, avec la culpabilité dans la révocation des Curés. Nous avions toutefois fait remarquer -mais il est bon de le rappeler- l'emploi impropre, dans la deuxième Section de ce Chapitre, du vocable 'Imputabilité' et des termes dérivés; ce fut un signe de la difficulté de notre étude analogique, mais aussi de la satisfaction d'avoir introduit le can. 1321 dans un réseau de relations, d'où il résulte plus en conformité avec sa propre centralité par rapport au CIC en général et au Code pénal canonique en particulier.

CONCLUSIONS GÉNÉRALES

Nos Conclusions Générales ont pour but de relever succinctement les principaux résultats de l'analyse de la Dynamique du principe de l'Imputabilité dans le Code Pénal Canonique (canon 1321), qu'au regard de la science canonique nous considérons comme l'humble contribution spécifique de notre Thèse. Nous présentons ces Conclusions en cinq points:

1. D'un point de vue méthodologique, il y a une originalité certaine dans la manière d'entreprendre l'état de la recherche, ou *status questionis*, auquel nous avons consacré le premier Chapitre de la Thèse. Concrètement, nous avons analysé six Dissertations '*ad Lauream*', relativement diverses les unes des autres quant à leur provenance, et présentant des thématiques variées attenant au Droit pénal. Une telle analyse a été motivée par un double intérêt scientifique: c'est d'abord la conviction de la légitimité d'aborder un sujet aussi délicat que celui de l'Imputabilité, dans le cadre particulier d'une Thèse de Doctorat, en tenant le plus grand compte de travaux du même genre, dans le but de circonscrire le champ de notre propre travail, et de spécifier nos objectifs; c'est ensuite l'avantage d'avoir pu extraire de ces Dissertations -quel que soit le niveau d'apport de chacune- des éléments de convergence avec notre sujet, et d'avoir procédé à une exploitation rationnelle de ceux-ci dans la suite de notre travail.

2. Un deuxième fait, qui entre dans la sphère de la contribution spécifique à la réflexion canonique par le moyen de ce travail, concerne la recherche que nous avons menée à l'*Archivio Segreto Vaticano*, dans le but de reconstituer le cheminement ayant conduit à la formation des cann. 2199 et 2200 du CIC de 1917, qui constituent la Source pio-bénédictine du can. 1321 du CIC de 1983. Qui a eu l'occasion de consulter les Archives du CIC de 1917, et en particulier les boîtes renfermant les documents (manuscrits et imprimés confondus) ayant trait à l'*iter* de formation du *Liber V: De Delictis et Poenis* (Projets des Experts, Remarques des Evêques et des Organismes de Consultation, procès verbaux des sessions de la Commission Pontificale présidée par le Card. P. Gasparri, Schémas), a pu se rendre compte de la difficulté que représenterait la reconstruction de n'importe lequel des canons du *Liber V*[559]. Quant à nous, nous avons réussi -non sans peine- à reconstituer l'*iter*

559 - Difficulté due surtout à l'insuffisance des procès verbaux, et parfois une disposition inorganique des documents, qui ne facilite pas leur consultation.

des cann. 2199 et 2200[560]. Notre détermination à conduire avec méthode cette étude n'eut d'égal que l'immense satisfaction de constater la nécessité de celle-ci, voire son caractère incontournable, pour l'analyse directe du can. 1321 et pour une connaissance plus enracinée du principe de l'Imputabilité.

3. Notre troisième conclusion et contribution se résume à l'étude effectuée sur le can. 1414 du CCEO, qui correspond dans le Code Oriental, au can. 1321 du CIC de 1983. Nous avons fondé l'étude comparative sur le principe même de la Catholicité qui, à travers la symbiose des deux Traditions latine et orientale, s'est formée une expression juridique privilégiée, marquée par l'appartenance à une source législatrice commune; ce qui implique nécessairement des similitudes et des différences à caractère substantiel et formel. Le can. 1414 a fait l'objet d'une étude très attentive, bien que concise, de notre part. Nous n'avons négligé aucune étape de sa formation, pour autant il nous était possible de reconstituer ses Sources et son *iter* à travers la Revue *NUNTIA* de la Commission Pontificale. De la comparaison il ressort, cependant, une certaine disparité dans le contenu des cann. 1414 (CCEO) et 1321 (CIC de 1983). Par contre, on a pu constater une plus grande similitude du can. 1414 avec les cann. 2199 et 2200 (CIC de 1917); ce qui semble tout-à-fait compatible avec les principes de la Révision du CCEO et les options prises lors des sessions de la Commission Pontificale. Pour cette raison et pour celle à peine mentionnée de la Catholicité, nous répondons négativement à l'hypothèse d'un Code unique '*pro Universa Ecclesia*', qui serait commun aux Eglises Latine et Orientales[561]. Et

560 - Dans les trois premiers Schémas, les cann. 5 et 6 (qui deviendront plus tard les cann. 2199 et 2200) entraient à eux seuls sous le *Titulus II*: De Imputabilitate delicti eiusque effectibus iuridicis. A partir du quatrième Schéma, on commença à les mettre sous le *Titulus II*: De Imputabilitate delicti, de causis illam aggravantibus vel minuentibus et de iuridicis delicti effectibus.

561 - Cf. le *Votum* du Card. V. GRACIAS (Archep. Bombayensis) en vue du Concile Vatican II: "*Suggeritur ut Concilium examinet possibilitatem habendi unicum Codicem Iuris Canonici communem Ecclesiis Latinae et Orientalibus, et quidem ad simpliciorem formam redactum, in specie quoad iuridictionem pro confessionibus, circa iudicia ecclesiastica et circa delicta et poenas*", in Acta et Documenta Concilio Oecumenico Vat. II apparando, *Series I (Ante praeparatoria)*, vol. II, pars IV, p. 111; pour O. Bucci, Il Codice di Diritto Canonico Orientale nella Storia della Chiesa, op. cit., p. 448, avant d'être codifié dans des documents juridiques, l'unité doit demeurer dans le coeur des hommes; Quant à G. Di Mattia, La Normativa di Diritto Penale nel *Codex Iuris Canonici* e nel *Codex canonum Ecclesiarum Orientalium*, Apollinaris, 65 (1992), p. 151, il reprend simplement le discours de présentation du pape qui saluait avec satisfaction l'avènement du CCEO comme la troisième colonne de la structure visible de

les cann. 1414 (CCEO) et 1321 (CIC de 1983) témoignent, s'il faut, que l'Eglise peut et doit continuer de 'respirer avec ses deux poumons'[562].

4. En introduisant dans la Thèse une Section jurisprudentielle, notre intention fut d'interpréter le can. 1321 à travers des cas judiciaires concrets, à caractère ou incidence pénale. Ainsi, nous avons retracé en détail trois Sentences: les deux premières, du Tribunal Apostolique de la Rote Romaine, concernent respectivement un délit perpétré et imputable *ex culpa* (dec. c. Many, *ponente*), et un délit perpétré et imputable *ex dolo* (dec. c. Jullien, *ponente*); la troisième Sentence a été empruntée de la jurisprudence britannique de la *Common Law* ('*House of Lords*'), dans le but précis d'expliciter et de concrétiser le principe de la présomption d'Imputabilité '*nisi aliud appareat*' du can. 1321, par. 3, sous l'éclairage du principe de la présomption d'Innocence de la *Common Law*, qui dans la cause pénale que nous avons étudiée, a su parfaitement allier justice, vérité des faits, et équité. Toutefois, conscient de l'insuffisance de cas singuliers pour la justification de la constance de la jurisprudence à propos de la *culpa*, du *dolus*, et de la présomption d'Innocence, nous avons pris soin de citer (dans les notes de bas de page) des Sentences analogues. Enfin, l'originalité de notre étude jurisprudentielle repose en grande partie sur la Synthèse que nous dressons à la fin de chaque exposition, et dans laquelle nous jugeons du bien fondé de la Sentence, au regard de l'ensemble du déroulement du procès pénal, et de l'Imputabilité ou non du sujet aux sens du can. 1321.

5. Le dernier élément de contribution de la Thèse se rapporte à la fondation juridique du can. 1321, par le contexte et les situations analogiques. Au sein du Livre VI du CIC, cette fondation juridique prend l'allure d'une confirmation du can. 1321 dans son rôle de

---

l'Eglise universelle, avec le CIC et la Constitution Apostolique *Pastor Bonus* de 1988 sur la Curie Romaine.

562 - Cf. Ioannes Paulus II, const. ap., Sacri Canones, (*de promulgatione Codicis Canonum Ecclesiarum Orientalium*), 18 octobris 1990, AAS, 82 (1990), p. 1035: "*Ipsa inde ab exordiis codificationis canonicae orientalium Ecclesiarum constans Romanorum Pontificum voluntas duos Codices, alterum pro latina Ecclesia alterum pro Ecclesiis orientalibus catholicis, promulgandi, admodum manifesto ostendit velle eosdem servare id quod in Ecclesia, Deo providente, evenit, ut ipsa unico Spiritu congregata quasi duobus pulmonibus Orientis et Occidentis respiret atque uno corde quasi duos ventriculos habente in caritate Christi ardeat*". (C'est nous qui soulignons).

modération et d'orientation; à l'endroit de certaines situations ou lieux parallèles pris à d'autres endroits du CIC, le même canon s'est vu attribuer la prérogative d'interprète privilégié. Pour mener notre analyse et parvenir à des résultats probants, il nous a fallu adopter la méthode analogique, seule à même de garantir l'applicabilité -bien que de façon impropre, dans certains cas- à la culpabilité dans les situations parallèles choisies, du principe de l'Imputabilité du can. 1321. Trois exemples significatifs, à savoir la culpabilité dans les délits contre la pleine communion de l'Eglise Catholique (can. 751), la culpabilité pour le renvoi d'un Religieux (can. 696), et la culpabilité dans la révocation des Curés (can. 1741), nous ont permis de trouver un mode d'application analogique du principe de l'Imputabilité -avec les limites inhérentes au fait même de l'analogie-, et de franchir ainsi un échelon supplémentaire dans l'intelligence du can. 1321.

APPENDICES

APPENDICE I: ITER DE FORMATION DES CANN. 2199-2200 (CIC 1917)

1) PREMIER SCHEMA PREPARATOIRE *DE DELICTIS*

can. 5 par. 1:

"*Imputabilitas delicti pendet a dolo delinquentis et ideo omnes causae quae augent, minuunt, tollunt dolum, eo ipso augent, minuunt, tollunt delicti imputabilitatem*";

par. 2:

"*Dolus est deliberata voluntas violandi legem, cui ex parte intellectus opponitur ignorantia legis aut error et ex parte voluntatis defectus libertatis*";

par. 3:

"*Principia quae sub hoc titulo traduntur pro determinata delictorum imputabilitate, analogice applicantur quoque violationibus externis et dolosis aliarum legum non poenalium sive divinarum sive ecclesiasticarum*";

can. 6: "*Dolus in foro externo praesumitur, donec contrarium probetur; quod si lex habeat verba 'scienter', 'studiose', 'consulto', 'temerarie' vel alia similia, plenus dolus requiritur et dolus in foro externo non praesumitur sed probandus est*".

2) DEUXIEME SCHEMA PREPARATOIRE *DE DELICTIS*

can. 5 par. 1:

"*Imputabilitas delicti pendet a dolo delinquentis et ideo omnes causae quae augent, minuunt, tollunt dolum, eo ipso augent, minuunt, tollunt delicti imputabilitatem*";

par. 2:

"*Dolus est deliberata voluntas violandi legem, cui ex parte intellectus opponitur ignorantia legis aut error et ex parte voluntatis defectus libertatis*";

par. 3:

"*Principia quae sub hoc titulo traduntur pro determinata delictorum imputabilitate, analogice applicantur quoque violationibus externis et dolosis aliarum legum non poenalium sive divinarum sive ecclesiasticarum*".

can. 6 "*Dolus in foro externo praesumitur, donec contrarium probetur*".

3) TROISIEME SCHEMA PREPARATOIRE *DE DELICTIS*

can. 5 par. 1:

"*Imputabilitas delicti pendet a dolo delinquentis* hinc *omnes causae quae augent, minuunt, tollunt dolum, eo ipso augent, minuunt, tollunt delicti imputabilitatem*";

par. 2:

"*Dolus est deliberata voluntas violandi legem, cui ex parte intellectus opponitur ignorantia legis aut error et ex parte voluntatis defectus libertatis*";

par. 3:

"*Principia quae* hic *traduntur pro determinata delictorum imputabilitate, analogice applicantur quoque violationibus externis et dolosis aliarum legum non poenalium sive divinarum sive ecclesiasticarum*";

can. 6: "*Dolus in foro externo praesumitur, donec contrarium probetur; quod si* in lege specialiter requiratur per *verba 'scienter', '*dolose*', 'studiose', 'consulto', 'temerarie' vel alia similia, plenus dolus requiritur et dolus in foro externo non praesumitur sed probandus est*".

4) QUATRIEME SCHEMA PREPARATOIRE *DE DELICTIS*

can. 5 par. 1:

"*Imputabilitas delicti pendet a dolo delinquentis* et ideo *omnes causae quae augent, minuunt, tollunt dolum, eo ipso augent, minuunt, tollunt delicti imputabilitatem*";

par. 2:

"*Dolus est deliberata voluntas violandi legem, cui ex parte intellectus opponitur* defectus cognitionis *aut error et ex parte voluntatis defectus libertatis*";

can. 6: "*Posita externa legis violatione, dolus in foro externo praesumitur, donec contrarium probetur*".

5) PREMIER SCHEMA GENERAL *DE DELICTIS ET POENIS*

can. 5: "*Imputabilitas delicti pendet a dolo delinquentis* vel ab eiusdem culpa in ignorantia legis violatae aut in omissione debitae diligentiae; *et ideo omnes causae quae augent, minuunt, tollunt dolum* aut culpam, *eo ipso augent, minuunt, tollunt delicti imputabilitatem*".

can. 6 par. 1:

"*Dolus est deliberata voluntas violandi legem, cui opponitur ex parte intellectus defectus cognitionis et ex parte voluntatis defectus libertatis*";

par. 2:

"*Posita externa legis violatione, dolus in foro externo praesumitur, donec contrarium probetur, salvo praescripto can. 20, par. 2, Norm. Gener.*".

6) SCHEMA GENERAL *DE DELICTIS ET POENIS* (année 1913)

can. 5: "*Imputabilitas delicti pendet ex dolo delinquentis vel ex eiusdem culpa in ignorantia legis violatae aut in omissione debitae diligentiae; quare omnes causae quae augent, minuunt, tollunt dolum aut culpam, eo ipso augent, minuunt, tollunt delicti imputabilitatem*".

can. 6 par. 1:

"*Dolus est deliberata voluntas violandi legem, eique opponitur ex parte intellectus defectus cognitionis et ex parte voluntatis defectus libertatis*";

par. 2:

"*Posita externa legis violatione, dolus in foro externo praesumitur, donec contrarium probetur, salvo praescripto can. 20, par. 2, Norm. Gener.*".

7) SCHEMA COMPLET *CODEX IURIS CANONICI* (année 1916)

can. 2219: "*Imputabilitas delicti pendet ex dolo delinquentis vel ex eiusdem culpa in ignorantia legis violatae aut in omissione debitae diligentiae; quare omnes causae quae augent, minuunt, tollunt dolum aut culpam, eo ipso augent, minuunt, tollunt delicti imputabilitatem*".

can. 2220 par. 1:

"*Dolus heic est deliberata voluntas violandi legem eique opponitur ex parte intellectus defectus cognitionis et ex parte voluntatis defectus libertatis*";

par. 2:

"*Posita externa legis violatione, dolus in foro externo praesumitur, donec contrarium probetur*".

APPENDICE II: PRINCIPES DE LA RÉVISION DU DROIT PÉNAL

. POUR LE CIC: *DE RECOGNOSCENDO IURE POENALI*[563]

"In recognitione iuris poenalis Ecclesiae, principium reducendi poenas in Codice stabilitas, nemo est qui non acceptet. Verum suppressionem omnium poenarum ecclesiasticarum, cum ius coactivum, cuiuslibet societatis perfectae proprium, ab Ecclesia abiudicari nequeunt, nemo canonistarum admittere videtur.

Mens est ut poenae generatim sint ferendae sententiae et in solo foro externo irrogentur et remittantur. Quod ad poenas latae sententiae attinet, etsi a non paucis earum abolitio proposita sit, mens est ut illae ad paucos omnino casus reducantur, imo ad paucissima eaque gravissima delicta".

. POUR LE CCEO: REVISIONE DEI CANONI *DE DELICTIS ET POENIS*[564]

"(...) Per il Codice Orientale si proporrebbe innanzitutto di abolire tutte le pene 'latae sententiae' perché esse non corrispondono alle genuine tradizioni orientali e non sembrano necessarie per un adattamento del Codice Orientale alle esigenze moderne della disciplina delle Chiese Orientali Cattoliche.

Si dia una maggiore rilevanza alla 'monitio canonica', prima di poter punire secondo gli antichi canoni orientali ed una possibilità di appello in 'suspensivo' contro ogni imposizione di una punizione (tribunali amministrativi).

Si propone di ricevere la nozione della punizione canonica in quanto 'privatio alicuius boni'. Sembra che la punizione canonica potrebbe essere anche 'impositio actus positivi'. E' vero che in questo modo le punizioni si dovrebbero chiamare piuttosto 'poenitentiae' che non 'poenae' ma corrisponderebbero molto di più alla antica e salutare disciplina orientale. Si noti che oggi anche nelle Chiese Ortodosse le 'poenae' sono tutte 'privationes boni' ma gli Ortodossi riconoscerebbero pure che l'antica disciplina conteneva quasi sempre due elementi nella 'poena': la 'privatio boni' e la imposizione di un atto positivo. Oggi, si intende, non si possono imporre simili penitenze pubbliche, ma si cerchi almeno di pensare di introdurre nelle punizioni anche l'elemento positivo, che corrisponde molto di più al carattere medicinale delle punizioni canoniche, quasi l'unico riconosciuto nell'Oriente cristiano".

---

563 - Comm. 2 (1969) 84-85. C'est le 9ème Principe de la Révision du CIC.

564 - Nuntia, 1 (1973) 31-32; trasmis à la Commission par le Doyen de la Faculté de Droit Canonique Oriental, le 17 avril 1973.

APPENDICE III: SYNTHESIS GENERALIS LABORIS PONTIFICIA COMMISSIONIS CODICI IURIS CANONICI RECOGNOSCENDO[565]

(Liber VI De Sanctionibus in Ecclesia)

De Iure Poenali[566]

Sessio I 28-29 nov. 1966
Nulla adest Relatio; praevium canonum Schema et adnotationes ad Schema praevium sub die 27 dec. 1966.

Sessio II 9-14 ian. 1967
Nulla adest Relatio; formulae novae propositae pro can. 21 Schematis sub die 13 ian. 1967;
textus emendatus cum adnotationibus sub die 26 ian. 1967.

Relatio: De labore peracto in duobus prioribus Sessionibus sub die 20 maii 1967.

Quaestiones praeviae "de poenis in specie" sub die 1 maii 1967.

Sessio III 29 maii-3 iun. 1967
Nulla adest Relatio; textus emendatus cum appendice et adnotationibus sub die 11 iul. 1967; primum Schema generale et adnotationes sub die 23 nov. 1967; addendum ad Schema generale sub die 7 dec. 1967 (cann. 58; 37).

Sessio IV 4-7 dec. 1967
Nulla adest Relatio; index emendationum praecipuarum ad primum Schema generale sub die 14 dec. 1967.

Quaestiones praeviae "de ponis in singula delicta" sub die 8 feb. 1968.

Sessio V 4-9 mar. 1968
Nulla adest Relatio; novi textus propositi pro canonibus 35, 36, 40, 44, 58, 66, 67; ALTERUM Schema GENERALE secundum emendationes probatas sub die 22 maii 1968 cum adnotationibus.

Sessio VI 2-7 dec. 1968
Nulla adest Relatio; emendationes et complementa ad Schema praevium de singulis delictis sub die 29 dec. 1968.

Sessio VII 10-13 mar. 1969

565 - Comm. 19 (1987) 262-308; cf. aussi J. Fox, A General Synthesis of the Work of the Pontifical Commission for the Revision of the Code of Canon Law, The Jurist, 48 (1988) 829-832.

566 - Ibid., pp. 296-299.

Nulla adest Relatio; ALTERUM Schema de singulis delictis sub die 8 apr. 1969; RELATIO ad Schema DE DELICTIS ET POENIS sub die 16 iun. 1969.

Sessio VIII 24-28 nov. 1969
Nulla adest Relatio; Schema generale de delictis et poenis sub die 12 ian. 1970; "Appunto" sub die 26 ian. 1970.

Sessio IX 27-29 apr. 1970
Schema praevium de iudicio criminali sub die 7 ian. 1970; alterum Schema de iudicio criminali secundum deliberata in Sessione 27-29 apr. 1970.

Synthesis laboris Sessionum I-IX: *Communicationes* 2 (1970) 99-107; 194-195.

Litterae transmissionis Schematis (1 dec. 1973) ad organa consultationis: *Communicationes* 5 (1973) 195-196.

Relatio de animadversionibus Schemati (1973) *Documenti quo Disciplina Sanctionum seu Poenarum in Ecclesia Latina denuo Ordinatur*: *Communicationes* 7 (1995) 93-97.

SERIES ALTERA: Recognitio Schematis (1973): *Documenti quo Disciplina Sanctionum seu Poenarum in Ecclesia latina denuo ordinatur*.

Adunatio I: 21 ian. 1976
Animadversiones ordinis generalis; de delictorum punitione generatim: cann. 1-3; de ege poenali ac de praecepto poenali: can. 4.

Adunatio II: 27 ian. 1976
De lege poenali ac de praecepto poenali: cann. 5-6.

Adunatio III: 2 feb. 1976
De lege poenali ac de praecepto poenali: cann. 7-9;
de subiecto poenalibus sanctionibus obnoxio: can. 10.

Adunatio IV: 7 feb. 1976
De subiecto poenalibus sanctionibus obnoxio: can. 10.

Adunatio V: 12 feb. 1976
De subiecto poenalibus sanctionibus obnoxio: cann. 11-12; de circumstantiis eximentibus.

Adunatio VI: 4 mar.1976
De circumstantiis attenuantibus; de circumstantiis aggravantibus.

Adunatio VII: 1 apr. 1976
De subiecto poenalibus sanctionibus obnoxio: cann. 13-15.

Adunatio VIII: 29 apr. 1976
De censuris: can. 16.

Adunatio IX: 20 maii 1976
De censuris: cann. 16-17.

Adunatio X: 13 dec. 1976
De censuris: cann. 18-20.

Adunatio XI: 20 dec. 1976
De poenis expiatoriis: cann. 21-24; de aliis punitionibus: cann. 25-26.

Adunatio XII: 13 ian. 1977
De poenis applicandis: cann. 27-33.

Adunatio XIII: 1 feb. 1977
De poenis applicandis: cann. 34-37; de poenarum cessatione: cann. 38-47.

Adunatio XIV: 17 mar. 1977
De delictis contra religionem et Ecclesiae unitatem: cann. 48-50; de delictis contra ecclesiasticas auctoritates et Ecclesiae libertatem: cann. 51-54.

Adunatio XV: 25 mar. 1977
De munerum ecclesiasticorum usurpatione deque delictis in iis exercendis: cann. 55-63.

Adunatio XVI: 22 apr. 1977
De crimine falsi: cann. 64 65; de delictis contra speciales obligationes: cann. 66-69; de delictis contra hominis vitam et libertatem: cann. 70-72; norma generalis: can. 73.

Adunatio XVII: 7 maii 1977
Examen suggestionum circa alia delicta forte inserenda.

Adunatio XVIII: 4 iun. 1977
Examen suggestionum circa alia delicta forte inserenda.

(Adunationes I-VII: *Communicationes* 8 (1976) 166-183).

(Adunationes VIII-XIII: *Communicationes* 9 (1977) 147-174).

(Adunationes XIV-XVIII: *Communicationes* 9 (1977) 304-322).

<u>APPENDICE IV</u>: ITER DE FORMATION DU CAN. 1321 (CIC 1983)

1) SCHEMA GENERAL *DE DELICTIS ET POENIS* (année 1973)

Can. 10 par. 1:

"*Nemo punitur, nisi legis vel praecepti violatio, ab eo commissa, sit graviter imputabilis ex dolo vel ex culpa*";

par. 2:

"*Nisi lex vel praeceptum aliter caveat, sanctionibus poenalibus is tantum subiicitur, qui delictum dolo patravit, id est qui legem vel praeceptum violare deliberate voluit*";

par. 3:

"*Posita externa legis violatione imputabilitas praesumitur, nisi aliud appareat*".

2) SCHEMA GENERAL DU CIC (année 1980)

can. 1272 par. 1:

"*Nemo punitur, nisi <u>externa</u> legis vel praecepti violatio, ab eo commissa, sit graviter imputabilis ex dolo vel ex culpa*";

par. 2:

"*Poena lege vel praecepto statuta is tenetur, qui legem vel praeceptum deliberate violavit; qui vero id egit ex omissione debitae diligentiae, non punitur, nisi lex vel praeceptum aliter caveat*";

par. 3:

"*Posita externa violatione imputabilitas praesumitur, nisi aliud appareat*".

3) SCHEMA GENERAL DU CIC (année 1982)

can. 1321 par. 1:

"*Nemo punitur, nisi externa legis vel praecepti violatio, ab eo commissa, sit graviter imputabilis ex dolo vel ex culpa*";

par. 2:

"*Poena lege vel praecepto statuta is tenetur, qui legem vel praeceptum deliberate violavit; qui vero id egit ex omissione debitae diligentiae, non punitur, nisi lex vel praeceptum aliter caveat*";

par. 3:

"*Posita externa violatione, imputabilitas praesumitur, nisi aliud appareat*".

<u>APPENDICE V</u>: ITER DE FORMATION DU CAN. 1414 (CCEO)

1) *SCHEMA CANONUM* DE 1976

can. 15 par. 1:

"*Nemo poenae canonicae est obnoxius, qui a gravi dolo vel a gravi culpa in violatione legis vel praecepti excusari potest*";

par. 2:

"*Nisi lex vel praeceptum explicite in delictum culposum poenam statuant, sanctionibus poenalibus is tantum subicitur, qui delictum dolo patravit, id est qui legem vel praeceptum violare deliberate voluerit*";

par. 3:

"*Posita externa legis vel praecepti poenalis violatione dolus gravis vel culpa gravis praesumitur donec contrarium probetur; in legibus vel praeceptis sanctione poenali non munitis dolus vel culpa praesumitur tantummodo si lex vel praeceptum iterum post monitionem poenalem violatur*".

2) *SCHEMA CANONUM* REVISE DE 1980

can. 15 par. 1:

"*Sanctionibus poenalibus is tantum subicitur quilegem vel praeceptum violavit aut deliberate aut ex graviter culpabili omissione debitae diligentiae aut ex graviter culpabili ignorantia legis vel praecepti*";

par. 2:

"*Deliberata violatio legis vel praecepti aut gravis omissio debitae diligentiae praesumuntur posita externa violatione legis, donec contrarium probetur; in legibus vel praeceptis sanctione poenali non munitis ea praesumuntur tantummodo si lex vel praeceptum iterum post monitionem poenalem violatur*";

3) *SCHEMA CANONUM* DE 1982

can. 14 par. 1:

"*Sanctionibus poenalibus is tantum subicitur qui legem <u>poenalem</u> vel praeceptum <u>poenale</u> violavit aut deliberate aut ex graviter culpabili omissione debitae diligentiae aut ex graviter culpabili ignorantia legis vel praecepti*";

par. 2:

"*Posita externa legis <u>poenalis</u> vel praecepti poenalis violatione praesumitur eam deliberate factam fuisse donec contrarium probetur; in legibus vel praeceptis sanctione poenali non munitis id praesumitur tantummodo si lex vel praeceptum iterum post monitionem poenalem violatur*".

4) SCHEMA GENERAL DU CCEO (année 1986)

can. 1429 par. 1:

"*Poenis is tantum subicitur, qui legem poenalem vel praeceptum poenale violavit aut deliberate aut ex graviter culpabili omissione debitae diligentiae aut ex graviter culpabili ignorantia legis vel praecepti*";

par. 2:

"*Posita externa legis poenalis vel praecepti poenalis violatione praesumitur eam deliberate factam esse, donec contrarium probatum est; in ceteris legibus vel praeceptis id praesumitur tantummodo, si lex vel praeceptum iterum post monitionem poenalem violatur*".

5) CAN. 1414 DU CCEO

par. 1:

"*Poenis is tantum subicitur, qui legem poenalem vel praeceptum poenale violavit aut deliberate aut ex graviter culpabili omissione debitae diligentiae aut ex graviter culpabili ignorantia legis vel praecepti*";

par. 2:

"*Posita externa legis poenalis vel praecepti poenalis violatione praesumitur eam deliberate factam esse, donec contrarium probetur; in ceteris legibus vel praeceptis id praesumitur tantummodo, si lex vel praeceptum iterum post monitionem poenalem violatur*".

<u>APPENDICE VI</u>: ORDRE DU *LIBER VI: DE SANCTIONIBUS IN ECCLESIA*

PARS I

De delictis et poenis in genere (cann. 1311-1363)

Titulus I DE DELICTORUM PUNITIONE GENERATIM (cann. 1311-1312)

Titulus II DE LEGE POENALI AC DE PRAECEPTO POENALI (cann. 1313- 1320)

Titulus III DE SUBIECTO POENALIBUS SANCTIONIBUS OBNOXIO (cann. 1321-1330)

Titulus IV DE POENIS ALIISQUE PUNITIONIBUS (cann. 1331-1340)

Caput I *De censuris* (1331-1335)
Caput II *De poenis expiatoriis* (1336-1338)
Caput III *De remediis poenalibus et paenitentiis* (1339-1340)

Titulus V DE POENIS APPLICANDIS (cann. 1341-1353)

Titulus VI DE POENARUM CESSATIONE (cann. 1354-1363)

PARS II

De poenis in singula delicta (cann. 1364-1399)

Titulus I DE DELICTIS CONTRA RELIGIONEM ET ECCLESIAE UNITATEM (cann. 1364-1369)

Titulus II DE DELICTIS CONTRA ECCLESIASTICAS AUCTORITATES ET ECCLESIAE LIBERTATEM (cann. 1370-1377)

Titulus III DE MUNERUM ECCLESIASTICORUM USURPATIONE DEQUE DELICTIS IN IIS EXERCENDIS (cann. 1378-1389)

Titulus IV DE CRIMINE FALSI (cann. 1390-1391)

Titulus V DE DELICTIS CONTRA SPECIALES OBLIGATIONES (cann. 1392-1396)

Titulus VI DE DELICTIS CONTRA HOMINIS VITAM ET LIBERTATEM (cann. 1397-1398)

Titulus VII NORMA GENERALIS (can. 1399)

APPENDICE VII: CANONS CITES DANS LA THESE

. DU CIC DE 1917:

cann. 6
19
103
1747; 1825; 1904; 1972
2147; 2195; 2196; 2199; 2200; 2202; 2203; 2205; 2206; 2214; 2218; 2219; 2220; 2222; 2223; 2226; 2229; 2335; 2355

. DU CIC DE 1983:

cann. 18; 35; 36; 52
124; 125; 134; 135; 184; 192; 194
204; 205; 220; 221; 222; 281; 292
316; 336; 337; 368; 381; 384
405; 445; 455; 475; 476; 479
519; 524; 535; 537; 596
620; 631; 665; 694; 696
732; 751; 754
968
1098
1313; 1314; 1315; 1317; 1318; 1319; 1321; 1322; 1323; 1324; 1325; 1326; 1327; 1330; 1334; 1339; 1341; 1342; 1343; 1344; 1345; 1346; 1348; 1350; 1364; 1367; 1370; 1371; 1374; 1378; 1383; 1387; 1388; 1389; 1394; 1395; 1399;
1400; 1436; 1437
1584; 1585
1612
1740; 1741; 1752.

. DU CCEO:

cann. 394
685
762
1084
1172
1402; 1410; 1414; 1433; 1436; 1442; 1445; 1450; 1453; 1458; 1460.

SOURCES

1. Sources de Codification:

a) la codification de 1917:

PONTIFICIA COMMISSIO LEGIBUS CANONICIS IN UNUM REDIGENDIS, Schema Codicis Iuris Canonici (cum Notis P. Card. Gasparri). Liber Quartus: De Delictis et Poenis, Romae, Typis Polyglottis Vaticanis, 1913, (227 canones). Archivi Segreti Vaticani, Città del Vaticano, CIC: Scatola n. 79.

id., Schema Codicis Iuris Canonici (cum Notis P. Card. Gasparri), Romae, Typis Polyglottis Vaticanis, 1916, (2438 canones). Archivi Segreti Vaticani, Città del Vaticano, CIC: Scatola n. 88.

CODEX IURIS CANONICI PII X PONTIFICIS MAXIMI IUSSU DIGESTUS BENEDICTI PAPAE AUCTORITATE PROMULGATUS, AAS, 9 (1917-II) 5-521.

b) la codification de 1983:

PONTIFICIA COMMISSIO CODICI IURIS CANONICI RECOGNOSCENDO, Principia quae Codicis Iuris Canonici Recognitionem dirigant, Communicationes, 2 (1969) 77-85.

id., Schema generale de delictis et poenis, Romae, Typis Polyglottis Vaticanis, 1970.

id., Schema Documenti quo Disciplina Sanctionum seu Poenarum in Ecclesia Latina denuo Ordinatur, Romae, Typis Polyglottis Vaticanis, 1973.

id., Schema Documenti quo Disciplina Sanctionum seu Poenarum in Ecclesia Latina denuo Ordinatur, Romae, Typis Polyglottis Vaticanis, 1980.

id., Relatio complectens synthesim animadversionum ab Em.mis atque Exc.mis Patribus Commissionis ad novissimum schema Codicis Iuris Canonici exhibitarum, cum responsionibus a secretaria et consultoribus datis, *Liber VI: De Sanctionibus in Ecclesia*, Comm. 16 (1984) 39-40.

CODEX IURIS CANONICI AUCTORITATE IOANNIS PAULI PP.II PROMULGATUS, AAS, 75 (1983-II) XXX+1-318.

PONTIFICIA COMMISIO CODICI IURIS CANONICI AUTHENTICE INTERPRETANDO,

Codex Iuris Canonici auctoritate Ioannis Pauli PP.II promulgatus. Fontium Annotatione et Indice Analytico- Alphabetico Auctus, Libreria Editrice Vaticana, Roma 1989.

c) la codification des Canons des Eglises Orientales Catholiques:

PONTIFICIA COMMISSIO CODICI IURIS CANONICI ORIENTAL IS RECOGNOSCENDO, Lo *Schema* dei Canoni

riguardanti le Sanzioni Penali nelle Chiese Orientali Cattoliche, Nuntia 4 (1977) 72 sq.

id., Nuova Revisione dei Canoni riguardanti le Sanzioni Penali nelle Chiese Orientali Cattoliche, Nuntia 12 (1981) 72 sq.

id., 'Schema Canonum de Sanctionibus Poenalibus in Ecclesia' nella nuova Revisione, Nuntia 20 (1985) 3 sq.

id., Schema Codicis Canonici Orientalis, Romae 1986.

CODEX CANONUM ECCLESIARUM ORIENTALIUM AUCTORITATE IOANNIS PAULI PP.II PROMULGATUS, AAS, 82 (1990) 1045-1363.

2- Sources Pontificales:

BENEDICTUS XIV, ep. encycl., Allatae Sunt, (*ad Missionarios per Orientem deputatos*), 26 iulii 1755, in Codicis Iuris Canonici Fontes, P. Gasparri (cura), vol. 2, *Romani Pontifices*, n. 434, T.P.V., Romae 1948.

PIUS IX, const. ap., Apostolicae Sedis, 12 octobris 1869, CIC Fontes, P. Gasparri (cura), vol. 3, *Romani Pontifices*, n. 552, Romae, Typis Polyglottis Vaticanis 1933.

PIUX X, const. ap., Arduum Sane, (*de Ecclesiae legibus in unum redigendis*), 19 martii 1904, ASS, 36 (1904) 549-551.

BENEDICTUS XV, const. ap., Providentissima Mater Ecclesia, (*de promulgatione Codicis Iuris Canonici*), 27 maii 1917, AAS, 9 (1917-II) XXXIX-XLII.

PIUS XII, alloc., Ecco Che Già un Anno, (*ad Praelatos Auditores ceterosque Officiales et Administros Tribunalis S. Romanae Rotae necnon eiusdem Tribunalis Advocatos et Procuratores*), 6 octobris 1946, AAS, 38 (1946) 391-397.

id., alloc., Ci Torna Particolarmente Gradito, (*ad Praelatos Auditores ceterosque Officiales et Administros Tribunalis S. Romanae Rotae necnon eiusdem Tribunalis Advocatos et Procuratores*), 29 octobris 1947, AAS 39 (1947) 493-498.

id., alloc., Nous Croyons Que, (*iis qui interfuerunt VI° Conventui internationali de Iure poenali*), 3 octobris 1953, AAS, 45 (1953) 730-744.

id., nunt. scripto datus, Accogliete, (*iis qui interfuerunt VI° Conventui nationali Sodalium consociationis ex iuris peritis catholicis Italiae*), 5 decembris 1954, AAS, 47 (1955) 60-71.

id., alloc., Vous Avez Voulu, (*iis qui interfuerunt X° Conventui internationali de Scientiis Historicis, Romae habito*), 7 Septembris 1955, AAS, 47 (1955) 672-682.

id., alloc., Come Rappresentanti, (*Sodalibus consociationis ex iuris peritis catholicis Italiae, agens de christiano auxilio praestando carceribus retentis*), 26 maii 1957, AAS, 49 (1957) 403-414.

IOANNES XXIII, alloc., Qesta Festiva Ricorrenza, (*ad Em.mos Patres Cardinales in urbe praesentes habita, in coenobio Monachorum Benedictinorum ad S. Pauli extra Moenia, post Missarum solemnia, quibus beatissimus Pater in Patriarcha Basilica Ostiensi interfuerunt*), 25 ianuarii 1959, AAS, 51 (1959) 65-69.

PAULUS VI, alloc., Singulari Cum, (*ad Em.mos Patres Cardinales et ad Consultores Pontificii Consilii Codici Iuris Canonici Recognoscendo*), 20 novembris 1965, AAS, 57 (1965) 987-989.

id., lit. ap. (motu p. datae), Ecclesiae Sanctae, (*normae ad quaedam exsequenda SS. Concilii Vaticani II Decreta statuuntur*), 6 augusti 1966, AAS, 58 (1966) 757-787.

id., alloc., Il Nous Est Agréable, (*Iuris peritis, qui interfuerunt coetui decimo internationali de Iure Poenarum, Romae habito*), 4 octobris 1969, AAS, 61 (1969) 709-713.

id., alloc., La Ringraziamo, 19 ianuarii 1970, Insegnamenti di Paolo VI, 8 (1970) 52-57.

id., alloc., Vivissima Gioia, (*ad Praelatos Auditores et Officiales Tribunalis Sacrae Romanae Rotae*), 8 februarii 1973, AAS, 65 (1973) 95-103.

id., alloc., In Queste Simplici Conversazioni, 4 augusti 1976, Insegnamenti di Paolo VI, vol. XIV (1976) 624-627.

id., alloc., Dilatato Corde, (*ad eos qui Conventii Internationali interfuerunt, exeunte saeculo a condita Facultate Iuris Canonici in Pontificia Universitas Gregoriana*), 19 februarii 1977, AAS, 69(1977) 208-212.

IOANNES-PAULUS II, const. ap., Sacrae Disciplinae Leges, (*de promulgatione Codicis Iuris Canonici*), 25 ianuarii 1983, AAS, 75 (1983-II) VII-XIV.

id., alloc., Ringrazio l'Ecc.mo Decano, (*a la Rota Romana*), 26 gennaio 1989, Insegnamenti di Giovanni Paolo II, XII,1 (1989) 179-185.

id., alloc., La Solenne Inaugurazione, (*a la Rota Romana*), 18 gennaio 1990, Insegnamenti di Giovanni Paolo II, XIII,1 (1990) 109-115.

id., const. ap., Sacri Canones, (*de promulgatione Codicis Canonum Ecclesiarum Orientalium*), 18 octobris 1990, AAS, 82 (1990) 1033-1044.

id., alloc., Memori Animo, (*in aula Synodi episcoporum habita: de novo Codice Canonum Ecclesiarum Orientalium*), 27 octobris 1990, AAS, 83 (1991).

3- Sources Conciliaires:

CONCILIUM ANCYRANUM (314), J.D. Mansi, Sacrorum Conciliorum nova et amplissima Collectio, curantibus L. Petit, H. Welter, Paris 1901-1927, vol. II, (rist. Graz 1960-1961), coll. 513-539.

CONCILIUM NICAENUM GENERALE (325), J.D. Mansi, Sacrorum Conciliorum nova et amplissima Collectio, curantibus L. Petit, H. Welter, Paris 1901- 1927, vol. II, (rist. Graz 1960-1961), coll. 635-1082.

CONCILIUM ANTIOCHENUM (341), J.D. Mansi, Sacrorum Conciliorum nova et amplissima Collectio, curantibus L. Petit, H. Welter, Paris 1901-1927, vol. II, (rist. Graz 1960-1961), coll. 1305-1348.

CONCILIUM AGATHENSE (506), J.D. Mansi, Sacrorum Conciliorum nova et amplissima Collectio, curantibus L. Petit, H. Welter, Paris 1901-1927, vol. VIII, (rist. Graz 1960-1961), coll. 319-339.

CONCILIUM QUINISEXTUM vel *IN TRULLO* (692), J.D. Mansi, Sacrorum Conciliorum nova et amplissima Collectio, curantibus L. Petit, H. Welter, Paris 1901-1927, vol. XI, (rist. Graz 1960-1961), coll. 921-1006.

CONCILIUM TRIDENTINUM (1545-1563), J.D. MANSI, Sacrorum Conciliorum nova et amplissima Collectio, curantibus, L. Petit, H. Welter, Paris 1901- 1927, vol. XXXIII, (rist. Graz 1960-1961), coll. 1-1034.

Acta et Documenta Concilio Oecumenico Vaticano II apparando. Series I (Antepraeparatoria), Romae, Typis polyglottis Vaticanis 1960-1961, 5 voll.

CONCILIUM VATICANUM SECUNDUM, const. dogmatica, Lumen Gentium, (*de Ecclesia*), 21 novembris 1964, AAS, 57 (1965) 5-71.

CONCILIUM VATICANUM SECUNDUM, decr., Orientalium Ecclesiarum, (*de Ecclesiis Orientalibus Catholicis*), 21 novembris 1964, AAS, 57 (1965) 76-85.

CONCILIUM VATICANUM SECUNDUM, decr., Unitatis Redintegratio, (*de Oecumenismo*), 21 novembris 1964, AAS, 57 (1965) 90-112.

CONCILIUM VATICANUM SECUNDUM, decr., Christus Dominus, (*de pastorali Episcoporum munere in Ecclesia*), 28 octobris 1965, AAS, 58 (1966) 673-701.

CONCILIUM VATICANUM SECUNDUM, const. pastoralis, Gaudium et Spes, (*de Ecclesia in mundo huius temporis*), 7 decembris 1965, AAS, 58 (1966) 1025-1120.

4- Sources Patristiques:

S. HIERONIMUS (331-420), *Homilia XXVIII*, in Opera Omnia, t. VII, J.P. Migne (accurante), PL 26, Parisiis 1884, coll. 302-304.

S. AMBROSIUS (340-397), *De Cain et Abel*, in Opera Omnia, t. I, 1, J.P. Migne (accurante), PL 14, Parisiis 1882, coll. 365-366.

S. AUGUSTINUS (354-430), *Enchiridion ad Laurentium, sive de Fide, Spe et Charitate*, in Opera Omnia, t. 6, J.P. Migne (accurante), PL 40, Parisiis 1887, coll. 231-290.

id., *De Civitate Dei*, in Opera Omnia, t. 7, J.P. Migne (accurante), PL 41, Parisiis 1841, coll. 13- 804.

S. BASILIUS (330-379), *Ad Amphilochium*, epist. can. prima et tertia, J.D. Mansi, Sacrorum Conciliorum nova et amplissima Collectio, curantibus L. Petit, H. Welter, Paris 1901-1927, vol. III (Appendix X), (rist. Graz 1960-1961), coll. 1183-1198, 1210-1220; (PG 32).

5- Jurisprudence Rotale

Dec. XXX, diei 27 maii 1913, c. MANY,S., in Decisiones seu Sententiae, vol. V., 336-355.

Dec. VII, diei 4 aprilis 1916, c. PRIOR,I., in ibid., vol. VIII, 74-85.

Dec. XVII, diei 17 iulii 1917, c. MASSIMI,M., in ibid., vol. IX, 155-160.

Dec. XXII, diei 2 iunii 1924, c. GRAZIOLI,I., in ibid., vol. XVI, 183-

Dec. XXXIV, diei 30 iulii 1924, c. SOLIERI,F., in ibid., vol. XVI, 294-303.

Dec. XI, diei 16 februarii 1925, c. JULLIEN,A., in ibid., vol. XVII, 81-89.

6- Sources Générales:

a) officielles

ACTA SANCTAE SEDIS, Commentarium officiale Sanctae Sedis, Roma 1904-1909.

ACTA APOSTOLICAE SEDIS, Commentarium officiale Sanctae Sedis, Roma 1909-

ARCHIVIO SEGRETO VATICANO, Documenti del Segretariato di Stato.
Archivio della Codificazione di 1917: *Liber V: De Delictis et Poenis*. Città del Vaticano, 1908-1916.

COMMUNICATIONES, Pontificia Commissio Codici Iuris Canonici Recognoscendo, Roma 1969-

DISCORSI E RADIOMESSAGGI DI SUA SANTITÀ PIO XII, Tipografia Poliglotta Vaticana, Roma 1939-1958, 19 voll.

INSEGNAMENTI DI PAOLO VI, Tipografia Poliglotta Vaticana, Roma 1963-1978, 16 voll.

INSEGNAMENTI DI GIOVANNI PAOLO II, Libreria Editrice Vaticana, Roma 1978-

NUNTIA, Pontificia Commissio Codici Canonum Ecclesiarum Orientalium Recognoscendo, Roma 1975-1990.

S. ROMANAE ROTAE DECISIONES SEU SENTENTIAE quae iuxta legem propriam et Const. 'Sapienti Consilio' Pii pp. X prodierunt anno 1909 cura eiusdem S. Tribunalis... cum praefatione... de veterum Decisionum natura et ordine earumque Collectionibus, Romae 1912-

b) privées:

PATROLOGIAE CURSUS COMPLETUS, SEU BIBLIOTECA UNIVERSALIS... OMNIUM SS. PATRUM, DOCTORUM, SCRIPTORUMQUE... SIVE LATINORUM, SIVE GRAECORUM..., *Series Latina... a Tertuliano ad Innocentium III*, J.P. MIGNE (accurante et denuo recognoscente), Parisiis 1841-1864, 226 voll.

REGESTA PONTIFICUM ROMANORUM, AB CONDITA ECCLESIA AD ANNUM POST CHRISTUM NATUM MCXCVIII, P. JAFFE,-G. WATTENBACH, Lipsiae 1885-1888, 2 voll. (rist. Graz 1956).

REGESTA PONTIFICUM ROMANORUM, INDE AB A. POST CHRISTUM NATUM MCXCVIII AD A. MCCCIV, A. POTTHAST, Berlin 1874-1875, 2 voll. (rist. Graz 1957).

CODEX IURIS CANONICI PII X PONTIFICIS MAXIMI IUSSU DIGESTUS BENEDICTI XV PAPAE AUCTORITATE PROMULGATUS. PRAEFATIONE, FONTIUM ANNOTATIONE, ET INDICE ANALYTICO-ALPHABETICO, P. GASPARRI (cura), Typis Polyglottis Vaticanis, Romae 1933.

CODICIS IURIS CANONICI FONTES, P. GASPARRI,-P. SEREDI (cura et studio), Typis Polyglottis Vaticanis, Romae 1923-1939, 9 voll.

CORPUS IURIS CANONICI, pars 1, *Decretum Gratiani*, A. FRIEDBERG (instruxit), 2. ed., Lipsiae 1955;
pars 2, *Decretalium Collectiones*, A. FRIEDBERG (intruxit), 2. ed., Lipsiae 1955.

CORPUS IURIS CIVILIS, vol. 1, *Iustiniani Institutiones* et *Iustiniani Digesta*, P. KRUEGER (recognovit), T. MOMMSEN (retractavit),apud Weidmannos, Berolini 1954;
vol. 2, *Codex Iustinianus*, P. KRUEGER (recognovit et retractavit), apud Weidmannos, Berolini 1959;
vol. 3, *Novellae*, R. SCHOELL (recognovit), G. KROLL (absolvit), apud Weidmannos, Berolini 1954.

SACRORUM CONCILIORUM NOVA ET AMPLISSIMA COLLECTIO, L. PETIT,-J.B. MARTIN,-H. WELTER (curantibus), Paris 1901- 1927, J.D. MANSI, Paris 1960-1961, 53 voll. (rist. Graz).

LEGES ECCLESIAE POST CODICEM IURIS CANONICI EDITAE, X. OCHOA, (collegit, digessit notisque ornavit), Institutum Iuridicum Claretianum, Commentarium pro Religiosis, Roma 1966-1987, 6 voll.6

BIBLIOGRAPHIE

1. Thèses de Doctorat sur le Droit Pénal:

BOKWANGA MOLAKU,S., La Signification du Pouvor Coercitif dans l'Eglise, Pontificia Universitas Urbaniana, Romae 1991, (extrait publié).

CALOGERO,G., L'Elemento Soggettivo del Delitto in Diritto Canonico, Pontificia Universitas Gregoriana, Romae 1945, (non publiée).

COLAGIOVANNI,A., Saggio di una Metafisica della Pena, Istituto Ecclesiastico "Maria Immacolata", Romae 1956, (non publiée).

DEREK, F., 'Nulla Poena Sine Lege'. A Study of Canon 1399 in the light of Canonical Equity, Rome 1990, (non publiée).

DI GIORGI,S., Le Misure di Sicurezza nel Diritto Penale Canonico, Pontificia Universitas Gregoriana, Romae 1979, (extrait publié).

Mc COY,A.E., Force and Fear in relation to Delictual Imputability and Penal Responsibility, The Catholic University of America, Washington 1944, (extrait publié).

2. Bibliographie spécifique:

a) Livres:

BERUTTI, C., Institutiones Iuris Canonici, vol. 4, *De Delictis et Poenis*, Marietti, Taurini - Romae 1938.

CAPPELLO,F.M., Summa Iuris Canonici, vol. 3, *De Processibus, Delictis et Poenis*, 4. ed., Universitas Gregoriana, Roma 1955.

COCCHI,G., Commentarium in Codicem Iuris Canonici ad usum Scholarum, vol. 7, *Liber V: De Delictis et Poenis*, 4. ed. recognita, Marietti, Taurini 1920.

CONTE A CORONATA,M., Institutiones Iuris Canonici, ad usum utriusque cleri et scholarum, vol. IV, *De Delictis et Poenis*, 4. ed. aucta et emendata, Marietti, Taurini-Romae 1960.

HOLBOCK,C., Tractatus de Iurisprudentia Sacrae Romanae Rotae (*iuxta decisiones quas hoc sacrum tribunal edidit ab anno 1909 usque ad annum 1946 et publicavit in voluminibus I - XXXVIII*), Officina Libreria "Styria", Graecii 1957.

KONIG,C., Il Fondamento dell'Imputabilità nel Diritto Penale, Roma 1950.

LATINI,I., Iuris Criminalis Philosofici Summa Lineamenta, Marietti, Taurini - Romae 1924.

LEGA,M., De Delictis et Poenis, Roma 1910.

MICHIELS,G., De Delictis et Poenis. Commentarius Libri V Codicis Iuris Canonici, vol.I, *De Delictis*, 2. ed., Desclée et Socii, Parisiis - Tornaci - Romae - Neo Eboraci 1961.

PELLEGRINI,G.I,, Ius Ecclesiae Poenale, vol. 1, *De Delictis*, ed. M. D'Auria Pontificius, Napoli 1962, 1967 emendata.

PINTO,P.V., I Processi nel Codice di Diritto Canonico. Commento sistematico al Libro VII, Libreria editrice Vaticana - Pontificia Università Urbaniana, Roma 1993.

PIPPAN,F., La Libertà del Volere, Pontificia Università Urbaniana, 8027, Roma 1986.

REGATILLO,E.F., Institutiones Iuris Canonici, vol. 2, *De Rebus*, *De Processibus*, *De Delictis et Poenis*, 4. ed. adaucta, Sal Terrae, Santander 1951.

ROBERTI,F., De Delictis et Poenis, vol. I,1, *De Delictis in Genere*, 2. ed., Libreria Pontificii Instituti Utriusque Iuris, Romae 1938.

SCHWARZ,A.B., Figura Hominis Diligentis in Re Culpae Iuridicae, Officium Libri Catholici, Romae 1952.

SOLE,G., De Delictis et Poenis, Romae 1920.

SWOBODA,I., Ignorance in relation to the imputability of delicts, Washington 1941.

VERMEERSCH,A.,-CREUSEN,J., Epitome Iuris Canonici, cum commenta riis ad Scholas et ad usum previtum, t. 3, *Libri IV et V Codicis Iuris Canonici*, ed. Dessain, Mechliniae - Romae 1946.

WERNZ,F.X.,-VIDAL,P., Ius Canonicum, t. 7, *Ius Penale Ecclesiasti cum*, Romae 1951.

b) Articles:

BRIDE,A., Chronique de Droit Pénal Ecclésiastique. L'Evolution du Droit Pénal depuis le Code. Doctrine et Jurisprudence, L'Année Canonique, 2 (1953) 303- 321.

CASTILLO LARA,R., Algunas reflexiones sobre la futura reforma del Libro V del CIC, Salesianum, 23 (1961) 317-338.

CIPROTTI,P., Rassegna di Giurisprudenza Rotale in materia Penale (estratto dall'Archivio di Diritto Ecclesiastico), Casa editrice Dott. Carlo Cya, Firenze 1941-XIX, (P.U.L., Opuscula 1, n. 23, pp. 5-35).

id., Il Diritto Penale della Chiesa dopo il Concilio Ephemerides Iuris Canonici, 26 (1970) 91-106.

id., Elementi di novità nel Diritto Penale Canonico vigente, Monitor Ecclesiasticus, 1i4 (1989) 17-28.

id., Qualche punto caratteristico della riforma del Diritto Penale Canonico, Ephemerides Iuris Canonici, 46 (1990) 111-127.

COCCOPALMERIO,F., *La Normativa Penale della Chiesa*, in La Normativa del Nuovo Codice, E. Cappellini (a cura di), Brescia 1983, 285-331.

DE BERNARDIS,L.M., Via Giudiziale e Via Amministrativa nell'Irro gazione della Pena, Monitor Ecclesiasticus, 114 (1989) 146-148.

DELLA ROCCA,F., Giuridicità e Pastoralità nel Diritto Canonico, Ephemerides Iuris Canonici, 46 (1990) 77-85.

DE PAOLIS,V., *L'Imputabilità dell'atto delittuoso nel Libro V del CIC*, in Atti del Colloquio romanistico-canonisti co, ed. Università Lateranense, Roma 1979, 423- 431.

id., De Recognoscendo Iure Poenali Canonico, Periodica de re morali, canonica, liturgica, 63 (1974) 37- 67.

id., Totum Ius Poenale ad Externum tantum Forum Limitatum est, Periodica de re morali, canonica, liturgica, 65 (1976) 297-315.

DI MATTIA,G., La Normativa di Diritto Penale nel *Codex Iuris Canonici* e nel *Codex Canonum Ecclesiarum Orientalium*, Apollinaris, 65 (1992) 149-172.

ECHAPPE,O., L'Imputabilité de l'acte délictueux, du Droit Romain au Droit Canonique, L'Année Canonique, 30 (1987) 115-132.

GREEN,T.J., Penal Law revisited: the Revision of Penal Law Schema, Studia Canonica, 15 (1981) 135-198.

id., Reflections on the Eastern Code Revision Process, The Jurist, 51 (1991) 18-37.

HUGUES,M., The presumption of Imputability in canon 1321 §3, Studia Canonica, 21 (1987) 19-36.

NIGRO,F., *Le Sanzioni nella Chiesa come Tutela della Comunione Ecclesiale*, in La Nuova Legislazione Canonica (Corso sul Nuovo Codice di Diritto Canonico, 14- 25 febbraio 1983), Studia Urbaniana 19, P.U.U., Roma 1983, 423-466.

PROVOST,J.H., Revision of Book V of the Code of Canon Law, Studia Canonica, 9 (1975) 135-152.

VECCHIARELLI,C., L''Ignorantia legis' e l''Error iuris' nell'or inamento dello Stato ed in quello della Chiesa. Prospettiva di riforma, Ephemerides Iuris Canonici, 45 (1989) 469-513.

ZUZEK,I., *Le 'Ecclesiae Sui Iuris' nella revisione del Diritto Canonico*, in Vaticano II, Bilancio e Prospettive venticinque anni dopo (1962-1987), Assisi 1987, 869-882.

3. Bibliographie générale:

a) Livres:

ANDRIEU-GUITRANCOURT, Introduction Sommaire à l'Etude du Droit en général et du Droit Canonique en particulier, Sirey, Paris 1963.

BALDASSARRE,W., Corso di Medicina Legale, Urbaniana University Press, P.U.U., Roma 1987.

BETTI,E., Istituzioni di Diritto Romano, vol. II,1, Padova, CEDAM Casa Editrice Dott. A. Milani, 1960.

BETTIOL,G.,-MANTOVANI,L.P., Diritto Penale. Parte generale. + Appendice di Aggiornamento al 15 nov.1988. Legislazione, Giurisprudenza, Dottrina, CEDAM, 12. ed., Padova 1988.

BRYS,J., Iuris Canonici Compendium, t.3, *Liber III, IV, V Codicis*, 10. ed., Desclée de Brouwer, Brugis 1949.

CALABRESE,A., Diritto Penale Canonico, ed. Paoline, Milano 1990.

CANCE,A., Le Code de Droit Canonique. Commentaire succint et pratique, t. 3, 4. ed., J. Gabalda et Fils, Paris 1930.

CAPRILE,G., Il Sinodo dei Vescovi. Prima Assemblea Generale (29 Settembre-29 Ottobre 1967), ed. La Civiltà Cattolica, Roma 1968.

CAVIGIOLI,G., De Censuris Latae Sententiae, Taurini 1918.

D'ANNIBALE,I., Summula Theologiae Moralis, t. 1, tract. VI, *De Delictis, Poenis et Censuris*, Romae 1908.

DE CLERCQ,C., Fontes Iuridici Ecclesiarum Orientalium. Studium Historicum, Pontificium Institutum Orientalium Studiorum, Romae 1967.

FERRARIS,F.L., Prompta Bibliotheca Canonica Iuridica Moralis Theologica necnon Ascetica Polemica Rubricistica Historica, 9 voll., Typographia Polyglotta S.C De Propaganda Fide, Romae 1885-1889.

FERRINI, ., Diritto Penale Romano, Milano 1905.

FIANDACA,G., La Legalità nel Diritto Penale, Rivista di Filosofia Neo-Scolastica, 27 (1993) 67-72.

GARCIA BARBERENA,T., Commentarios al Codigo de Derecho Canonico, vol. 4, Biblioteca de Autores Cristianos, Madrid 1964.

GELDART,W., Elements of English Law, 4. ed., Oxford University Press, London - New York - Toronto 1964.

GHIRLANDA,G., Il Dirtto nella Chiesa, mistero di Communione, Compendio di Diritto Ecclesiale, ed. Paoline, Pontificia Universitas Gregoriana, Roma 1990.

GIACOBBI,A., *Il Diritto nella Storia della Chiesa. Sintesi di Storia delle Fonti*, in Pontificia Universitas Lateranense, Il Diritto nel Mistero della Chiesa, t. 1, 2. ed., Roma 1988.

HEFELE,C.J., Histoire des Conciles d'après les Documents originaux, t. I-VIII, (trad. française de H.Leclerq, avec notes critiques et bibliographi ques), Letouzey et Ané éd., Paris 1907-1921.

JONE,P.H., Commentarium in Codicem Iuris Canonici, t. 3, Officina Libraria F. Schoeningh, Paderborn 1955.

JULLIEN,A., Juges et Avocats des Tribunaux de l'Eglise, Officium Libri Catholici, Rome 1970.

NAZ,R., *Des Procès, des Délits, des Peines*, in Traité de Droit Canonique, ed. Letouzey et Ané, Paris 1948.

OCHOA,X., Index Verborum ac Locutionum Codicis Iuris Canonici, ed. secunda et completa, Institutum Iuridicum Claretianum, Libreria Editrice Lateranense, Romae 1984.

OCHOA,X.,-DIEZ,A., Indices Canonum, Titulorum et Capitulorum Corporis Iuris Canonici, Institutum Iuridicum Claretianum, Commentarium pro Religiosis, Romae 1964.

OJETTI,B., Synopsis Rerum Moralium et Iuris Pontificii, 3. ed., 4 voll., Romae 1909-1914.

SCHMALZGRUEBER,F., Ius Ecclesiasticum Universum, Dillingae 1663-1735.

SMITH,K.,-KEENAN,D.J., English Law, Sir Isaac Pitman and Sons Limited, London 1964.

THOMAE,H., Dinamica della Decisione Umana, (trad. A. Ronco), Zurich 1964.

WERNZ,F.X., Ius Decretalium, t. 6, *Ius Poenale Ecclesiae Catholicae*, Prati 1913.

ZUZEK,I., Index Analyticus Codicis Canonum Ecclesiarum Orientalium, Pontificium Institutum Orientalium Studiorum, KANONIKA 2, Romae 1992.

b) Articles:

ADAMI,F.E., *Il Diritto Penale Canonico e il principio 'nullum crimen, nulla poena sine lege'*, in Continuità e variazioni di tematiche penalistiche nel nuovo 'Codex Iuris Canonici', Ephemerides Iuris Canonici, 45 (1989) 137-172.

BENETRUY,G., Le Précepte en Droit Canonique. Précepte pénal. Procédure pénale par matière de Précepte, L'Année Canonique, 5 (1957) 43-67.

BERNHARD,J., Excommunication et Pénitence-Sacrement aux premiers siècles de l'Eglise. Contribution canonique, Revue de Droit Canonique, 15 (1965) 265-281, 318-330, 16 (1966) 41-70.

BORRAS,A., Appartenance à l'Eglise, communion ecclesiale et excommunication. Réflexions d'un Canoniste, Nouvelle Revue Théologique, 110 (1988) 801-824.

BUCCI,O., Il Codice di Diritto Canonico Orientale nella Storia della Chiesa, Apollinaris, 55 (1982) 370-448.

CASSOLA,O., De Iure Poenali Codicis Canonico Emendando, Apollinaris, 32 (1959) 240-259.

id., Specimen Partis Primae Libri V Codicis Iuris Canonici Reformatae proponitur (de delictis in genere), Apollinaris, 50 (1967) 457-479.

DENOYEZ,J., Les Rapports entre la Morale et le Droit,Revue de Droit Canonique, 16 (1966) 98-104.

DE PAOLIS,V., L'Applicazione della Pena Canonica, Monitor Ecclesiasticus, 114 (1989) 69-94.

id., Animadversiones ad *Schema Documenti quo Disciplina* Sanctionum seu poenarum in Ecclesia Latina denuoordinatur, Periodica de re morali, canonica, liturgica, 63 (1974) 489-507.

ERRAZURIZ,C.J., La Protezione Giuridico-Penale dell'Autenticità della Fede. Alcune Riflessioni sui Delitti contro la Fede, Monitor Ecclesiasticus, 114 (1989) 113- 131.

FOX,J., A General Synthesis of the Work of the Pontifical Commission for the Revision of the Code of Canon Law, The Jurist, 48 (1988) 800-840.

GEROSA,L., Droit pénal et réalité ecclesiale. L'applicabilité des sanctions pénales prévues par le nouveau Code de l'Eglise, Concilium, 205 (1986) 77-87.

GHIRLANDA,G., La Carità come Principio Giuridico fondamentale Costitutivo del Diritto Ecclesiale, La Civiltà Cattolica, 1977, II, 454-471.

GLINKA,L., Resoconto sulla pubblicazione delle Fonti della Codificazione Orientale. Acta Martini PP. V, Nuntia, n. 10 (1980) 119-128.

GREEN,T.J., Penal Law: a review of selected themes, The Jurist, 50 (1990) 221-256.

METZ,R., Le Nouveau Code de Droit Canonique des Eglises Orienta les Catholiques, Revue de Droit Canonique, 42 (1991) 99-117.

id., Le Droit Pénal dans le Code de Droit Canonique de 1917, Concilium, 107 (1975) 33-42.

PARISELLA,I., De Aequitate Doctrina et Praxis in Iurisprudentia Rotali, Ephemerides Iuris Ccanonici, 37 (1981) 64-89.

PINTO,P.V., *Le Norme Generali del nuovo Codice*, in La nuova legislazione canonica, (Corso sul Nuovo Codice di Diritto Canonico, 14-25 febbraio 1983), Studia Urbaniana 19, P.U.U., Roma 1983, 35-107.

PISTOCCHI,M., Dei Delitti e delle Pene nel Foro Ecclesiastico, Il Monitore Ecclesiastico, 5 (1933) 210-214.

ROBLEDA,O., De usu Iuris Romani in Ecclesia, Monitor Ecclesiasti cus, 100 (1975) 434-443.

4. Dispenses:

DALLA TORRE,G, Istituzione di Diritto Civile (dispense), P.U.U., Roma 1992.

MONNI,P., Corso di Diritto Penale (dispense), P.U.U., Roma 1992.

SARRAF,Y.I, Ius Canonicum Orientale (dispense), P.U.U., Roma 1994.

5. Commentaires:

ARIAS,J., *Commentaire aux canons 1311-1399*, in Code de Droit Canonique, Université. de Navarre, Université. St. Paul, ed. bilingue et annotée, Wilson et Lafleur Limitée, Montréal 1990, 431-540.

AZNAR,F., *Comentario Libro VI: Cann. 1311-1399*, in Codigo de Derecho Canonico, Universidad Pontificia de Salamanca, 10. ed. bilingue comentada, Biblioteca de Autores Cristianos, Madrid 1991, 625-683.

BORRAS, A., Les Sanctions dans l'Eglise. Commentaire des canons 1311-1399, ed. Tardy, Paris 1990.

DE PAOLIS,V., *Le Sanzioni nella Chiesa: cann. 1311-1399*, in Il Diritto nel Mistero della Chiesa, t. 3, 2. ed., Pontificia Università Lateranense, Roma 1992, 431-540.

GREEN,T.J., *Book VI: Sanctions in the Church (cann.1311-1399)*, in , The Code of Cano Law. A text and commentary, J.A. Coriden, T.J. Green, D.E. Heintschel (Hrsg), London 1985, 893-941.

Mc DONOUGH,E., A gloss of Canon 1321, Studia Canonica, 21 (1987) 381-390.

NIGRO,F., *De Sanctionibus in Ecclesia*, in P.V. Pinto (a cura di), Commento al Codice di Diritto Canonico, Pontificia Universitas Urbaniana, Studia Urbaniana 21, Roma 1985, 749-824.

SEBOTT,R., Das kirchliche Strafrecht: kommentar zu den kanones 311-1399 des Codex Iuris Canonici, Frankfurt 1992.

FSC
www.fsc.org
MIX
Papier | Fördert
gute Waldnutzung
FSC® C083411

Kolibri 360 GmbH
Ferdinand-Jühlke-Straße 7
99095 Erfurt, Deutschland
produktsicherheit@kolibri360.de

Druck:
CPI Druckdienstleistungen GmbH
im Auftrag der
Kolibri 360 GmbH
Ferdinand-Jühlke-Str. 7
99095 Erfurt